总编絮语

张 炜 著

陕西师范大学出版总社

图书代号：ZH18N1330

图书在版编目（CIP）数据

总编絮语/张炜著. —西安：陕西师范大学出版总社有限公司，2018.10

ISBN 978-7-5695-0206-0

Ⅰ.①总… Ⅱ.①张… Ⅲ.①散文集—中国—当代②出版工作—中国—文集 Ⅳ.①I267②G239.2-53

中国版本图书馆CIP数据核字（2018）第193574号

总编絮语
Zongbian Xuyu

张　炜　著

责任编辑	胡选宏
责任校对	许　雯
装帧设计	朵云文化
出版发行	陕西师范大学出版总社
	（西安市长安南路199号　邮编：710062）
网　　址	http://www.snupg.com
印　　刷	西安市建明工贸有限责任公司
开　　本	787mm×1092mm　1/16
印　　张	22
插　　页	2
字　　数	310千
图　　幅	76
版　　次	2018年10月第1版
印　　次	2018年10月第1次印刷
书　　号	ISBN 978-7-5695-0206-0
定　　价	78.00元

两个张炜

——序张炜《总编絮语》

肖云儒

张炜是位雄踞一方的出版集团的总编辑，手下摆布开七八个出版社，涉及社会生活和文化书写的方方面面。而在我日常的接触中，很难将这位总编和他运筹帷幄的职务联系起来。他骨子里是个文人，甚至还带着一点学生气，透出些许天真。他平和，真诚，见人以友相待，三句话便显出性情。他爱唱歌，歌也唱得的确是好，这给了他信心。工作之外的不少场合，常常跃跃欲试，一展歌喉，从大家的掌声中独享一份满足，获得一点成就感。这种成就感，我想，一定是与他工作中的绩效相感应着，而充盈了自己的生命。

因而在这部冠名《总编絮语》的书里，出现了写他童年、家乡和人生历程的整整一个大散文版块，也便在情理之中了。

巧的是，他的家乡汉中和南郑，也包括童年生长的小南海、牟家坝，都是我漫长的人生旅途上曾经涉足之处。我曾在汉中巴山北麓一带多次采访，下放、工作数年，累计羁留达四五年之久。记得在汉中旧城的钟楼左近徜徉，是那样勾起了我对江南老家的乡愁；而么二拐的梆梆面和东关长街的凉粉，又是那样让人放不下碗。小南海、牟家坝当年是群众文艺活动搞得火红的地方，闻名全省，我曾经骑着自行车从汉中城里一路上坡跑四五十里，去那里采访，实地调查当地民间文艺、山乡歌舞，那种出自天性，出自山水的纯真表演，那种和关中的粗犷截然不一样的秀美轻灵，让当时还年轻的我很陶醉了几个晚上。许多镜头感光于心间，至今色彩鲜明。记得我那次写了《歌飞小南海》的通讯，发表在《陕西日报》上。

这些回忆，和张炜书中写到的乡情，在阅读中自然地融为一体，心头便生出了一份感动，也对张炜这位从巴山走出来的文化人有了一份敬意，一份不可言说的亲近和理解。

但是这本书里是有两个张炜的。作者在"散文随笔"篇给我们坦露出一个"性情张炜",在"理论研究"篇则勾勒出了另一个张炜,这便是作为出版集团总编辑的张炜——"职务张炜"。我对出版业务所知可谓甚少,但作为一位年迈的写作者,几十年受惠于出版家们,我总是时在念中的。

出版理论文章和策划文案这一部分,给我以知识,以文化理性的开启,更让我打开了一位出版家文化和精神的世界。出版界许多帮助过我的朋友,在阅读这些文章的过程中,会不期然而然地从心头掠过。我知道了,这些躲在文化创造、文化产业、文化展示舞台幕后的朋友们,是如何殚精竭虑地为社会的文化积累、别人的文化成果在操劳,在辛苦,在付出自己的智力和精力,在失眠和加班。他们将自己人生和事业的实现,融化进别人的成就和社会的成就之中而怡然自乐。他们中的许多人本来完全能够在写作和研究中做出结实的成果,但是他们选择了幕后,选择了书页的背面。

又不尽然如此,常常是他们的见解、眼界、创新思路,让一本书、一位作者潜在的价值大放光彩,像明烛那样点亮了一盏盏灯笼。当作者和作品名声大噪,他们依然选择沉默,在远处笑眯眯地看着彩灯照耀下的舞台,享受着自己用心智和汗水浇灌的又一季收成。大山无言,绿树和清泉就是它的声音;大地无声,庄稼和城乡就是它的声音啊。

张炜在繁忙的职场事务中,竟能好整以暇,从容不迫地坐下来思考,对整个集团乃至每个社的编辑出版作理性观照。既从高视点、大视野对社会文化的走向,图书市场的走向作宏观把握;又从具体的项目和选题出发,让创造性思维星星点点地闪出亮光。在具体谈一套书、一本书的时候,也不失文人气质,是那种经过研究和思考的、有学术含量的论评。

过去和现在,今天和今后,两个张炜在两个轨道上留下自己的人生轨迹,这大约会是他不可改变的命定。相信他会在两股道上给我们带来更多的惊喜,更相信张炜的两股道会在人生路上同向而行,交相辉映。

2018 年 3 月 26 日于西安不散居

目　录

上篇：散文随笔

褒斜道纪行 …………………………………………… 3
春临美丹凤 …………………………………………… 13
探索·发现：埋藏在西汉帝陵中的千古谜团………… 18
甘南之旅 ……………………………………………… 24
陕教社记忆 …………………………………………… 36
井冈行 ………………………………………………… 42
南海旅社记忆 ………………………………………… 46
不能忘却的记忆 ……………………………………… 51
蜀道 …………………………………………………… 55
我的三次大连行 ……………………………………… 67
西峡之旅 ……………………………………………… 71
想念母亲 ……………………………………………… 77
父亲的故事 …………………………………………… 85
阳明洞观感 …………………………………………… 97
杨森探秘 ……………………………………………… 103
读《叶落大地》有感 ………………………………… 106
再到延安 ……………………………………………… 110
《玄奘大传》：一部励志大书
　　——百道网访谈纪实 …………………………… 115
陕西、陕西人与陕西精神 …………………………… 122
伦敦书展散记 ………………………………………… 128
一条千年古道，半部中国历史 ……………………… 139

下篇：理论研究

转企之后陕西出版集团面临的形势与任务……………………155

一种颇受启迪的出版模式
　　——写在"陕西精神"出版之后………………………166

图书选题全程策划五步法……………………………………172

陕西文化产业发展的现状、特点及对策分析………………178

陕西数字教育出版发展的初步设想…………………………191

陕西数字出版产业发展的初步设想…………………………200

陕西出版集团精品出版之回顾与展望………………………208

如何让人才脱颖而出
　　——陕西新华出版传媒集团员工培训的实践与思考………216

论地方出版集团的产品结构优化
　　——以陕西出版集团为例…………………………… 224

精品绝不是应景之作…………………………………………229

精品出版理论与实践探析
　　——以陕西新华出版传媒集团为例…………………234

教育图书出版如何突出重围？
　　——来自陕西人民教育出版社的市场调查分析…………249

关于建设"陕西文化传媒产业园"项目的思考……………261

融合发展与出版企业人才结构再造三人谈…………………266

出版传媒产业发展与实现价值增值的研究
　　——以陕西出版集团为例……………………………276

编辑活动与质量………………………………………………300

MPR复合数字出版的盈利模式………………………………326

践行"工匠精神" 不负时代使命……………………………333

关于金融支持文化产业的思考………………………………343

上篇 散文随笔

拜谒大足宝顶山

白雾飘香锁仙山，
宝顶梵音袅炊烟。
最是寂寥灵秀处，
旷世智僧造神寰。
诱之福乐释生难，
威之祸苦劝良善。
六盘亘古诉因缘，
德行天下耀大千。

褒斜道纪行

久有游走古蜀道的心愿。月余前，我提出以三秦出版社荣获中国出版政府奖的"中国蜀道"丛书为基础，再编写一套文图并茂的"图说蜀道"丛书，大家一致认为这是一个十分有价值的选题，且前人从未开启这方面的工作。要编写一套读者喜欢、文化价值厚重的精品，还需要拨开历史的面纱，对古老的蜀道进行实地踏勘，所以经反复协调与准备，我终得偿所愿，8月6日上午，在汉中博物馆冯岁平先生的引领下，踏上了探索褒斜道的

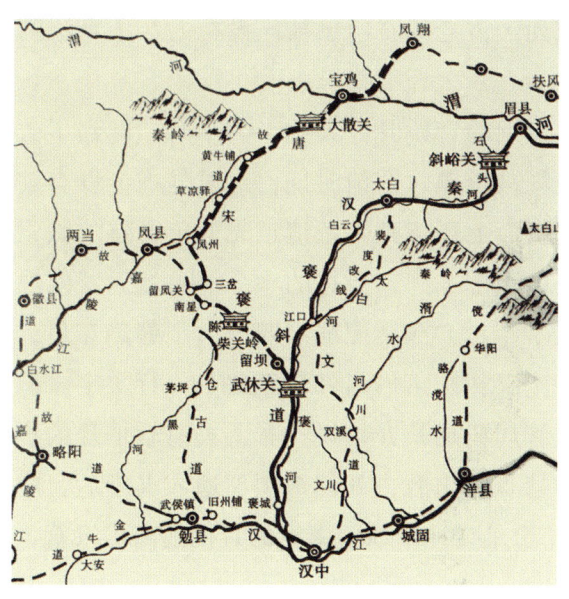

旅程。

褒斜道是穿越秦岭，沟通关中与巴蜀的子午道、傥骆道、褒斜道、陈仓道四条古道之一，早期的褒斜道，因南起汉中褒谷口，北至眉县斜谷口，沿褒斜二水，贯穿褒斜二谷而得名。历史上有秦汉褒斜道和唐宋褒斜道之分，秦汉褒斜道从眉县出发，经太白、留坝进入汉中。唐宋褒斜道从凤翔起始，经宝鸡、凤县，再从凤县留凤关东南方向斜插进留坝武休关，沿着原秦汉褒斜道的方向进入汉中。元明清时期，又在唐宋褒斜道的基础上发展形成了连云栈。

我们从汉中出发，一路向北驶行，不一会便进入了崎岖的山道，车窗外面秀丽的山峰渐次展开，好像是在列队欢迎我们这次蜀道之旅。不远处，湛蓝的天空下面千顷绿波映入眼帘，路对面山脚下约数百米长的木制栈道逶迤前行，原来石门栈道到了。这里曾是从长安经行褒斜道进入汉中的最后关口，除了木栈道外，整个蜀道唯一的穿山隧道就在这里。据传，曹操走到此处，站在《石门颂》前，对石门栈道颇为赞赏，一时兴起，提笔写下"衮雪"二字，有近臣说"衮"字还缺三点水，曹操哈哈大笑，说这水啊，已经掉入石门下面的褒河里了！不过今天已经看不到石门隧道了，20世纪70年代初，为了解决汉中盆地的农田灌溉问题，政府在这里修建了石门水库，许多文物被迁入古汉台博物馆陈列，古老的石门已被淹没在七八十米深的水下了！

离开石门，我们途经离汉中最近的青桥驿，大约半个小时，即到了著名的马道驿。马道驿位于今天留坝马道镇，明清时期，这里是一个设有驻军的重要驿站，樊河横穿全镇，河面上还留存一条清道光五年所建的铁索桥。镇北面樊河边上立有"马道镇"标志碑，旁边的小亭子里矗立着两块古朴的石碑，其中一块刻于嘉庆十年，"寒溪夜涨"四个大字赫然夺目；另一块碑立于道光十五年，上书"汉相国萧何追韩信至此"一行大字。原来樊河也称小西河，同行的原文管局杨局长介绍说，看上去清澈平静的小西河，每遇山雨却有暴涨暴跌的特点。史载，刘邦被项羽逼入汉中后，胸怀大志的韩信长时间得不到重用，于是在一个风雨潇潇的月夜逃离了汉营，

萧何闻讯急忙驱马去追，由于河水暴涨，挡住了韩信北去的脚步，萧何才终于在小西河边追上了韩信。回到汉营，汉王刘邦听从萧何的建议，在古汉台拜韩信为上将军。后来在楚汉相争的过程中，韩信提出了"明修栈道，暗度陈仓"的计策，西出陈仓，一路攻城略地，立下赫赫战功，终使偏安一隅的汉刘邦由弱到强，击败西楚霸王项羽，统一了中国，建立了伟大的汉王朝！

小西河也是古褒斜道的经行之地，在冯先生的引领下，我们蹚水东行，拨开茂密的芦苇丛，不一会儿，便在小西河北面的岩石上发现了一串串栈道孔。目睹栈道遗迹，大家十分欣喜，探讨着此处栈道的结构特点，想象着古栈道的复原图形，感叹着古人的聪明才智及不懈追求。远望旁边正在建设的宏伟的宝（宝鸡）巴（巴中）高速，我们既为祖先的艰难探索而自豪，也为今天伟大祖国的飞速发展而骄傲！

在马道镇稍作停留，我们又继续北行，前往马道驿与武关驿之间的金洞子，探寻连云栈道遗迹。连云栈道是在唐宋褒斜道的基础上形成的，它从陈仓道北段凤州东南方向斜插武休关，然后沿秦汉褒斜道南段到达汉中。

据说,因为连云栈道的路基都比较高,阴天下雨时,云雾缭绕,路上行人恍若天上的神仙若隐若现,因此人们就形象地称之为"连云"栈道。金洞子就在马道镇通往武休关路边的山崖上,比现在的公路高出约50米的距离。我们沿山崖边的小路往上爬,走不到十几米,就路断草深,找不到道路前行的踪迹了。同行的杨局长敏捷地拿出一把带锯齿的长砍刀,东砍西劈,不时还锯下一截挡道的灌木,眨眼间,一条由青石铺就的羊肠小道就被"砍"出来了!沿着小道,我们摸索前行,走着走着,"嘭"的一声巨响,冯先生一脚踩空,从崖上摔倒,好在他经验丰富,顺手抓住一丛带刺的荆棘,但他已经悬在小道下面约2米处的树杈间了。同行的留坝张良庙博物馆高馆长迅速折断一根长树枝递给他,大家合力把冯先生拉了上来!因天热穿着短裤,冯先生腿上手上被荆棘划出了长长的血道子。大家都很心疼,但一想到冯先生从小路摔倒,有惊无险避过了从山崖摔下去这一劫,而又感到庆幸释怀!留下三秦社编辑贾云陪伴仍在心悸的冯先生,杨局长、高馆长、我和三秦社总编辑赵建黎,继续探索前行!走了约20米,小道变得宽敞,一堆石条旁边,一块近2米高的界碑映在眼前,上书"庙界。沔县、留坝营交界斯",这"沔县"就是今勉县的旧称,终于找到了,这里就是连云栈道在留坝的一段碥道,而界碑则是通往留坝、勉县的指路碑!大家十分欣喜,纷纷用相机、手机留下珍贵的照片,然后原路返回,继续驱车前往

武关驿。

顾名思义，"武关"是一个军事要塞，南宋时期，它曾是宋金、宋蒙前线的重要关隘，南宋名将吴玠在这里与金国与蒙古军队进行了数十年的殊死搏斗。它的旧址处于一个垭口上，两边地势较低，相对平坦，站在垭口上，想象着南宋守军居高临下，顽强抗击北面来犯的金军或蒙军的情景，我似乎明白了，羸弱的南宋为何能凭借蜀道天险，抗击侵略者达百年之久的原因！褒河水从武关镇穿行而过，武关驿就建在河水的回湾处，这里是全镇最为平坦开阔的地方。我们通过铁索桥继续到河对面踏勘古栈道，穿过一丛丛芦苇湿地，拨开一大片茂密的青竹林，在陡峭的河沿下，一长溜石栈孔和一堆堆坍塌的栈道石柱就尽现眼底了，那些方形的栈孔深约七八十厘米，宽约三四十厘米，倒在旁边的栈柱应在两三米之上，可以想象，这段古栈道，不但是来往的商贾行人的经行之道，更是隆隆战车的必经之途。这一发现令大家格外兴奋，我也思绪万千，站在青山环绕的褒河边的古栈道旁，远眺对岸村落里升起的袅袅炊烟，目睹眼前清澈澄碧的褒河水，我不由一时兴起，唱起了那首思念故乡的经典歌曲《那就是我》：我思恋故乡的小河，还有河边吱吱唱歌的水磨……我思恋故乡的炊烟，还有小路上赶集的牛车……

经过一天艰辛的旅程，夜宿留坝宸熙酒店，空气清新，凉爽宜人，久经酷热煎熬，大家格外惬意。晚上山雨淅淅沥沥下个不停，早晨起来，山城四周重峦叠嶂，大大小小的山峰都隐在浓浓的白雾中。出于安全考虑，今天的行程做了调整，只好沿着偏远的乡村公路，去考察那些在陡峭的河岸边和高耸的山崖上躺了数千年的古道遗迹。出了县城，我们沿着褒河、上南河、下南河、红岩河、太白河、西河，一路向北，在烟雨朦胧的山道上，先远眺查看了阎王碥、青岩岭、孔雀台等褒斜古道遗存，还踏勘了一水向长安、一水向太白、一水向留坝的江口三交驿，虽然古驿站已经了无踪影，

但在道路通衢的江口镇，我们还是明晰了太白通往留坝的褒斜道走向，也搞清了由江口通往城固的褒斜道支线文川道的大致路径。当然，在杨局长的带领下，我们也顺道参观了江口的两棵千年古银杏，还有江口梭椤村的镇村之宝——千年梭椤树。

在农家吃过午饭，我们沿江口西北方向，穿行了约20公里绿树参天、景色秀丽的留坝最美乡村公路，前往蜀道重要节点、闻名遐迩的历史文化景观留侯张良庙。张良庙坐落于秦岭南坡的紫柏山麓，建在距留坝县城17公里的庙台子街上。相传，张良庙为张良的十世玄孙汉中王张鲁所建，历经一千七百年，现在留下的是明、清建筑，分六大院，有房舍一百五十余间，占地14200平方米，褒斜古道和民国时修建的川陕公路从庙门前通过。古往今来，无数的文人骚客、达官显要或途经此地或专程来此凭吊，留下无数墨宝，赞颂张良"功成不居"的高风亮节，也感叹人生，将出世与入世的省悟与情怀托意于此。

张良庙将道家圣地与张良家祠融为一体，进入庙门，越过木桥，便是庄重高大的保安观，左右有钟楼、鼓楼，院中央立着"灵霄殿"，两侧分列着"三清殿""三官殿""三法殿"等配殿，但见八角飞檐，琉璃瓦饰顶，彩绘拱斗屋檐，气势恢宏，颇为壮观。庙门的右侧是一个独立的三进殿堂，大殿雄伟庄严，上悬"明哲风高""帝王之师"牌匾，殿门有对联："毕生彪炳功勋启自授书始；历代崇丰烟祀端由辟谷开。"殿内摆放了一尊高大的张良塑像，殿内的文字和图片，大多是讲述张良的主要生平业绩：有记载"博浪飞椎"的历史典故，有讲述"圯下授书"的感人故事，也有讴歌他"功成不居"的精神气节。而古今过往贤达对张良表达崇敬赞赏之情的楹联颂语更是比比皆是，如"秦世无双国士；汉廷第一名臣"，"富贵不淫，有儒者气；淡泊明志，做平地神"，"智勇深沉"，"英雄神仙"，等等，尤其在抗战中郁郁不得志的冯玉祥将军，在此产生了强烈的共鸣："豪杰今安在，看青山不老，紫柏长存，想那志士名臣，千载空余凭吊处；神仙古来稀，设黄石重逢，赤松再遇，得此洞天福地，一生愿作逍遥游。"

从张良庙出来，已是夕阳西下，雨后的崇山峻岭，铅华洗尽，清香扑鼻，

浸润心脾。走在山道上，仿佛穿行于一幅山水画中，青山隐，白雾浓，绿水迢迢鸟朦胧。啊，古老的蜀道，美丽的留坝，有多少贤达在此留下了靓丽的诗篇，有多少华夏子孙对你魂梦萦绕！

第三天上午，我们离开留坝返回汉中，去踏勘此行的最后一处古栈道鸡头关。这是明清时期修建的连云栈道的一段，位于今天石门水库旁边的山峰上，现存的古道约有3公里，宽约2米，许多地方都是青石铺就的石碥道，道边的岩石上拓宽道路的斧凿痕迹清晰可见，也有不少各个时期留下的碑石。我们是从半山腰往上爬的，大约一个小时，一块状如雄鸡报晓的巨石矗立眼前，这大概就是鸡头关的来历吧。鸡头关的南面，在一段较为开阔的古道上，建有一座道观，道观里的石墙上刻满了"一路顺风""保佑平安"等祝福短语，据说这里就像长安的灞桥一样，是古代汉中人与远赴长安的亲朋好友的分手送别之处。鸡头关的北面，有一处坍塌的房屋石座依稀可见，在民国以前，这里是褒斜道上的一个巡检关城，古代的官兵在这里既保护南来北往行人的安全，也在此严查各类违禁物品。站在高高

的鸡头关上，头顶白云飘飘，身边绿树环绕，山上古道蜿蜒前行，山脚木栈道状如长蛇，栈道下面褒河水库碧波荡漾，石门隧道就像一座美丽的龙宫静静地躺在水下……真是让人心旷神怡，啊，美丽的石门，你是上苍洒向人间的一颗珍珠，你更是一座包罗万象的古代交通道路博物馆！

　　近三天的艰辛历程，很快就结束了，一路走来，虽然只考察了褒斜道留坝汉中段，却对古蜀道有了切身的体验和更加深刻的认识。我们既为祖先的不懈追求所感动，世上本没有路，是他们硬是在秦巴山地的崇山峻岭中，一步一步探出了路，终至形成了后世的蜀道。李白诗云：蜀道难，难于上青天。那么开路的祖先呢？恐怕比上青天还难上百倍！同时，我们也对陕西境内蜀道的现状十分担忧，由于种种原因，这条千年古道的许多遗存已经永远地消失了，即使尚存的古道，许多也废弃在荒山野岭中，如果不及时地加以保护和开发，也许它们将永远地离我们而去，湮没在人们的历史记忆中。我曾到金牛道广元段考察，由于当地政府坚持现代交通必须为古迹和景区让路的原则，因此金牛道上的重要遗存明月峡栈道、千佛崖、皇泽寺、昭化古城、剑门关、翠云廊等，都得到了有效的保护和开发，成为今天非常热门的文化旅游景区，对当地经济发展和百姓脱贫致富都发挥了十分重要的作用。我想，这也许对拥有四条蜀道，涉及西安、宝鸡、汉中、安康、商洛等区域的陕西，有着巨大的启迪和借鉴价值。当然，这次褒斜道之行，也更加坚定了我的信心，已经出版的"中国蜀道"丛书，无疑是全国蜀道研究的填补空白之作，再编辑出版一套精美通俗而形象生动的"图说蜀道"丛书，一定会为蜀道申遗发挥奠基性的作用！而且我也有充分的理由相信，总有一天，随着陕境蜀道文化旅游的开发，一定会为陕西区域经济的发展插上腾飞的翅膀！

春临美丹凤

4月11日上午,中青一班全体学员和部分老师从省委党校出发,前往商洛丹凤进行第一次现场教学。

春天景色宜人,阳光明媚,空气清新,没有了冬日的雾霾,大家心情格外舒畅,一上车,每个人的脸上都透着一股喜气。车沿着沪陕公路行驶,驶离西安市区不久,班主任樊勇便拿起车载话筒,他先讲了全天的行程,接下来便鼓励大家献才艺了。车上的气氛顿时活跃起来,有的人讲笑话,有的人唱情歌,有的人唱豫剧,有的人献美声,有的人诗朗诵,大家踊跃参与,真情交流。身临其境,你很难想象这是一群平素正襟危坐的官员!

商洛被称为秦岭的后花园,沿途是连绵的丘陵,山上长满了青翠欲滴的灌木和低矮的小树,路边一块块大小不一的坡地里,金黄色的油菜花和白色的洋芋花渐次映入眼帘,远方依稀可见掩隐在绿树间的村舍,好一幅美丽图景!车子穿行在这幅美丽画卷中,窗外春意融融,车内春意盎然,欢声笑语,大家脸上洋溢着对新农村的向往。

这次现场教学的目的地丹凤,位于陕西东南部,地处秦岭东段南麓,传说汉刘邦的坐骑曾流落于此,古称龙驹寨。1949年以后,因其地形南临丹江,北倚凤冠山,故更名为丹凤县。312国道、西合铁路贯穿东西,沪陕高速穿境而过,交通便捷、生态优美、人文厚重,是我省历史文化的首善之区。核桃种植和家禽养殖奠定了该县的经济基础，丹凤葡萄酒使这座古县城名扬全国。

我们考察的第一站是"鸡鸣闻三县，两河汇一关"的竹林关。这是一个典型的陕南小镇，四面环山，中间平坦，丹江、银花江从这里交汇而过。古时候这里以盛产毛竹而得名，今天已成为丹凤县重要的商贸集散地，不仅周围的百姓来此赶场交易，而且其物流已辐射到丹凤、洛南以及河南邓州市三个县市。

2010年7月23日，这里发生了一次二百年不遇的泥石流灾害，山洪裹挟着泥沙，顺流而下，沙埋良田，水毁街道，给竹林关造成了毁灭性的灾难。由此，县委县政府痛下决心，决定在环绕竹林关的山川沟壑间建立桃花谷水土保持科技生态示范园。他们建起了排洪渠，先后实施了边坡治理工程、污水处理工程、造林整地工程、休闲景观工程，经过两年的艰苦努力，当年的洪涝区已经变成山川秀美的旅游胜地。

好处还不止这些呢，建设生态园的过程也是山民搬迁，建设新农村的过程。镇长介绍说，移民们从山上走向城镇，政府采取商业（商铺）、产

业（黄姜、魔芋）和旅游三产的方式安置这些离开了土地的农民，现在他们已经顺利地融入城镇生活。站在高高的生态园区，远眺那一排排鳞次栉比的移民新区，丹江、银花江像两条绿色的腰带环绕小镇蜿蜒前行，我的心中油然生起对我国小城镇建设的美好憧憬。

　　离开竹林关，在山道上行驶了约二十分钟，我们来到了现场教学的第二站——丹凤葡萄酒厂。这是一个百年老厂，由意大利传教士安西曼与其徒弟华国文1911年创办，是中国最古老的两家葡萄酒厂之一。

　　该厂先后推出"共和牌""四皓牌""丹凤牌""丹江牌"等十余个牌子的葡萄酒，也获得过法国奥朗日博览会以及中国国家营养食品协会、轻工部、北京国际博览会的重大质量奖项，产品行销全国，还出口到法国、日本、比利时、瑞典等国，胡耀邦、温家宝等党和国家领导人也先后视察过该厂。可以说，20世纪90年代以前该厂有过一段非常辉煌的时期。然而，90年代以后，由于经营不善和其他方面的原因，该厂经营工作一路下滑，经历了约十五年的动荡期。直到2007年，丹凤葡萄酒厂引入民营资本对其进行股份制改造，才使该厂恢复元气，逐渐步入正轨。目前该厂的产能超过八千万吨，已在陕西市场站稳脚跟，正面向全国，扩大市场份额。

　　厂长告诉我们，由于错过了发展的历史机遇，现在的竞争非常激烈。为此，厂里采取三方面的措施提高市场竞争能力：第一是以销定产，按照市场需求来组织生产；第二是狠抓质量，主要是原料的质量，他们在县委县政府的支持下，划定一千二百亩葡萄种植基地，以"企业＋基地＋农户"的方式组织葡萄生产，以原料质量保证产品质量，最终以产品的质量品牌赢得市场竞争；第三，重视高端产品，目前普通葡萄酒利润约百分之十五，而高端产品利润超过百分之三百，发展高端产品当然能为企业带来事半功倍的效果。

　　听完厂长的介绍，参观完这摆满一排排橡木酒桶的百年老厂，我对他们顿生敬意，一个地处秦岭北麓的县级酒厂要赢得市场竞争已实属艰难了，而厂长却有如此符合现代市场营销的发展理念和胸怀，的确令人佩服。但愿他心中的目标能早日实现，但愿丹凤葡萄酒厂的明天更辉煌！

离开企业，我们又开始了对丹凤文化景观的考察。先来到"商山四皓"墓，墓园位于丹凤县城西7公里处的商镇新街西段，园内巨冢罗列，古柏环绕，碑石林立。史载，秦末汉初的东园公唐秉、甪里先生周术、绮里季吴实和夏黄公崔广四位著名学者，他们不愿当官，躲进商山隐居，出山时均年过八旬，白发皓须，故被称为"商山四皓"。刘邦久闻"四皓"大名，曾派人请他们出山为官，而被拒绝。刘邦登基后，立长子刘盈为太子，后因宠幸戚氏欲改立其子赵王如意为太子，吕后听了很着急，张良献策请来了"四皓"辅助太子，终于使太子的地位得以保住。刘盈后来继位，为汉惠帝。

之后，"四皓"又重归深山隐居，后老死于商山。吕氏和惠帝为褒奖"四皓"拥立和辅助之功，便在龙驹镇筑"四皓"陵墓，以示纪念。至此"四皓"美名更广为传播，"四皓"墓成为文官下轿、武官下马肃然恭拜之地。历代过往的文人骚客也留有诗文百余篇，盛赞四位贤人淡泊名利、坚持道德操守的高风亮节。四位老人的美德更是感化熏陶了商州先民，使古商于之地逐渐形成了崇文尚德的文化传统，绵延数千年，泽被后世，传至今日。

接下来，我们又来到龙驹镇船帮会馆。会馆位于丹凤县城西南隅，又名"平浪宫""明王宫""花庙"，始建于清嘉庆二十年（1815年）。建筑雄伟，高27米，巍峨壮观。会馆南临丹江，北靠凤冠山，现保留戏楼和大殿各一座，呈南北对峙状。戏楼是会馆的主要建筑，集南北建筑之精华，既有北方建筑庄重大方的格调，又有南方建筑华丽、细腻的特点。

龙驹镇自古是"北通秦晋，南接吴楚"的交通要塞，为建都长安之历代王朝的主要补给线，久有水旱码头的称誉。而此地因丹江水运优势，船帮势力很大，众水手和搬运工每运一件货物都从中提取三个铜钱聚资建馆，日积月累，集腋成裘，建起这座宏伟壮观的会馆，以供帮员食宿、聚会、娱乐之用。古时候从水路来的货物在此地换载陆路，而官员贬谪升迁、学子赶考，此地也是必经之处，所以龙驹镇虽地处商山，却是商贾、帮会云集之地，南北文化交汇之处。

船帮会馆，犹如一颗璀璨的明珠，在丹凤县城西南隅的江岸上熠熠闪光，也像一部历史的影像，向南来北往的四海游客昭示着这里曾经的喧嚣与繁华。

夕阳西下,我们从会馆出来,又顺道参观了丹凤道教圣地凤冠山和棣花镇贾平凹故居,然后在一家农家乐吃过晚饭,便匆匆上路返回西安了。

天色渐渐暗下来了,一天的奔波和劳顿,大家都有些疲倦了,车内响起了阵阵鼾声。我看着窗外模糊不清的景物,虽很疲惫却难以入睡,白天的场景在脑海里一一浮现,令我留恋,令我思索:一方水土培育一方文化,也许商鞅献身真理的伟大精神至今还感召着商洛人民,所以他们在新农村建设和发展地方经济的过程中,才有如此不凡的实践与追求;也许"商山四皓"引导了商于之地崇文尚德的传统风俗,商山洛水养育了勤劳、智慧、质朴的商州儿女,水陆码头龙驹镇又将外部文明和先进文化源源不断地传进商山深处,所以这里才产生了包括贾平凹、方英文等在内的一大批著名作家和文化名人。我突然有所省悟:真的不虚此行,也许这就是此次现场教学带给我的真切感受与最大收获!

探索·发现：
埋藏在西汉帝陵中的千古谜团

  由陕西新华出版传媒集团数字基地拍摄制作的《西汉·帝陵》，采用编年体的方式，每集从一位皇帝的陵墓入手，还原西汉十一位皇帝的治国理念及其鲜为人知的传奇故事，揭示了西汉王朝二百一十年兴盛与衰败的原因。11月24日该纪录片在中央电视台10套《探索·发现》栏目播出后好评如潮，最近我也抽时间完整地欣赏了一遍，看后令人震撼，发人深省。基于历史资源与文化风采、考古发现与现代科技的融合，该纪录片气势恢宏，展现了其鲜明的特色。

一、以独特的拍摄角度，展示了陕西厚重的历史文化底蕴

  陕西作为中华民族和华夏文化的重要发祥地之一，有蓝田猿人、半坡遗址、轩辕黄帝陵等远古历史，有秦、汉、唐等十多个政权上千年的建都史，文化积淀十分深厚，有天然历史博物馆之称。而该纪录片从西汉十一座帝陵入手，以博大的气势，壮丽的画面，客观公允的解说，复原了西汉王朝二百一十年的辉煌灿烂与腐朽衰败。正如该片结尾的概括："包藏万象的西汉帝陵，是西汉时代政治、经济、文化的缩影。它们见证过非凡的历史，埋藏着非凡的人物，诉说着非凡的故事。时光可以消磨它的棱角，却无法去除它们身上来自两千多年前的气息，那是纵横中华的王者之气，也是一

个民族屹立于天地的浩然之气。"无疑,该片从一个小的侧面向世人展现了陕西历史文化资源的博大精深与雄浑厚重。

二、以客观公允的科学探索精神,解开了埋藏在帝陵中的千古谜团

西汉帝陵包括长陵、安陵、霸陵、阳陵、茂陵、平陵、杜陵、渭陵、延陵、义陵、康陵十一座陵墓,而每一座陵墓的建筑风格及其内涵,都浓缩了与之相连的朝代所发生的重大历史事件,折射出墓室主人鲜明的执政理念。汉高祖为何在民生凋敝、外患不断的情况下,大兴土木修建陵墓却未蹈秦朝灭亡的覆辙?执政只有七年的汉惠帝,其陵墓为何气势不凡,冠绝汉陵?汉文帝霸陵为何远离汉家皇陵且依山而建?为什么平定了"七国之乱"的汉景帝死后将生前的一切复制了一份埋藏于地下?为什么说规模宏大的茂陵与汉武帝的文治武功相得益彰?汉昭帝的暴亡与专权的霍光有关吗?为什么说宣帝一朝是西汉国力最强盛、经济最繁荣的时期?为什么汉元帝的渭陵首开不设陵邑之举?汉成帝的宠妃赵飞燕姊妹结局如何?燕啄皇孙的含义是什么?为什么说勤于政事、失于自控的汉哀帝的一生,充满了令人惋惜和哀痛的音符?为什么埋葬了西汉王朝的汉平帝,其陵墓却规模宏大,且后陵规模也远超帝陵?……该片以客观公正的态度复原了历史真相,解读了一个又一个湮没在帝陵中的千古谜团。通过该片的播出,也进一步使《探索·发现》栏目的科学探索精神得以发扬光大。

三、以靓丽炫目的文化风采,彰显了陕西独特的人文魅力

文化是什么?三年前的英伦之旅我曾感叹:文化就是人与自然和谐相处的美丽图画;文化就是对本民族优秀传统的执着追求;文化就是对老祖宗绵延数千年留下的地上地下遗物的守卫与维护。自古以来,陕西就是中华优秀传统的重要发源地,也是中华文明、中国革命、中华地理的精神标志和自然标志,迄今还是文化遗产最为丰硕的省份,包括帝陵在内的可移动文物、不可移动文物、大遗址比比皆是,中华五千年文明史在这里依稀可寻,所以陕西当之无愧地被称为文化资源大省。而该纪录片以浩繁的史

料与考古发现为基础,聚焦重大事件和历史疑点,挖掘文化资源,再现盛世雄风。其旁白内容厚重精辟,解说配音韵味悠长,极具文化风采,像一道赏心悦目的美丽风景,淋漓尽致地彰显了陕西独特的人文魅力。

四、以历史文化与现代科技的交汇融合,引领了文化产品制作与传播的先河

《西汉·帝陵》是通过手工制作泥塑角色模型和场景模型,结合中国传统壁画的表现风格,开发利用"数字多空间要素定点跟踪融合匹配技术"拍摄的编年体动画纪录片。该片集泥塑动画、壁画动画、地图动画、3D动画和实景拍摄为一体,形式新颖,别开生面,为影视纪录片模式创新揭开新的一页。同时,该片的制作也为推进陕西新华出版传媒集团传统与新兴媒体的融合发展进行了有益尝试。

大型编年体史诗动画纪录片《帝陵》

《帝陵》角色模型

五、以追本溯源、以史为鉴的科学态度，体现了以文化人、以史资政的价值观念

2015年2月，习总书记来陕西视察时曾指出，对历史文化，要注重发掘和利用，溯到源、找到根、寻到魂，找准历史与现实的结合点，深入挖掘历史文化中的价值理念、道德规范、治国智慧。而该纪录片堪称贯彻习总书记这一重要讲话精神的范例：本着以史为鉴的态度，对重大历史事件的叙述客观、贴切、自然，其走向符合发展逻辑，其人物和故事恍若就在身边，令人可感可悟；对执政者的价值取向、执政理念和历史局限分析透彻，古为今用的启迪自然天成；另外，还归纳出"以法治国与以德化人相结合"的盛世治理模式，无疑对正在实现民族伟大复兴的今日中国有着十分重要

的借鉴价值。

　　毋庸讳言，任何文化作品都是遗憾的艺术。同样，该纪录片也存在许多不足。如史料拍摄略显简陋，应努力争取有关政府部门的支持，向观众近景展示原汁原味的考古文物，从而使纪录片更加厚重精致；多集纪录片易出现套路模式，应从场景的选取，故事的叙述、旁白等方面强调创新，努力追求多样化特色；可以适当引入考古学家进入纪录片，从而挖掘更多鲜活的考古故事，增强纪录片的学术分量。最后，希望制作方能认真总结经验教训，努力拍好后续的二十九集纪录片《大唐·帝陵》，为广大观众再次献上一部优秀的精品力作。

甘南之旅

进入中伏,古都西安连续两周室外温度都超过40摄氏度,酷暑难耐,在西安工作的部分大学老同学和省教科所的一些朋友,相约一起去邻省的甘南大草原避暑度夏。

一

大家是分两拨出发的,8月1日一大早,马亚军、李智超等十二人先行动身,田安政、我和李延平夫妇8月3日上午才启程。我们沿西宝高速,过宝鸡,出陈仓,进入甘肃的天水。古时候,天水这一带是一个植被繁茂、景色俊秀、动物频繁出没的地方,只是世事迁移、沧海桑田,自20世纪50年代末"大炼钢铁"以来,乱垦滥砍滥伐,森林植被严重破坏,所以20世纪八九十年代,这里的生态环境已经十分脆弱了。此次途经天水,窗外的景色却令人目不暇接了,沿途是绵延起伏的青峰翠岭,水雾缭绕,清新隽永,山青树茂水绿,这哪是人们脑海中扬尘飞沙的西北,俨然一个风光旖旎的塞外江南!我突然明白了,20世纪末国家为什么提出要"建设一个山川秀美的西北",也突然明白了近些年古都西安和风丽日、风调雨顺的原因了。

天水,还是个人杰地灵之处。它是华夏文明的起源地之一,传说这里

还是羲皇故里；秦汉时期李斯、李广、赵充国、姜维等从这里走上国家军事政治舞台，名扬天下。周以前，老秦人的祖先从这里东迁，在西岐宝鸡励精图治，礼乐兴邦，奠定了拥有八百年基业的周代文明；春秋战国，诸子百家，百花齐放，百家争鸣，老秦人再次异军突起，横扫六国，救乱世于大治，一统华夏强盛之伟业，进而延续和开创了中华民族周秦汉唐近两千年的文明盛世！啊，天水，您这山川秀美的地方！华夏文明从这里起源，老秦人从这里发轫，锻造了灿烂辉煌的中华历史文明！

继续西行，旋即进入定西。这是甘肃缺水十分严重的地区，其自然地理状况显然与邻近的天水有着天壤之别。它很像90年代的延安，山山峁峁沟沟岔岔，纵横交错。一眼望去，两边干涸的黄土山峁上光秃秃的，没有树木，灌丛也很少，只有一些稀稀拉拉的小草为它抹上了一层浅绿色，恰似一幅"草色遥看近却无"的景象。

川道里一条小溪蜿蜒穿行，两边农田里玉米、向日葵和马铃薯等抗旱作物长势喜人，为这片沉寂的土地增添了生机。蓝蓝的天穹下，大地万籁俱寂，一派苍凉、空旷与辽远，一望无际的黄土地将大西北的雄浑与厚重展现在我们的眼前，也将大西北的贫瘠与脆弱暴露无遗。

　　七八年前，陕西科技出版社与兰州寒旱地理研究所合作，组织编辑出版了《干旱农业研究》一书，今天看来，进行干旱农业的研究与推广，这真是一件十分有意义的事情，中国的未来与出路在西北，而西北地区像定西这样的土地又占有很大比重，所以如何解决好水的问题，发展干旱农业，并使广袤的黄土地披上绿色的盛装，这将是开发大西北的关键所在！

　　经过十个小时的长途跋涉，我们终于抵达了兰州。亚民老友为我们联系好住宿，大家把酒相欢，畅叙友情，规划好未来几天的旅程：明天我们将穿行临夏回族自治州，去观赏甘南的美丽，去感悟草原的风情！

二

　　甘南位于甘肃省南部，是全国十大藏族自治州之一。她南与四川阿坝藏族羌族自治州相连，西南与青海黄南藏族自治州、果洛藏族自治州接壤，东部和北部与陇南市、定西市、临夏州毗邻，下辖夏河、玛曲、碌曲、卓尼、迭部、临潭、舟曲与合作市，合作为其首府，是一个牧业十分发达的地区。1935年中央红军经过近一年的万里长征，跨越阿坝若尔盖草原，征服岷山雪峰，突破天险腊子口，自此进入了甘南。毛主席在这一时期写下了著名的诗篇《七律·长征》，中央红军也逐步确定了将中国革命的大本营放在陕北的重要决策。壮美的甘南与中国革命结下了不解之缘，今天也成为甘肃十分重要的红色传统文化教育基地。

8月4日一大早，我们离开兰州，驱车两小时，上午10点左右进入合作边上的当周生态园参观。这是一个依丘陵山地草原而建的游览区，映入眼帘的是草地上错落有致的藏族毡房，白色的毡房里不时传出悠扬的草原歌曲，毡房入口处，身着民族盛装的美丽姑娘热情地招徕四方游客，欢迎大家参观毡房，品尝草原美食。毡房区后面绵延起伏的斜坡上，油黑的牦牛和洁白的羊群，星星点点洒落在蓝天白云下、青山绿草间，好一幅"风吹草低见牛羊"的美丽画卷！远方的山坡上一座数十米高的白塔在阳光下熠熠生辉，那样的伟岸与端庄，不禁令人对葬在白塔下的藏族高僧肃然起敬！

草原的风情不断刺激和感染着我们，虽然都年过半百了，还是兴奋地奔向草原深处，留下自己融入自然的美丽倩影，观牦牛狂奔，看羊儿撒欢，并情不自禁地伴着毡房传出的音乐引吭高歌：阳光啊阳光多么灿烂，草原啊草原绿浪无边，白云从我的头上飘过，牛羊在我的身边撒欢……

恰在这时，手机微信滴滴作响，一段段鲜活的文字，一幅幅美丽的图片，传来了马亚军那一组朋友在桑科草原篝火晚会上狂欢的景象：熊熊燃烧的火焰燎起了人们青春的活力，无论男女老少，大家都抛弃了平日的矜持和恬静，大块吃肉，大碗喝酒，纵情欢歌，真是"烹羊宰牛且为乐，会须一饮三百杯"，与君歌一曲，醉卧斜阳里，共解素日忧！啊，神奇的草原，你的卓越风姿，让我们牵心萦怀！你的宽广胸怀，让我们魂魄相依！

在"梦忆甘南"吃过午饭，我们继续南行，从合作出发，途经临潭，前往目的地卓尼。甘南可以说是一个巨大的天然牧场，一出合作市，沿途的川川道道、沟沟坎坎、坡坡梁梁，全都披上了绿色的戎装，车蜿蜒前行，

好像一艘在绿色海洋里劈波斩浪的游轮。蓝蓝的天空白云翻滚，矫健的雄鹰展翅飞翔，绿色的牧场上，羊儿撒欢，牦牛狂奔，真可谓雄鹰和牦牛相映，蓝天共牧场一色，白云与羊群齐飞。江山如此多娇，华夏神州到处都是新美如画的锦绣山河！

继续南行，空气更加湿润，草色油亮，山水清新，云蒸霞蔚，令人心旷神怡。进入合作，更是秀色可餐了，放眼望去，辽阔的大草原横亘在天地间，而穿越大草原的洮河两岸，长满了生机勃勃、丰收在望的农作物：金黄色的小麦和青稞随风摇摆，像是在欢迎远方的客人，一片片黄灿灿的油菜花镶嵌在绿色的世界里，犹如一件精美绝伦的巨幅油画。呵，真是人间八月火热天，高原菜花始盛开呀！

抬头望去，蓝色的苍穹近在咫尺，头顶的浮云动如脱兔，偶有一片乌云飘来，刹那间，一阵喜雨便当头浇下！而在不远的前方却依然是阳光灿烂，一片艳阳天！不知不觉，合作县城就在眼前了，新中国成立前，甘南的土司府衙就建在这里，因自然条件优越，农牧业都很发达，还盛产洮砚、木耳、蕨麻猪（天然放养，只能长到三四十公斤，营养价值极高）等土特产，所以老百姓都比较富裕。除此之外，这里还有一处世外桃源——大峪沟原始森林，也是我们此行的目的地。天色渐晚，我们在县城未做停留，便欣喜地沿洮河驱车而上，要去揭开这一世外桃源的美丽面纱！

三

大峪沟位于卓尼木耳镇，距卓尼县城约30公里，总面积约10万公顷。沟内溪流纵横，汇集成四季丰沛的大峪河。沿河而上，水丽林秀，山雄石奇，青山滴翠，流水成韵，自然天成。大峪沟属迭山山脉，主峰海拔4920米，沟口海拔2500米，共有九条支沟，分布在大峪河东南，依次为云江峡、旗布峡、桑布沟、阿角小沟、阿角大沟、燕麦沟、扎崖它沟、巴什沟、涅座沟，仿佛一把遗落人间的巨形扇子，扇面浓墨重彩，描绘出无数的奇山异水！

我们于下午6点左右到达驻地——旗布峡度假山庄，拉开车门，山风嗖嗖袭来，同行的田安政第一个从车上跳下，拉开后备厢，拿出一个手掌大的绿色小包,像变魔术般迅速将一件抽真空的羽绒服披在了身上,延平夫妇和我也反应过来,赶紧穿上外套抵御风寒。哦,秀美的大峪沟,真是一个人间仙境!外面高温难耐,这里却凉爽宜人,从今晚开始我们就要在此过一把神仙瘾了!

5日一大早,我们便急切地要出外赏景了。绕过驻地一大片规整的绿色绒毯,沿大峪河逆流而上,不出几百米,便是优美神奇的"神女潭"了,潭边一处天然的"梳妆台"掩隐在碧水绿草间,格外引人注目。传说古时候,七仙女常常从天而降在此洗浴梳妆,故得此名。潭水清澈澄碧,湛蓝的天空下,一轮红日好像贴着潭边的山峰冉冉升起,将清冽的潭水映照得通红似火,我的眼前不由浮现出"日出江花红胜火,春来江水绿如蓝"的美丽画面。

离开神女潭,我们拾级而上,登上宽阔平坦的旗布塬,旗布塬由自然形成的三阶台地组成,拥有八百年历史的著名的藏传佛教古刹旗布寺,就

坐落在背靠大象山的第一阶台地上。进入古刹，我们先在寺前白色的藏塔前静默肃立，然后绕主殿一周，虔诚地旋转着墙壁上的每一个装满经文的转经桶，为亲人、朋友和自己祈祷祝福。

殿门虚掩着，一股浓烈的酥油味扑面而来，十几位藏民正心无旁骛地诵读经文，身临其境，不禁令人肃然起敬，同时也让人感受到坚定的信仰所产生的巨大精神力量！从旗布塬往上，便是大峪沟的主沟了，海拔约3500米，这里水奇、山峻、石头怪，有名的三角石巨大无比，如刀削斧凿，棱角分明的三座石峰呈三角形兀立山巅，神奇壮丽！

再往上就是海拔4000米左右的奇险无比的阿角沟"十八道交河"了，当地同行的朋友介绍，那里山势峻峭，溪流交织，绿树参天，大小阿角沟形成了风格独具的阿角沟大峡谷。然而由于前方修路，再加之延平出现了高原反应，我们只好停住了脚步，留下了此次旅途的一大遗憾！

午饭以后，我们驱车约10公里，游览了旗布峡东面的大峪沟森林公园，下午4点左右返回度假村。稍事停顿，又余兴未了地来到神女潭，融入青山绿水，不由自主地纵情歌唱！在音乐教师延平夫人孙晓华的引导下，大家一起唱起雄壮的《咱当兵的人》，嘹亮的歌声在山谷间回响，悠远绵长；目睹潺潺溪水、袅袅炊烟和潭中倒映的山峰，我情不自禁地放歌《那就是我》，把自己对自然的真诚向往和对母亲的深切思念，永远地留在了这秀美的甘南草原上！

四

8月6日上午，我们于返程途中参观了卓尼杨土司革命纪念馆。早在明正德三年（1508年），朝廷就赐卓尼土司汉姓杨，希望他们仿效宋朝的杨家，镇守边关，为国效力。1935年9月，毛主席率领中央红军从四川阿坝进入卓尼地境，而承袭十九世卓尼土司的杨积庆，深明民族大义，拥有两万藏兵却拒绝执行蒋介石阻击红军的命令，修补栈道，暗助红军破袭天险腊子口；替红军预留粮仓，补充药品，为中央红军以及红二、红四方面军1936年北上抗日奠定了扎实的物质基础，提供了极大帮助。从而促使三大红军主力

于 1936 年 10 月在甘肃会宁胜利会师，经过一年多的二万五千里长征，终于将中国革命的落脚点和北上抗日的出发点定在了陕北。然而杨积庆的凛然之举，也令国民党反动派恨得咬牙切齿，1937 年 8 月，反动军阀鲁大昌包围了卓尼土司府，制造了博峪惨案，杨积庆一家九口惨遭杀害！后来杨积庆的二子杨复兴袭任第二十任土司，为卓尼民族团结与和平解放做出了巨大贡献，新中国成立后出任首位卓尼县县长，后又升任甘肃省民委副主任。杨家父子两代的革命事迹令人赞颂，今天的杨土司府已经成为甘肃重要的革命传统教育基地。

中午时分我们离开土司府到达桑科草原，在白色的毡房里，品尝着牧民亲手酿制的酸奶、奶茶与青稞酒，手捧大块的烤羊排尽情享受，心情无比惬意，别有一番草原风味！下午我们又赴夏河拉卜楞寺朝拜，在这个被誉为"世界藏学府"的最高活佛大师的府邸，参观了大经堂、弥勒佛殿、释迦牟尼佛殿等五大殿堂，体验了藏区浓厚的宗教氛围，感受了藏传佛教的博大与精深！自此也结束了甘南之行的主要旅程。

  8月7日下午，我们离开兰州返回西安，此行要真诚地感谢亚民好友的妥善安排！虽然只有短短的五天，但不啻是一次老秦人的寻根之旅，甘南大草原的风情之旅，红色文化的探索之旅！我想，壮美的甘南草原已经嵌入我的生命，无论何时何地，她都始终会留在我的心里！

陕教社记忆

一晃，离开陕教社已经九年了，回忆在陕教社度过的两千多个日日夜夜，有快乐有伤心，有收获有挫折，也有经验与教训，令人难以忘怀。

我于2001年4月由省新闻出版局调往陕西人民教育出版社任总编辑。时值36岁壮年，踌躇满志，周身都散发着大显身手的事业豪情。然而接下来的事并不顺利，4月3日宣布那天，上午天气阴晦，下午竟破天荒地飘起了雪花！临此异状，我心中涌起一种不祥的感觉。果不其然，上任不到一个月，陕教社埋藏的"炸弹"爆炸了，倒霉事一桩接一桩：《小学社会》教材地图出问题了，《信息技术》教材图片低俗被点名批评了，版权纠纷的传票也来了，等等。全社上下气氛沉闷，一些同志因检查事故和追究责任，情绪异常低落沮丧，我也不由分说被推上风口浪尖，白天要处理各种棘手的问题，半夜三更还时常接到来自方方面面的督办电话。除了稳定局面，还要处理善后，更有做不完的检讨：出版局、教育厅、测绘局、省委宣传部、新闻出版总署，直到中宣部。那段日子压力很大，或许感怀自己命运不济，或许忧伤于社里的处境，在传达总署通报《小学社会》问题的全社大会上，我泣不成声，禁不住流下了伤心的眼泪！这是我40岁以前所遭遇的最大挫折了，之前，在出版管理岗位上的我从未有过如此煎熬！这样艰难的状况持续了三四个月才慢慢缓和下来，经此一难，让我骚动的心逐渐平静下来，对所处的环境有了深刻的认识,工作的目标也更贴近现实了。人们常说,挫折也是人生重要的财富,这段经历,既使我迅速成熟和成长起来,也使我对人情冷暖有了深切的体会,任中南、李天增、郭超、朱慕菊、吴尚之、杨牧之,这些令人尊敬的老领导,在关键时刻,他们都给了我无私的帮助、关心与支持,我将在心中永远感谢他们!

2001年,国家启动了新课标教材的编写工作,而陕教社又没有一本国标教材,所以我到任后主动开展的第一项工作就是开发新课标教材。这项工作大体分为三个阶段:起初社里根据自身实际,拟确定编写《小学科学》《小学英语》及《初中思想品德》三科教材,由我和傅美琳同志具体负责。那时我们经常出外参加教育部召开的新课标会议,了解和熟悉新课标教材的有关政策,期间有许多事给人留下了深刻印象。记得王勇安、王志章、傅美琳和我,在大连刚开完有关课改会议,半夜三更志章带的差旅费竟在宾馆被飞贼所盗,弄得大家兴致全无,只好向朋友借钱,尴尬地回到西安。而在2003年"非典"爆发的前一天,我仍在北师大参加课改会议,回到社里按规定需要隔离,办公室王希力主任闪烁其词,当我明白其意,便愉快地回到家里,到陕教社终于得闲休了七天年假!与此同时,社里也紧锣密鼓地启动了教材的编写工作,由王勇安、朱芸分别负责《小学科学》《小学英语》项目,社里与北京有关公司合作开发《初中思想品德》。在大家的艰苦努力下,这些项目都顺利进入教育部的复审,只是机缘不巧,关键时刻,由于《小学社会》严重质量事故被全国通报,所以最终只有《思想品德》通过终审成为国标教材。

教材工作的第二阶段便是租型,由于我曾在陕西师范大学出版社工作过六年,对新课标教材大社北师大出版社还比较熟悉,所以社里便锁定北师大教材租型出版。为此大约在一年的时间里,我不下二十次前往联系租型,谈好了租型协议,甚至带着祥涛社长以及出版科、财务科有关同志,拟签订协议,遗憾的是,由于省内有关单位的强力阻挠,这件事终致流产!没有办法,2003年5月,在省教育厅公示教材目录的前夕,才尘埃落定,阴差阳错地与江苏教育出版社签订了租型协议。

第三阶段就是教材推广了。2003年，教材大战愈演愈烈，社里很多同志都投身其中。我最早是在苗育方、蔡晓建的引领下涉足教材的，小蔡开着车，拉着我这个所谓陕南在全省出版系统最大的官，沿汉中、南郑、城固、安康一路推广教材，每到一地，我们与当地新华书店沟通，拜访教育部门的领导干部，向他们讲解宣传教材，请求得到他们的帮助与支持，虽然身心疲惫，但每当取得点滴收获，大家都会感到由衷的高兴！而最让人记忆深刻的是甘肃、青海的教材推广工作，兰州的王亚民多次为我们引荐甘肃教育部门的领导，记得有一次为了使社里的教材在甘肃某地市列项，身患糖尿病的王勇安主任硬是不听劝阻，一气喝下半斤白酒，令我十分感动！而为了教材，亚民、甘肃某市教育局局长、傅美琳和我，在古阳关道旁的一个小酒店里，赘叙五个多小时，喝了不少酒，终于得到对方的理解和支持。还有一次，禹鸿斌、我、苗育方和赵文生一起赴甘肃推广教材，上午返程途中，甘肃全境突降大雨，多处塌方，四处绕行都难觅归途。而更糟糕的是，由于阴雨连绵，天凉风烈，鸿斌同志肠胃突患疾病，路途既无医药，也难觅可口饮食，只得咬牙忍受，风雨兼程，直到晚上12点才返回西安！而青海，也是令人难以忘怀的地方，我多次和赵文生等同志赴青海推广教材，在中巴高原训练基地的农家乐，青海基教处七八位同志每人连续端六杯酒的敬酒风俗，让我深切地体验到青稞酒的浓烈和李亚林处长西北汉子的豪情！而青稞酒喝高了的滋味确实难受，就像一块石头压在心口难以释放挥发，令人憋闷、痛苦，所以每遇此况，我们便谢绝朋友的邀请，谈完工作赶快逃离青海返回西安。

在陕教社我最关注的事情是产品开发。上任不久，为推进市场化产品的开发，在我的提议下，社里推出了工作室制，除教材编辑室，社里的编辑部门划分为八个工作室。由于分权式管理，大家迸发出空前的创造力和工作热情，孙玲、邓晓丽、朱芸、杨旭、刘劲挺、韩玲等，没日没夜，牺牲了节假日，专心致志于产品的开发。同时，小考、中考、课外阅读等一批产品在读者中产生了较好的影响，尤其是孙玲等开发的《奥数举一反三》，更成为社里的品牌产品，其效益及影响力一直延续至今。记得在江苏南通，我、孙玲与主编李济元共同研讨该套书的编写工作，作者与编辑认真负责的精神令我记忆犹新。但是毋庸讳言，工作室制的推进，虽然释放了生产力和编辑的个人潜能，却也由于管理能力的滞后，造成了一定程度的管理混乱与漏洞，这是应该吸取的教训！

　　与此同时，社里也十分重视系统化产品的开发，由孙毅同志负责，带领王勇安、董文丽、姜莹等先后修订了《信息技术》，新开发了《绿色证书》《科技教育》等教材，均得到省教育厅的审定通过。尤其《信息技术》教材保卫战，那真是费了九牛二虎之力！2005年，陕西教材招标，鸿斌和我对此高度重视，并由我牵头负责应标洽谈工作。当时全社上下压力很大，尤其《信息技术》面临四选三的严峻局面，为此，我和出版科苗育方、董红、刘勇，财务科陈国强等同志提前一周便入住招标点止园宾馆，编制测算应标方案。招标是一场艰苦的博弈，其本质含义是以最小的代价战胜对手。由于陕教社品种多，数据测算的工作量特别大，而为了万无一失，我每个品种都给出三种以上的测算参数，《信息技术》则达到七种之多，往往一算就是大半夜，可以说在那一周里，大家基本都没睡一个囫囵觉！令人欣慰的是，功夫终没白费，经过艰苦鏖战，陕教社所有项目都顺利出标，《信息技术》竟以一分之优赢取胜利！同时，在系统化教辅方面，社里也进行了有益探索，从2004年开始，由我牵头，由李崇君等同志负责，与西安市教研室合作，经过近一年的努力，终于开发出一套全科中小学系统教辅《学习与评价》。说实在的，系统教辅品种多，投资大，风险高，而且还有较长的培育周期，所以当时社里是捏着一把汗的。不过很快教育厅评审教辅，由于前期工作扎实，《学习与评价》顺利入选省教育厅教辅公示目录，终于在市场上站住了脚，并成为社里重要的支柱产品。除此之外，陕教社还与薛金星、刘增力、韩青海等著名民营书业进行卓有成效的长期合作，推出了《教材全解》《导与练》等广受读者欢迎的优秀产品，特别是《教材全解》，不但给社里创造了价值不菲的经济效益，而且还大大提升了社里的品牌效应！

　　在陕教社工作的几年，也有许多事情让我十分欣慰。2002年5月，由社里主办全国第九届教育图书订货会，但3月底全国教育出版社发行委员会在西安召开预备会时，社里竟然还没有启动这项工作！无奈，我与和西堂副社长只好临危受命，负责组织这次订货会。当时由于前几届都比较冷清，为了办出效果，作为初生牛犊的我，在预备会上大胆提出了两点建议：邀请全国教育出版方面的民营书业参展；邀请新课标教材大社，举办新课标教材专项展览。经过讨论，大家一致认可了这两点建议。两个月后的订货会表明，这是一个非常正确的决定：报名的客户蜂拥而至，会议的具体组办者田和平忙得脚不沾地，负责展位的李桂珍和负责广告的孙苹，脸上乐开了花。展场内气氛热烈，人山人海，一改往日门可罗雀的萧条景象，就连当时来参加开幕式的省委宣传部刘斌副部长还责怪我们思想保守呢！这次订货会不但提振了人气，而且打破了以往主办方贴钱办会的状况，社里净挣20余万元，更重要的是陕西人民教育出版社的影响力有所回升，增强了信心，振奋了全社员工的精神！而2005年5月，陕教社二十周年社庆联欢，又使我看到了陕教社员工丰富多彩的精神世界。这是我在出版系统见到的最高水平的一次联欢会，组织周密，气氛热烈，格调雅致，令人赏心悦目。联欢会上，王志章、郭相的主持，极富风采；孙毅的朗诵和藏族舞颇具专业水准；毛玲、邓晓丽等女编辑的传统舞婀娜多姿；沈斌的表演诙谐风趣；小李丽甜美的歌声悦耳动听；姚曳、苏瑾等年轻编辑潇洒的青春舞朝气勃发……在那个星空满天的夜晚，我们尽情地享受着生活的乐趣，我们的心儿在那无垠的世界里飘舞与翱翔！除了工作和生活的乐趣外，我闲暇时的小策划，能为社里有所贡献，也令我十分惬意。2003年我业余攻读MBA，期间撰写了"西部文教传媒产业园"策划案，后与鸿斌同志交流，我们一拍即合，马上以此向西安高新区申报了项目，并经高新区评审顺利通过。自此鸿斌同志孜孜以求，亲力亲为，经过三四年拼搏奋斗，终于在高新区矗立起陕教社新的办公楼，为陕教社后续发展奠定了良好的基础。

岁月荏苒，忆往昔，许多人和事仍历历在目，总编办主任姚雪琴兢兢业业，在琐碎与平凡中辛勤耕耘，确保了书号管理的规范与编务工作的有序开展；杨益、廖广州、贾行宪、李宝生等老同志协助终审，工作认真负责，任劳任怨，为我分责把关，排忧解难；王芳同志精心策划，踏实工作，有多种书荣获国家级奖项，为社里增光添彩；李桂珍同志坚持原则，细化管理，保证了绩效考核的顺利推进……正是这些同志的辛勤工作，在我任总编辑期间，才基本做到了守土有责和编辑业务工作持续向前推进，在此我真诚地向他们道一声谢谢！看今朝，真是长江后浪推前浪，今天的陕西人民教育出版社在以黄平利为首的社班子领导下，无论是社会效益还是经济效益，都取得了长足的进步，成为全省最有实力和全国有重大影响的出版社。作为陕教社曾经的一员，我感到无比的骄傲与自豪，在此也对他们表示衷心的祝贺！并预祝他们在未来的岁月里取得更大的成绩，再铸新的辉煌！

井 冈 行

　　春光明媚的红五月里，陕西省委党校安排出外接受革命传统教育，我终于来到向往已久的井冈山。

　　井冈山地处湘赣两省交界的罗霄山脉中段，整个地势中部高四周低，冈上多井状盆地，自古有"郴衡湘赣之交，千里罗霄之腹"之称。站在山下仰望，巍巍井冈山就如一座巨大的城堡，茨坪居于中心位置，八面山、桐木岭、黄洋界、朱砂冲、双马石五大哨口环绕四周，是通往"城堡"的五条要道，山峰陡峭，峡谷幽深，地势险要，有"一夫当关，万夫莫开"之势。

　　5月11日上午，我们从井冈山东南面登山，沿途要经过井冈新县城、杜鹃山，从桐木岭哨口方向到达我们这次井冈行的目的地——茨坪镇。一路上层峦叠嶂，沟壑纵横，山高林密，秀色迷人。车子在崎岖的山道上行驶，仿佛置身于一个天然大氧吧里，更像穿行在绿色大海洋中。我们被窗外的如画景色深深吸引，左顾右盼，欣喜痴迷，早已把旅途的劳顿、山路的颠簸抛到九霄云外，不知不觉茨坪已经到了。啊，这更是一个风光旖旎的地方！包括五指山在内的青峰秀岭结成了一个绿色的围屏，把茨坪拥在怀中，中心是碧波荡漾的挹翠湖，整个茨坪镇沿着环湖公路依次铺开，白墙红顶的小洋楼和青砖青瓦的徽派特色建筑，在阳光下熠熠生辉，与青山绿水相互映衬，美轮美奂，令人心旷神怡。难怪著名历史学家郭沫若游览了井冈山后，曾感慨万千地写下了"井冈山下后，万岭不思游"的诗句。

这次传统教育活动，由江西省委党校负责安排，5月11日到茨坪住地后，该校罗志坚副校长即花了半天时间专为我们讲授了井冈山精神，从5月12日上午起，我们开始参观井冈山的红色遗迹。先来到井冈山革命烈士陵园，缅怀革命先烈的光辉业绩。从1927年10月至1930年2月的两年零四个月里，井冈山地区有许多人为红色根据地献出了宝贵生命，陵园内安息着五万余名革命先烈，有一万五千人留下了姓名，剩余的人因无从考察姓名而成了无名英雄。他们当中，有红军指战员，有当地老百姓，也有包括卢德铭、何挺颖、王尔琢、伍若兰等在内的早期共产党精英。陵园整体建筑包括陵园门庭、纪念堂、碑林、纪念碑、雕塑园五大部分，依托茨坪北岩峰而建，山体状如一座罗汉大佛像，林木葱郁，坐北朝南，气势不凡！在庄严肃穆的纪念堂，我们怀着崇敬的心情向烈士们敬献了花圈，并进行了庄重的宣誓，接下来又仔细参观了陵园内的其他遗迹，对革命先烈的光辉业绩和苦难与辉煌的井冈山时期有了更深入的了解和体会。

从陵园出来，我们又浏览了毛泽东、朱德、彭德怀等老一辈革命家在茨坪时的革命故居，听取了约十五分钟有关彭德怀井冈山时期革命业绩的现场教学，便来到井冈山革命博物馆继续参观。这是一个规模宏大、全国一流的地方博物馆，因全面系统地记录了井冈山革命斗争史而享誉全国。进入馆内，恍若又回到了血雨腥风的1927年：这一年，蒋介石、汪精卫先后发动了"四一二""七一五"反革命政变，手无寸铁的共产党人惨遭屠杀，血流成河，共产党员由六万人锐减至一万人，革命进入低潮；这一年，中共中央在汉口紧急召开了"八七"会议，会上毛泽东提出了"枪杆子里面出政权"的著名论断，得到了与会者的普遍认同，由此决定在南昌起义的基础上再举行秋收起义、广州起义；这一年，毛委员在湘赣边界领导了秋收起义，起义失败后在三湾对剩余部队进行了整编，将两千人缩编至七百人，支部建在连上，成立士兵委员会。这些举措，使这支面临溃散危险的部队迅速变得坚强有力，成了一支铁军，为开辟井冈山革命根据地奠定了坚实基础；这一年，毛委员审时度势，勇闯绿林，晓之以理，动之以情，义薄云天，终于成功地收编了袁文才、王佐两支农民武装，顺利地进入井冈山地区，扩大了革命力量，站稳了脚跟，建立了第一个农村武装政权，使中国革命重现曙光。

时光流淌，1928年5月，朱德率领南昌起义的部队上了井冈山，朱毛红军在这里胜利会师。1928年12月，彭德怀率领平江起义部队，经过六个月迂回、鏖战，也冲破重重阻力来到了井冈山。革命力量日益扩大，令国民党反动派胆战心惊，让广大劳苦大众看到了希望。随之，轰轰烈烈的土地革命开始了，打土豪、分田地，人民群众当家做主，共产主义在这块红土地上生根发芽，中国革命的星星之火渐成燎原之势，"农村包围城市，武装夺取政权"的革命之路，由此开始走向全国。

5月12日下午，我们又先后瞻仰了"大井朱毛旧居""黄洋界保卫战旧址""小井红军医院""曾志墓"等红色遗迹。每到一处，伴随着工作人员绘声绘色的讲解，触景生情，思绪万千，仿佛又回到了艰苦而又悲壮的井冈山岁月：看，在大井村"读书石"旁，毛委员和朱总司令正运筹帷幄，指挥着根据地军民抗击国民党反动派的围攻；听，黄洋界上炮声轰隆，山上鼓角相闻，山下旌旗猎猎，敌军围困万千重，我自岿然不动。而黄洋界顶那门迫击炮射出的关键一炮，正中敌军指挥部，炸得敌人魂飞胆丧，狼狈逃窜；哎，远处山林里传来了阵阵山歌，那是朱总司令率领红军指战员从宁都挑粮回山了；啊，小井村旁的溪水怎么变红了，那是先烈的鲜血染红了它，1929年1月，国民党反动派偷袭小井红军医院，一百三十余名医护人员和红军伤病员被全部杀害，年龄最小的只有14岁！先烈们的业绩可歌可泣，而英雄殁去却令人唏嘘不已，党的高级干部、井冈山时期任小井红军医院支部书记的曾志同志，终其一生都沉浸在思念战友的缅怀之情中。1998年老人与世长辞，子女们遵从老人的遗愿，把她的一部分骨灰安葬在小井村旁的小山坡上，墓前立有一块石碑，上书"魂归井冈——老红军战士曾志"几个字，她要在这里永远陪伴那些曾经并肩战斗的战友和同志们！

两天的行程结束了，我们就要离去。井冈山，美丽的山，革命的山，英雄的山！令人留恋，让人感叹，更使人梦萦魂牵。1927年的中国，白色恐怖弥漫，南昌起义、秋收起义、广州起义均告失败，革命处于低迷而危急的关头，何以在地处湘赣交界的偏远之地井冈山，革命的星星之火，渐成燎原之势？那是因为经过无数次血的教训，中国共产党人终于找到了一条适合自己国情的革命道路：面对凶恶残忍的敌人，唯有"枪杆子里面出政权"；而面对中国半封建、半殖民且以农耕文明为主要特征的国情，唯有"农村包围城市，武装夺取政权"，才是取得革命胜利的正确途径。也是因为共产党人葆有坚定的理想信念和崇高的精神追求，即井冈山精神：坚定不移的理想信念，实事求是的思想路线，党管武装的基本原则，血肉相连的干群关系，艰苦创业的奋斗精神。正是基于此，井冈山成为中国革命的摇篮，中国革命由此发展壮大，走向胜利。

我突然有所省悟，中国革命的其他重要关头又何尝不是如此呢？举世闻名的长征，不就是凭着伟大的长征精神战胜了各种艰难困苦，冲破了敌人的围追堵截吗？延安十三年，不就是凭着道路自信、延安精神，再加上毛泽东思想引导中国革命取得了全国胜利吗？我终于明白，这就是革命先烈留给我们的最宝贵的遗产，也是今天我们所开展的一切传统教育的核心！只要我们能按照先烈们的遗志坚定不移地前进，并把它们完善、发扬、光大，那么我们的国家就会越来越富强，我们的社会就会越来越和谐，复兴中华民族的伟大梦想就一定会实现！

南海旅社记忆

一则描写牟家坝南海国营旅社的微信在网上传开，勾起了我儿时的记忆。它像打开的闸门，我情不自禁，想把脑海里尘封多年的故事，告诉给我的朋友们。

牟家坝是位于南郑县西南20多公里的一个古镇，临近四川，新中国成立前曾是川陕革命根据地红色交通线的必经之地。离镇5里外，有一处闻名川陕的古刹——小南海，20世纪三四十年代，这里香火旺盛，善男信女络绎不绝。近年来民间人士对古刹进行了重新修缮，又逐渐恢复了往昔的红火。古镇的四周，群山环抱，尤以大中小神仙山为其标志，古时候留下许多传说故事。困难时期，这里曾是牟家坝人的柴山，现在则是风光旖旎的旅游胜地。镇子的后面，是清澈秀丽的冷水河，据说这条河源自于四川，穿过崇山峻岭的大巴山蜿蜒前行，最终汇入长江第一大支流汉江。全镇约一万人，镇子全长也就1公里左右，所以镇子里的人大多数都很熟悉。牟家坝南海国营旅社位于全镇的中段，自我父母开始，我们家便与她结下了不解之缘，尤其我的孩提生活和懵懂少年时代都在此度过，她在我的心中有一种天然的亲近感。

父亲于1949年被作为知识青年吸收进牟家坝乡政府，而南海国营旅社即是新中国成立初期乡政府办公所在地，所以这里也就是父亲步入社会的

第一站。1970年，这里因地段优势变成了南海国营旅社，母亲由于身体有病，就被单位安排到旅社负责登记工作，自此，围绕母亲，这里也就成了我们的家，这一待就是三十五年。直到2005年，已是73岁高龄的母亲才恋恋不舍地离开这里，搬迁到南郑县大河坎艺苑小区居住。

我6岁的时候就随母亲在此居住。在整个镇子里，这所建筑气势恢宏，古香古色，位置又处于镇子的中心，旁边就是牟家坝中心小学，变成旅社后，来镇上办事的外地人也大多落脚于此，所以这里人气很旺，是镇上最热闹的场所了。旅社的院子约有一个篮球场大小，院里有一棵老桑树、一棵核桃树，还有一株桂花树，每到秋天，院子里香气弥漫，桑葚、核桃挂满枝头，我常和小伙伴上树尝鲜，惬意极了！院子有两道大门，前庭后院，错落有致，方正端庄。院里的建筑基本都是木质结构，材质优良，榫卯连接，经久耐用。

记得，1976年全国闹地震，虽然余震袭来，院里建筑不时传来吱吱呀呀的挤压声，却没有一处毁坏！小时候我觉得院里的建筑十分神奇，后来才知道这一切都源于房屋建筑的主人。新中国成立前，牟家坝镇有一户大地主龙世武，是镇上的开明绅士，他一生倾其心血和财产，于20世纪30年代初打造了两大杰作：一个是南海旅社所在的这处古老宅院，另一个就是今天的牟家坝中心小学，虽然历经八十年沧桑，它们依然像一对古朴的老人，矗立在镇子的中心，昭示着那段久远的历史，也护佑着一代又一代牟家坝镇的后人！

儿时的生活也是十分快乐的，院子里有五六个和我同龄的小伙伴，春天，我们在屋檐下新筑的燕巢前倾听雏燕呢喃，观赏着信鸽在空中盘旋并引来新的伙伴；夏天，镇后的那条冷水河就是我们的水上乐园，我们经常背着

大人去河里游泳戏水,钓鱼捉蟹,乐此不疲;秋天,我们满山遍野地狂奔,采野菇、捅蜂窝、打松果、捣蛇窠、尝鲜果,生活充满了刺激与快乐;冬天,雪花飞舞,寒气袭人,我们就在院子里堆雪人、划甘蔗、网麻雀,跳方舞绳,虽然没有电视和游戏等现代娱乐活动,但儿时的我们每天也无忧无虑,快快乐乐。

最令人难忘的是过春节了,腊月天里,父亲常摆开架势为镇上的四邻免费书写春联,一连数天,叔叔阿姨来来往往,笑逐颜开,一派节日气氛。一直到年三十的下午,院子才逐渐变得空旷起来,这时候,院子里就剩下我们一家人了,全家大小近三十口人都从四面八方回到了父母身边,父母已早早准备好鸡鸭鱼肉等丰盛的年货,大家一齐动手,只几个时辰,三桌热气腾腾、丰盛红火的年夜饭已经摆在大厅上。不一会儿,父母入座,为晚辈后生一一发了压岁钱,全家老少伴着院里徐徐飘飞的雪花,大家把盏相庆,共庆一年的安康,共祝来年的幸福,欢语笑声久久地回荡在这古朴的院子里!

啊,久别了,我的故乡牟家坝;久别了,给我带来快乐童年的南海旅社。无论我在哪里,我的血液里都已留下了你深深的印迹,无论什么时候,你都会珍藏于我的心底!

不能忘却的记忆

我于1986年7月从陕西师范大学数学系毕业后,留校进入出版社工作。陕西师范大学出版社是我步入社会的第一站,所以无论何时何地,她都像母亲一样,在我心中占有十分重要的位置。1991年底,我从出版社调离,先后到陕西省新闻出版局、陕西人民教育出版社、陕西科技出版社、陕西出版集团工作,一晃快二十五年了,我也由一个毛头小伙子成为年过半百之人。然而往事并不如烟,无数个夜里,我的思绪不由自主地飞回曾在师大出版社度过的那六年朝华岁月,许多人和事常常在我的脑海里浮现!

我是在出版社成立的第二个年头,和冯晓立、陈凡、陶安惠一起到社里报到上班的,当时条件很简陋,蜗居在几间平房里办公。社里的负责人景存壁老师和我们几个进行了简短谈话,我便被安排到理科编辑室工作。进社之初我们所做的第一件事,是骑三轮车搬库房,这工作看似简单,实则不然。由于以往没干过,往往装上满满一车书,走到半路会因掌握不好平衡,搞得人仰马翻。不过年轻不怕事,跌倒了爬起来,装好书再骑,终于掌握了蹬三轮这门技艺,也顺利完成了任务。第二件让人记忆犹新的事就是包书发货。1987年上半年,社里编辑出版了一本关于经济体制改革方面的学习辅导书,社会反响热烈,市场供不应求。由于发行人手不够,社里决定所有青年编辑周末加班包书发货。自此,大约有两个月,每个周末我们都在办公室里包书,每天人均包书超过一千册。一天下来，虽然很累，但通过这项工作，我们不仅掌握了打包发货的业务技能，每周还能挣得一些加班费，这对当时月工资只有61元的年轻人来说，可是一笔不菲的收入呀！

我编辑的第一本书是《概率论与数理统计》，之后又编辑了《科技文献概论》一书，被省版协评选为优秀图书。当时社里的文化味很浓，狄长庆、韦建培、张军孝三位老师牵头，花费九年时间组织编辑的十四卷本《陕西通史》，韦建培老师和冯晓立等编辑的《魏晋南北朝时期的道教》《魏晋玄学史》《神话——原型批评》等书，都在学术界产生了极大反响。李文和冯晓立分别策划编辑的《爱情新诗鉴赏辞典》、"妈妈讲故事"丛书受到读者的热捧，取得了良好的经济效益。社里也很重视年轻人的学习与培养，1987年，我被派往北京参加全国青年科技编辑培训班，经过三个月的学习，不但结识了很多业界朋友，而且还系统学习了编辑学理论，基本掌握了编辑操作技能。1988年，陕西省新闻出版局举办首届青年编辑知识竞赛，社里派冯晓立、陈凡和我组队参加，经过艰苦努力，最终获得团体第二名，我也荣膺个人一等奖。1991年，全省举办第二届青年编辑知识竞赛，由李文、陈凡和我组队参赛，我们荣获团体一等奖，我也再次荣获个人一等奖，并被省工会授予"青年技术能手"称号。两次知识竞赛，不仅提升了出版社的影响，也使我个人受益匪浅。

在师大出版社工作了六年，先后经历了三任领导，他们风格各异，给我留下了美好的印象。景存壁老师身上洋溢着典型的知识分子气质，他的言谈举止和行为处事，既有长者的睿智与豁达，也不乏陕西人的耿直与倔强。他对年轻人工作上要求严格，生活上却十分关心。记得有一次他请我们六七个年轻人到他家吃饭，由师母王老师亲自下厨，以她老家西府地区有名的酣水面招待我们。香喷喷的臊子筋道的面，一碗又一碗，大家同喝一锅汤，同吃一锅面，热气腾腾，其乐融融！朱永庚老师曾是我大学时数学分析课老师，1986年底由数学系调任出版社领导。朱老师一生兢兢业业，工作认真负责，他对年轻人要求非常严格，注重细节，关心大家的知识积累和业务学习，督促年轻人业务快速提升，迅速担起工作大梁。2013年，朱老师积劳成疾因病去世，我前往吊唁，为他上完三炷香，目睹灵堂悬挂的他清瘦的遗像，鼻子忽然一阵酸楚：朱老师辛劳了一辈子，对人严格，对己近乎苛刻，就像老黄牛一样为事业和家庭奉献了一切，还未来得及好好享受天伦之乐就这样离开了我们，真是令人唏嘘叹息！李峰老师于1988年由杂志社调任出版社领导，他高超的经营管理水平和鲜明的个人感召力，令人印象深刻。他善于和年轻同志交流，倾听大家畅谈工作设想，常常令人振奋不已！他也像一个老大哥，领着大家拼搏奋斗。记得为了开阔编辑的眼界，他多次带领大家到山西语文报社交流学习，了解市场信息，策划畅销选题，商谈合作事宜。很快，社里许多编辑组稿能力得到迅速提高，自此，出版社课外阅读类图书也获得了较大的市场影响力。1995年，高经纬同志调任出版社领导，那时我已离开师大出版社，但他敢作敢为的创新精神和对出版事业的执着情怀，却是全省出版界有目共睹的。在他任内，师大版图书品质迈上了新的台阶，品牌影响力快速提升，高老师也作为陕西的出版家被业界广泛称赞。

在师大社工作的六年里，还有许多人和事让我难以忘怀。我和冯晓立、陈凡在教单八楼的小宿舍里同住了四年，从他们身上学到了许多东西。冯晓立学养基础好，敢想敢干，认准的事，有一股拼命三郎的劲头。陈凡为人善良，善于学习创新，处事执着，常有打破砂锅问到底的决心。无数个节假日，我们或在一块儿侃大山，或邀上陶安惠一块儿聚餐，许多时候，他们中文系的许多同学，包括叶舒宪、刘路、张国俊老师也加入聚会的行列，大家海阔天空，漫无边际地神聊。每每这时，我便听得一头雾水，但却乐此不疲，常被这些"文艺范儿"的激情所感染，也多少受到了文学的熏陶。那真是一段美好的时光，富于梦想而又昂扬向上，无忧无虑而又思想活跃，生活里时时处处都闪耀着青春的火花！

我也经常与薛全意、刘东风、赵乐清等几位年轻编辑一块交流学习，取长补短。全意经营意识强，吃苦耐劳，干事执着，所以后来成就了自己的一片天地。东风随和低调，待人接物周全得体，工作勤奋刻苦，敢闯敢干，综合能力强，在几任社长的悉心栽培下终成正果。乐清为人大气，富有正义感，乐于助人，令人信赖。同其万、张惠茹、王佰铭、张世中、雷永利、徐明、杨鸣远等同志，在工作和生活中，也给了我不少帮助，在此向他们真诚地道一声：谢谢！

1991年底我虽然离开了师大，但和大家的友情还始终延续着，一有机会就跑回来和大家交流，遇到困难还常常会想起老朋友。1994年，得知我孩子患病的消息，乐清专程到办公室安慰我，并拿出钱塞到我的手里。1995年，陕西由我具体负责参加"中国出版成就展"，我邀请陶安惠任设计总策划，她殚精竭虑，努力工作，超常发挥，虽然设计装修造价远低于发达省份，却取得轰动的展览效果，读者纷纷到展场拍照留念。江泽民、乔石、刘华清、丁关根等党和国家领导人分别参观了陕西展区，最终，陕西团获得"优秀设计奖""优秀组织奖"两大奖项！2003年前后，东风创办的新作文工作室声名远扬，我多次前往取经，东风不吝赐教。我借鉴他们的经验在陕教社推广工作室制，调动了员工的积极性，开发了一批优秀产品，培养锻炼了编辑队伍，为陕教社今天的发展奠定了良好的基础。

在师大出版社的工作经历，对我真是大有裨益：在这里养成了普通知识分子应有的品质，即摒弃投机取巧、世故钻营，崇尚老老实实做人、踏踏实实做事；在这里掌握了编辑出版的基本知识和基本技能，具备了从事编辑出版工作的基本能力。离开师大这二十余年里，我于2006年被评为编审，2007年被提拔为副厅级干部，先后撰写了近四十万字的出版科研论文、二十余万字的随笔散文，策划了近二十项国家级重大项目，并被评为全国新闻出版行业领军人才、百名有突出贡献的出版专家、享受国务院政府特殊津贴专家、中宣部文化名家暨"四个一批"人才。这些成绩的取得，都肇始于在师大出版社养成的良好素质，得益于师大出版社的养育之恩！今天，步入而立之年的师大出版社又进入一个新的历史阶段，作为师大社的一个老员工，我真诚地祝福，在未来的岁月里，师大社继续拼搏奋进，开拓创新，迈上新的台阶，再铸新的辉煌！

蜀　道

蜀道书讯：由我策划的"中国蜀道"丛书，在国家出版基金的扶持资助下、在三秦出版社连续五年的不懈努力下，终于付梓出版了。该丛书包括《交通线路》、《历史沿革》、《人文地理》、《文化遗存》（上、下）、《建筑艺术》、《艺文撷英》（上、下）、《科学认知》等十部著作，皇皇七百余万字，是迄今为止，对蜀道进行全面系统研究的填补空白之作。2016年，该丛书参加中国出版政府奖评选，得到学界和出版同人的一致好评，希望能脱颖而出，斩获大奖。

最近我认真阅读了这套图书，深感其中的不少研究观点令人折服，许多知识让人耳目一新，很多故事引人思绪万千。我情不自禁，记录下自己读后的些许感受，现撷取二三，与大家分享。

诸葛亮的蜀道情结

诸葛亮在中国是家喻户晓的英雄人物，《三国演义》中关于"草船借箭""空城计""火烧赤壁"的经典描写，使诸葛亮成为中华智慧的化身，而在三国鼎立群雄争锋的过程中，他"鞠躬尽瘁，死而后已"的高风亮节，赢得了千秋万代华夏子孙的共同赞颂。

在群雄并起的三国纷争时期，居于蜀国的地理位置，从"扶蜀兴汉，还于旧都"的战略思路考量，终其一生，诸葛亮都有着浓厚的蜀道情结。

诸葛亮在荆州隆中最初结识刘备时，向他提出了被史家称之为"隆中对"的战略预想，这就是："若跨有荆益，保其岩阻，西和诸戎，南抚夷越，外结好孙权，内修政理；天下有变，则命一上将将荆州之军以向宛、洛，将军身率益州之众出于秦川。"这一战略预想，除了内政外交的合理布局外，核心就是以攻为守，据险出击，夺取长安，北定中原，一统天下。而实现这一战略预想的关键就是要控制蜀道，这样，守可以据蜀道之险化解曹魏"得陇望蜀"之危害，进可以跨蜀道，出陇右，夺取长安，实现复兴汉室之梦想。所以我们有充分理由相信，诸葛亮出山之际，尤其是夺取汉中之后，在与曹魏对垒的过程中，如何打好蜀道这张牌，就成了诸葛亮战略谋划的核心要意。

赤壁之战后，三国鼎立的局面形成，诸葛亮进入汉中，扎营于临近古阳平关（在此演绎了千古传颂的"空城计"）的定军山下。汉中是蜀道的枢纽之地，前面有陈仓道、褒斜道、傥骆道、子午道通往长安，身后有金牛道、米仓道、荔枝道连通巴蜀。而古阳平关又扼住了从陇右进入巴蜀的咽喉通道，这是一个十分重要的战略布局，以此为基础，诸葛亮抱定"汉贼不两立，王业不偏安"的志向，扼蜀道重关，以攻为守，屡次兴兵北伐，以图扶蜀兴汉之伟业。

公元 228 年春，诸葛亮令赵云率疑兵入褒斜道佯攻秦川，而亲率诸军过陈仓道仙人关攻打陇右要地祁山，迅速占领南安、天水、安定三郡，入秦之途一片坦荡，夺取长安指日可待。但由于驻守街亭的马谡违反诸葛亮节度，举动失宜，为魏军击破，蜀军丧失了大好的战略机遇，只好返回汉中，诸葛亮挥泪斩马谡以谢众。同年冬，诸葛亮又出散关，围陈仓，但因准备不足，不久粮尽而还。公元 229 年，诸葛亮西出青泥岭（陈仓道），攻陷武都、阴平、建威等陇右之地，迫使与蜀军对抗的郭淮部退还，兼并了武都郡和阴平郡。公元 231 年，诸葛亮再出祁山，不久依然粮尽退兵。公元 234 年春，诸葛亮集结重兵从斜谷出击关中，据五丈原，与司马懿部对峙于渭南。司马懿筑营避战，想把远道而来的蜀军拖垮。诸葛亮也有准备，在渭水分兵屯田，作长期战争的准备。两军相持百余日，这一年的十月，诸葛亮因病逝世于军中，时年 54 岁。

诸葛亮的军事生涯大多是和蜀道联系在一起的，他多年经营蜀道，反复经行蜀道，最终"死而后已"，在蜀道结束了人生路程，成为中国古代最有影响力的政治家和军事家。

结合战争实践，诸葛亮对蜀道的自然地理也有深入研究。蜀道难，在于崇山峻岭，关隘重重，行进艰难。因此围绕蜀道的战争，解决粮草问题就是最棘手的事情，恐怕正是由于这一原因，诸葛亮的两次北伐都功败垂成。深谙"兵马未动，粮草先行"之道的诸葛亮，为解决这一问题可以说绞尽了脑汁。终于功夫不负有心人，经过数年努力，结合蜀道的地形特点，诸葛亮研究发明了木牛流马，自此蜀军的粮食补给再无后顾之忧了，木牛流马也成了蜀道交通史上最重要的发明。除此，诸葛亮的攻守谋略，也是围绕蜀道的地理特点展开的，综观诸葛亮的北伐出击关中，似乎守重在蜀道关隘的控制，出击则重在迂回，以取陇右粮食的补给，并从较为有利的地形对长安发动攻击。这样有利于军队粮草补给，也便于展开大规模的进攻，还可提高军队的战略机动能力，攻防兼备，是一种稳扎稳打的战法，所以，在这一时期的两军对决中，蜀军虽未完胜，却始终处于进攻的有利地位。也许正是基于这一思维定式，当蜀将魏延提出"今假延精兵五千，负粮五千，直从褒中出，循秦岭而东，当子午而北，不过十日可到长安……如此，则一举而咸阳以西可定矣"这一奇袭长安的战法时，诸葛亮以险而不稳的理由予以拒绝。自此便引起了魏延的不满，常常抱怨诸葛亮谨慎有余，虑多决少。这一不良情绪经过长时间的发酵，终于引起了祸端：诸葛亮逝世后，魏延因撤退问题与诸将领意见不合，直至发动兵变，后因兵士不从，独木难支，被蜀将马岱斩杀。呜呼，因观点不合最终导致一代名将死于非命，实乃蜀国之大不幸！每读至此，不禁令人掩卷而思，唏嘘不已！当然诸葛亮的战法也不是一成不变的，在发明木牛流马以后，因粮草问题的妥善解决，诸葛亮调整了攻击路线，出击褒斜道，直攻关中腹地，给魏军造成了极大的威胁。只是天不假年，当蜀军顺利推进之时，诸葛亮病死军中，将星自此陨落，历史从此改写，真是"出师未捷身先死，长使英雄泪满襟"呀！

然而，即使身后，诸葛亮冥冥之中依然对蜀道情有独钟，他选择葬在身前战斗生活过的定军山，因为他十分留恋自己为之抛洒热血、奋斗不息的蜀道关山，他要永远为蜀国守好国门，他要在此看着蜀国强大，跨越蜀道艰险，北定中原，一统天下。虽然这不是历史事实，但他的"蜀道梦"却万古流芳，永垂不朽！

"蜀道难"与"蜀道易"

蜀道，专指由古代社会政治中心长安通往四川之间的道路，即由关中平原越秦岭到汉中盆地，然后由汉中盆地越大巴山通往巴蜀的道路，前者主要有褒斜道、子午道、故道（陈仓道）和傥骆道，后者主要有金牛道、米仓道、荔枝道等，它们像七条粗壮的动脉血管，蜿蜒穿行于秦巴山水之间，崎岖陡峭，道狭路险，跌宕起伏，还不时有凌空栈道悬在半空……显然，蜀道艰险，是其本来就有的基因，而唐代诗人李白的《蜀道难》，形象地描绘了古老蜀道艰难的交通条件，也成为一种文化共识，深切地感染了当时的社会情绪。那么，为何后来又出现了不少与之相对的"蜀道易"诗词？这其实是汉唐盛世对蜀道之旅的映射，表达了人们乐观豁达、积极向上的精神追求。南宋诗人楼钥的《送王仲衿倅兴元》诗曰："蜀道难，难于上青天。蜀道易，易于履平地。蜀山天险固自若，视难为易在人尔。王尊真有四方志，叱驭径行了无累。……君今此去良似之，更欲远游寻故迹。……大笑出门何慨慷，天涯离愁各尽觞。……"后人又进一步做了总结："蜀道岂有难易哉？特存乎此心而已。心险则难，平则易。此古今不易之路也。"总之，人们认为，蜀道是可以"视难为易"的，其本质上是一种特定环境下的文化体验和心理感受。

天宝元年（742年），李白自蜀至长安，当时他名气还不大，因此便拿着自己的诗作《蜀道难》去拜见时为中书舍人的著名诗人贺知章，贺知章读罢，非常兴奋，赞曰："子为谪仙人也！"自此，李白才名高扬，《蜀道难》也广为流传："噫吁嚱，危乎高哉！蜀道之难，难于上青天！蚕丛及鱼凫，开国何茫然。尔来四万八千岁，不与秦塞通人烟。西当太白有鸟道，可以横绝峨眉巅。地崩山摧壮士死，然后天梯石栈相钩连。上有六龙回日之高标，下有冲波逆折之回川。黄鹤之飞尚不得过，猿猱欲度愁攀援。青泥何盘盘，百步九折萦岩峦。扪参历井仰胁息，以手抚膺坐长叹。问君西游何时还？畏途巉岩不可攀。但见悲鸟号古木，雄飞雌从绕林间。又闻子规啼夜月，愁空山。蜀道之难，难于上青天，使人听此凋朱颜！连峰去天不盈尺，枯松倒挂倚绝壁。飞湍瀑流争喧豗，砯崖转石万壑雷。其险也如此，嗟尔远道之人，胡为乎来哉？剑阁峥嵘而崔嵬。一夫当关，万夫莫开。所守或匪亲，化为狼与豺。朝避猛虎，夕避长蛇。磨牙吮血，杀人如麻。锦城虽云乐，不如早还家。蜀道之难，难于上青天，侧身西望长咨嗟！"

李白以变幻莫测的笔法，淋漓尽致地刻画了蜀道之难，艺术地再现了古老蜀道逶迤、峥嵘、高峻、崎岖的面貌，描绘出一幅色彩绚丽的山水画卷。诗中将神话、传说与他的奇特想象和恣意夸张结合在一起，言辞聚焦于山川之险的蜀道之难，刻意彰显了作者横溢的才华、恢宏的气势和浪漫的情怀，并未言及亲历亲为的蜀道羁旅之难。

唐玄宗天宝年间，安禄山、史思明发动叛乱。叛军攻破潼关，长安震动。唐玄宗仓皇出逃，行至马嵬驿，军士哗变，杀杨国忠。玄宗被迫缢杀杨贵妃，随即踏上通往蜀地的褒斜道。一日至剑阁蜀道，明皇登山巅东望秦川，谓高力士曰："吾听张九龄言，不至此。"显然，落寞的唐玄宗已深深地自责：他怀念开元贤相姚崇、宋璟、张九龄，他自责误用口蜜腹剑的奸相李林甫与祸国殃民的庸相杨国忠。他也十分后悔：当年张九龄指安禄山有反心要予以剿杀，是他极力阻挡，才招致今天安禄山的反叛呀！睹物思人，触景生情，估计此时的明皇肠子都悔青了！

杨贵妃死后一个月左右，玄宗一行到达绵阳梓潼七曲山上驿，当晚巴山夜雨淅淅沥沥，淡雾袅袅，令人愁绪顿生，玄宗不由忆起曾朝朝暮暮的杨玉环，他长叹一声，不禁热泪盈眶，没想到自己君临天下，贵为天子，却连自己的爱妃也保护不了，竟然落了个"宛转蛾眉马前死，君王掩面救不得"的下场。他自愧自惭难以入眠，夜半风起，驿亭檐角铜铃"当啷"之声忽急忽缓，好似那娇滴滴的玉环在呼唤"三郎、三郎"（玄宗的昵称）。他怅然而起，恍恍惚惚，喃喃自语道："翠翠红红，处处莺莺燕燕，穷尽一时风流梦；风风雨雨，年年暮暮朝朝，惹就几多相思情。"闻听风中传来的"当啷"之音，玄宗遂采其声，作《雨霖铃》曲，以寄自己无尽的哀思！白居易的《长恨歌》中，关于这一故事有这样的诗句："黄埃散漫风萧索，云栈萦纡登剑阁。峨眉山下少人行，旌旗无光日色薄。蜀江水碧蜀山青，圣主朝朝暮暮情。行宫见月伤心色，夜雨闻铃肠断声。"《雨霖铃》后来成为唐教坊名曲，以表达行旅生活的感情寄抒。

自此以后，唐玄宗幸蜀的故事引得千百年来文人骚客们感叹不已。如明代诗人朱纯的《天宝宫词》："落尽宫花辇路荒，銮舆西狩岭云长。词臣休望金鸡赦，蜀道艰难胜夜郎。"明皇"西狩"悲剧，成为"蜀道艰难"千古咏唱的一个典型性节目（王子今等主编，三秦出版社，《中国蜀道·历史沿革》，第290页）。

乾元二年（759年），48岁的杜甫因"安史之乱"离开了家乡，也因政治上受到权贵的排挤离开了官场。七月，他从长安西去甘肃秦州躲避战乱，十月又因边关不稳从秦州出发，经汉源、同谷、栗亭，过白水道、绵谷、剑门关，由陇入蜀，腊月底到达成都，从此开始了他晚年"飘零西南天地间"的生活。

杜甫的入蜀之途历时三个月，写下了二十六首蜀道行旅诗。和李白不同，杜甫是将蜀道一步步跋山涉水走过来的，漂泊零落，历尽艰辛，可谓羁旅艰难，痛彻心脾。加之此时的杜甫政治失意、生活困顿，所以杜甫笔下的蜀道山昏水恶，没有空幻的高和奇，只有实际的惊和险以及感同身受的痛和楚。其描写蜀道山川的诗词，将身世之感、生世之艰、蜀道之险熔为一炉，从而达到一种"物""我"两难，情景交融的全新境界。如《青阳峡》："塞外苦厌山，南行道弥恶。冈峦相经亘，云气水参错。林迥硖角来，天窄壁面削。溪西五里石，奋怒向我落。仰看日车侧，俯恐坤轴弱。魑魅啸有风，霜霰浩漠漠……"再如《水会渡》："山行有常程，中夜尚未安。微月没已久，崖倾路何难！大江动我前，汹若溟渤宽。篙师暗理楫，歌笑轻波澜。霜浓木石滑，风急手足寒。入舟已千忧，陟巘仍万盘。迥眺积水外，始知众星乾。远游令人瘦，衰疾惭加餐。"诗中，高山、峡谷、峭壁、乱石、霜雪、寒风、阴霾等，往往笼罩着一层阴郁凄凉的色彩，有一种沉重悲怆的气氛。又如，"百年不敢料，一坠那得取"（《龙门阁》），"贫病转零落，故乡不可思。常恐死道路，永为高人嗤"，（《赤谷》），"旅泊吾道穷，衰年岁时倦"（《积草岭》），"我马向北嘶，山猿饮相唤""迥然洗愁辛，多病一疏散"（《白沙渡》），"熊罴咆我东，虎豹号我西。我后鬼长啸，我前狨又啼"（《石龛》），"我能剖心出，饮啄慰孤愁"（《凤凰台》），"翳翳桑榆日，照我征衣裳。我行山川异，忽在天一方。……自古有羁旅，我何苦哀伤"（《成都府》），等等，这些诗词，在对自然景物的描写中，都浸润了杜甫强烈的主观感受，表达了其对基于蜀道之险的漂泊行役的深深担忧，也记录了其涉险入蜀，一路上经历的种种艰辛与磨难！（温虎林《杜甫蜀道纪行诗论略》，载《甘肃高师学报》2010 年第 3 期）

在诗人颠沛流离、充满苦难的一生中，他沿剑门蜀道入蜀，可以说是其一生的转折。杜甫在蜀中十年，留下了大量诗篇，几乎占其一生创作的半数。许多脍炙人口的名句，比如"大江东流去，游子日月长"，"好雨知时节，当春乃发生。随风潜入夜，润物细无声"，"国破山河在，城春草木深。感时花溅泪，恨别鸟惊心。烽火连三月，家书抵万金。白头骚更短，浑欲不胜簪"，"正是江南好风景，落花时节又逢君"，"无边落木萧萧下，不尽长江滚滚来"，"为人性僻耽佳句，语不惊人死不休"，"丹青不知老将至，富贵于我如浮云"，"白日放歌须纵酒，青春作伴好还乡"，"出师未捷身先死，长使英雄泪满襟"，"尔曹身与名俱灭，不废江河万古流"，等等，都是入蜀以后创作的。加之，入蜀前他还写下了著名的"三吏""三别"，所以后世有人称，"安史之乱"对于盛唐文化是一个致命的摧毁，然而其唯一的贡献，却是以其带来的离乱潦倒，迫使杜甫踏上剑门蜀道，历尽艰辛，饱经沧桑，从而成就了一位名垂千古的"诗圣"。

然而，纵观千年蜀道，也不光是巴山夜雨的愁绪，昏天暗地的羁旅，许多时候，蜿蜒崎岖的蜀道上，既有赴京履新的蜀中才俊，也有高中榜首的新科状元，还有为国赴命的爱国志士……他们以其远大的抱负、英雄的气概和勃勃向上的精神追求，遮蔽了"蜀道难，难于上青天"的低吟，代之而起的是"蜀道易，易于履平地"的亢奋与昂扬。

司马相如是蜀郡成都人，少年时喜好读书，曾经学习击剑，因为仰慕蔺相如的道德才华，才改名为"相如"。他是汉武帝时代最为著名的赋作家，他的《子虚赋》和《上林赋》是这一时期赋作中的代表性精品。青年时代，他曾多次行经蜀道，其人生轨迹虽未伸展到成功的境界，但他的赋作却因蜀道而名扬四方。

司马相如年轻时浪漫的情感经历闻名遐迩，在富人卓王孙举办的一次宴会上，司马相如承友人之邀，抚琴奏曲。卓王孙的女儿卓文君新寡，又好音乐，司马相如以琴声向心仪的卓文君致意。据说琴声蕴含诗意："凤兮凤兮归故乡，遨游四海求其凰。时未遇兮无所将，何悟今兮升斯堂！有艳淑女在闺房，室迩人遐毒我肠。何缘交颈为鸳鸯，胡颉颃兮共翱翔！"卓文君窥视相如，心中爱慕，于是深夜离家出走，与相如私奔。司马相如和她驱车返回成都，而家贫徒有四壁。卓王孙知悉大怒："女至不材，我不忍杀，不分一钱也！"无奈，两人只好卖了车骑，卓文君当垆，司马相如做店小二，在老家临邛买了一个小酒店经营。卓王孙深以为耻，闭门不出。后来听朋友劝告，分给卓文君奴僮百人、钱百万，他俩才回到成都，买田置宅,过上了富足的生活。

汉武帝非常欣赏《子虚赋》,于是要召见司马相如,相如春风得意,快马加鞭,经蜀道前往长安,实现了他人生的重大转折。司马相如见武帝后表示,《子虚赋》只是描述诸侯之事,未足观也,希望"请为天子游猎赋,赋成奏之",得到汉武帝准许。完成之后,汉武帝读罢,更从内心表示赞赏,这就是那篇著名的《上林赋》,司马相如因此得到了在皇宫中近卫的"郎"的职位。数年后蜀郡太守唐蒙修治西南蜀道,由于处理不当,引起巴蜀百姓的惊恐和不安,发生骚乱。汉武帝知道后,便让司马相如写一篇《谕巴蜀檄》。司马相如在文告中说:"夫边郡之士,闻烽举燧燔,皆摄弓而驰,荷兵而走,流汗相属,唯恐居后。触白刃,冒流矢,议不反顾,计不旋踵,人怀怒心,如报私仇……"劝巴蜀百姓顾全大局,听从汉朝命令。这一文告收到了很好的效果,修路工程也得到顺利进行。汉武帝非常高兴,拜司马相如为中郎将,并命其为钦差,以王然于、壶充国、吕越人为副使,高车大马,威风凛凛,经蜀道出使蜀郡,蜀太守以下官员皆出城远迎,县令负弩为其开道,皇恩浩荡,风光无限。卓王孙见此阵势喟然而叹,为过去自己眼光短浅的做法后悔不迭!后来司马相如又六次经行蜀道,"开路西南夷,凿山通道千余里",极大地促进了蜀郡的经济繁荣以及与中原的文化交流,受到百姓的广泛称赞,也得到汉武帝的高度肯定。无疑,蜀道不仅是司马相如的成名之路,而且更是他事业步入巅峰的成功之路!

北宋嘉祐元年(1056年)三月,意气风发的四川眉州人苏洵带领其子苏轼、苏辙兄弟从成都取道剑阁、利州出蜀,走褒斜、入凤翔、过长安,于当年五月抵达汴京。第二年,苏轼、苏辙一起应考,成绩斐然,主考官梅尧臣、欧阳修对其十分欣赏,兄弟二人双双考中进士,"苏门三杰"走出蜀道便名震天下。1061年,朝廷又举办了专为皇帝选拔特优人才的制科考试,苏氏兄弟依然高中榜首,皇帝宋仁宗高兴坏了,连连感叹:"朕为后辈得了两位清平宰相!"朝野上下也为之轰动。1066年,苏洵在汴京病逝,苏轼、苏辙兄弟二人一行,由剑门蜀道入蜀,护送父亲的灵柩回老家眉州安葬。虽然一路艰辛而忧伤,但地方官员远道相迎,家乡的父老乡亲也热情相待，共迎家乡的贤达圣哲，使苏氏兄弟一洗旅途的辛劳，倍感回归故里的荣耀。

1068年，苏氏兄弟服孝期满，双双携带家眷，取道剑门蜀道北上返京，自此，心怀宏大志向的苏氏兄弟进入了人生新的起点，尤其是苏轼（苏东坡），一生跌宕起伏，多姿多彩，取得了辉煌的业绩。仕途上，他最高做过"中央的部长"，还当过皇帝的"秘书"，但北宋党争频繁，而苏轼既不能容于新党，也不能见谅于旧党，一生屡遭创伤，从政四十年，竟被贬谪三十三年，最低被贬为"县处级的民兵副团长"，最远被贬到天涯海角的海南儋州。然而，无论遇到什么样的不公正待遇，他都始终坚守"以出世的态度干入世的事业"的原则，凡事尽力而为，然后顺其自然。流放杭州，他疏浚西湖，修建了西湖十景之一的"苏堤春晓"；流放徐州，他带领百姓抢修黄河护堤，消解了百姓的洪灾之虑；流放黄州，他大兴慈善，创办了中国第一所孤儿院；流放惠州，他改善民生，设计了广州最早的自来水供水系统；流放儋州，他兴办书院，培养出海南第一位进士……所以，每到一地任职，他都深得老百姓的拥护和爱戴！而在文化方面，他更是大放异彩，在散文方面，他与欧阳修并称为"欧苏"；在诗歌方面，他与黄庭坚并称为"苏黄"；在词作方面，他与辛弃疾并称为"苏辛"；在书法方面，他位居"宋四家"之首；在绘画方面，他开创了中国文人画的先河。文、诗、词、书法、绘画，样样皆是大师，真是前无古人，后无来者。

苏门三杰从蜀道走来，他们的远大志向与抱负经蜀道延伸与弘扬，他们像三颗闪亮的巨星，在中国历史文化的天空上璀璨夺目，万古流芳！

就在三苏过剑门蜀道一百多年以后，南宋乾道八年（1172年）二月，48岁的南宋大诗人陆游也第一次踏上了剑门蜀道。他从夔州出发，经广安、南充、阆中、苍溪到达利州，并于三月底出剑门蜀道，抵达陕西南郑抗金前线。从剑门到大散关，陆游咏唱蜀道的诗篇，洋洋洒洒不下数十首，结集为《剑南诗稿》，可谓蜀道行旅的"桂冠诗人"。

陆游的行旅诗中，既描写了行途中的真切感受，如《自阆复还汉中次益昌》诗："北首褒斜又几程，骄云未放十分晴。马经断栈危无路，风掠枯茆飒有声。季子貂裘端已弊，吴中菰菜正堪烹。朱颜渐改功名晚，击筑悲歌一再行。"其中"马经断栈危无路，风掠枯茆飒有声"句，即是对蜀道行途的艰辛和凄苦的生动描写。也有思念家人导致的苦闷，如《鼓楼铺醉歌》中，"稚子入旅梦，挽须劝还家。起坐不能寐，愁肠如转车"等诗句，便显现了其旅途深沉的心理负重。但综观他的行旅诗，绝大部分展示了陆游收回故土，北定中原的凌云壮志，这在言及散关的诗歌中就有充分的体现。散关，也称大散关，位于宝鸡以西约10公里处的陈仓道上，是蜀道重要关隘。有史料称："西以散关为界，东以函谷为界，二关之中谓之关中。"相传，西周末期，老子自楼观台西游入蜀，即从此关离去。由于其十分重要的战略位置，南宋时期，这里就成了抗金前线的争锋之地。陆游《观大散关图有感》诗曰："上马击狂胡，下马草军书。二十抱此志，五十犹臞儒。大散陈仓间，山川郁盘纡。劲气钟义士，可与共壮图。坡陀咸阳城，秦汉之故都。王气浮夕霭，宫室生春芜。安得从王师，汛扫迎皇舆？黄河与函谷，四海通舟车。士马发燕赵，布帛来青徐……"诗人的意志是先据"咸阳"，再破"函谷"，跨越蜀道艰险，威震"燕赵""青徐"，安定整个北方，实现"四海通舟车"的宏愿。也可通过《晓叹》一诗，体会其北伐壮志："一鸦飞鸣窗已白，推枕欲起先叹息。翠华东巡五十年，赤县神州满戎狄。主忧臣辱古所云，世间有粟吾得食……不为孤囚死岭海，君恩如天岂终极。容身有禄愧满颜，灭贼无期泪横臆。未闻含桃荐宗庙，至今铜驼没荆棘。幽并从古多烈士，悒悒可令长失职？王师入秦驻一月，传檄足定河南北。安得扬鞭出散关，下令一变旌旗色。""足定河南北，扬鞭出散关"，诗人满腔的报国宏愿萦于情怀跃然纸上。通观陆游蜀道行旅诗，古老蜀道的千难万险已不足为虑，激荡而起的是诗人收复失地的爱国情怀和北定中原的英雄气概！

不过，南宋王朝苟且偷安，腐败至极，根本不可能改变"赤县神州满戎狄"的局势。为此，诗人始终耿耿于怀，终其一生都为之忧心伤神。如他晚年的诗作《书愤》："早岁那知世事艰，中原北望气如山。楼船夜雪瓜州渡，铁马秋风大散关。塞上长城空自许，镜中衰鬓已先斑。出师一表真名世，千载谁堪伯仲间。"这首诗具有强劲深沉的艺术感召力,其中"铁马秋风大散关"句,更是军旅诗中感人至深的精华。当然,全诗也流淌着浓烈的大散关情绪,可以说这种散关不克、故土难收、壮志未酬的情怀始终萦绕于陆游的心胸与脑海,即使到死,他依然留下"王师北定中原日,家祭无忘告乃翁"的殷殷之言!

千里蜀道,因为无数文化名人的光顾而流光溢彩!除司马相如、李白、杜甫、苏东坡、陆游外,还有司马迁、司马光、王勃、杨炯、卢照邻、岑参、高适、刘禹锡、元稹、白居易、贾岛等,他们虽然经历了古老蜀道的艰难险阻,但也吸纳了秦巴山水的灵韵秀色,留下了大量的传世之作,从而开拓了古蜀道山水诗文画的新天地,为蜀道文化增添了万丈光芒!

我的三次大连行

6月艳阳天，我再次来到美丽的大连。

我与大连之间发生过很多故事，她是我儿时憧憬向往的城市，也是我曾经的忧伤之地。年轻时，我常想象着大连蔚蓝的海水，美丽宜居的环境，诱人的蛇岛，时尚的服装艺术节，无数夜里我梦萦魂牵，就像思念着远方心仪的姑娘，渴盼着亲近美丽的大连。

1990年盛夏，我终于生平第一次到大连了，当时刚结婚不久，我是把大连当作自己新婚之旅的第一目的地了！安排住下后，我便领着妻子冲出宾馆，急切地要去揭开大连的面纱，了解她的美丽。我们游览了老虎滩，在海滨排档品尝了海鲜，在住地附近水果摊吃西瓜解暑，最后伴着落日的余晖，惬意地返回住地。然而，令人忧心的事发生了，回到宾馆不久，我和妻子先后剧烈地拉肚子，尤其我，肠胃翻江倒海，持续低热，身体软弱虚脱。在我的记忆中，那样猛烈地闹肚子，直到今天也是第一回。没办法，尽管已是半夜，我们还是费尽周折找到一个蹦蹦车，去附近的医院看病。折腾了大半夜，终于看完病，回到了宾馆。唉，真是屋漏偏逢连阴雨，回来的路上却把药丢了，只留下了一包生理食盐！好在那时年轻，就凭着这一包生理食盐，补充了水分，止住了拉肚子！

呜呼，我的新婚之旅呀！呜呼，我的第一次大连之行呀！可恶的西瓜，可怜的肚子，虚弱的身体使我们不得不结束了旅程。回吧，西安，那是我的快乐老家！别了，大连，待来日再来感知和触摸你的美丽！

2003年盛夏，全国高中教材课改会议在大连召开，我又一次来到这座美丽的城市，与我同行的是陕西人民教育出版社的两位编辑部主任王勇安和王志章。参加这次会议收获很大，我们明白了此轮课程改革的主要内容和方向，对开发新课标教材充满信心。会议星期五结束，我们心情愉悦，精心谋划，要在美丽的大连度过一个愉快的周末。然而真是喝凉水都硌牙，又遇上尴尬事了，早上起来，王志章带的一万余元差旅费竟然不翼而飞了！志章和勇安共住一室，我就在他们的隔壁，怎么一觉醒来，一点动静没有，两个大小伙子竟然被盗了呢？赶快报警吧，到了派出所我们才有所醒悟：原来近期这一街区出现了一批飞贼，他们飞檐走壁，迷香入室，盗窃财物，看来我们是机缘不巧，着了这伙飞贼的道。警察做了笔录，并告诉我们，他们会努力破案，一旦有消息，会立即和我们联系。

咋办，差旅费没了，大家顿时没了兴致，只好向朋友借了点钱，走吧，回西安，那是我的快乐老家！别了，大连，你又让我失望和伤心了一回，看来还得再等来日，再来领略你的美丽！

2013年，又是盛夏，我第三次来到了大连，从第一次到大连，已经二十余年过去了，我也从毛头小伙变成了年近半百的人。这些年我们国家发生了翻天覆地的变化，大连也变得更加风姿绰约了，我想这一次会有好运相伴，一定会圆了年轻时的美梦！

大连被称为"北方明珠"，这里既有北方的粗犷豪爽，也因地理和历史原因，不乏海派文化的痕迹，从大连人的性格，大连人带有海蛎子味的讲话，和大连富有特色的城市建筑，你会深切地感受到这些。这次大连行是从星海广场开始的，由于时间紧迫，我们一行六人只是匆匆浏览了这个大连人最自豪、也是亚洲最大的城市广场，还不时领略了列队出行的独特的大连女骑警风采。我们专门考察体验的第一个项目是大连的有轨电车，日本人于1907年在大连开发了有轨电车，新中国成立后大连对有轨电车进行了改进和完善，便一直保留着这一交通运行方式。百年来围绕有轨电车，留下了许多故事,汽笛、铜铃、老照片,还有当今清一色的女司机,已经成为一种独特的文化现象并深深地融入大连的城市生活中。乘上铁锈斑斑的老电车,听着"咣啷、咣啷"的车子运行声,和不时响起的铜铃声,你会感觉到一种质朴和安宁,沧桑和久远!

从有轨电车上下来,我们又乘上出租车,沿着滨海大道,一路去感知大连的秀美。滨海大道是环绕中国最大的森林国宾馆——棒棰岛宾馆展开的,沿途是葱郁茂密的森林,不时有环卫工人在为它们修剪枝丫。整个森林看上去精致典雅,秀美如画,这也难怪路两边不断有一对对新人在拍摄婚纱照呢!密林深处,还矗立着一栋栋极富异国情调的哥特式建筑,与周围的环境是那样的和谐相融,令人舒心愉悦。浩瀚的大海,秀美的森林,典雅的建筑,滨海大道不愧为美丽大连的奇葩,更是上苍赐予大连人的福境仙地!

夕阳西下的时候,我们经过老虎滩公园,落脚于付家庄海滩。或是这里名气不大或是时间较晚的原因吧,海滩上游客渐已稀少,只有几个年轻人在不远处玩着沙滩排球;海水早已退潮,大海由喧嚣回归平静,海面上一群海鸥在盘旋飞翔,阵阵海鸥声把整个海滩衬托得肃穆而宁静;一望无际的海平面上,落日的余晖映照在蔚蓝的大海上,云水氤氲,五彩斑斓,光线虽已不很明快,色彩却十分柔和,令人心旷神怡。大家都很激动,有人哼起了邓丽君的《海韵》,有人开始背诵张若虚的《春江花月夜》,此情此景,真是"江天一色无纤尘,皎皎空中孤月轮",大海的美丽、大海的神奇,使我们这些俗尘游子得到洗礼和净化!

不一会儿,鱼档的海鲜做好了,摆到了临海的沙滩上,我们举杯庆贺,为大海,为明月,为大连之行,为亲朋好友,共祝明天更美好!我们尽情畅饮,夜色渐晚仍意犹未尽。忽然一个卖孔明灯的小姑娘走了过来,好吧,欢乐有尽头,我们去放飞两只孔明灯,以美好的祝愿来结束这顿难忘的海滩夜宴吧!孔明灯慢慢升起来,像两颗闪闪的红星高悬在空中,"海上生明月,天涯共此时",我的亲朋好友们,你感应到我的祝福了吗?!

大连之行结束了,就要回到我的快乐老家西安了。这次大连之行令我欣喜，终于圆了我儿时的梦，让我对大连的美丽有了真切的感受。这次大连之行也有遗憾，大连的面纱还未揭完，尤其是未去感受大连近代史博物馆——旅顺口，那里有甲午海战的历史痕迹；那里有和南京大屠杀纪念馆一样，记录着日本对中华民族犯有滔天罪行的万忠墓；那里曾发生过由日本策划的类似于"珍珠港之战"的另一场战争——日俄战争。前事不忘，后事之师，我们当铭记历史。此次大连之行未赴旅顺口，实乃最大的遗憾！

不过留点遗憾也好，下次吧，我还会再来的，我会一点一滴地去感知大连！

西峡之旅

8月的第一个周末，朋友相约，结伴驱车去游览美丽的西峡。早上7：30左右，一行十二人在西高新高速路入口集结出发，计划穿行沪陕高速，经蓝田、商州、丹凤、商南，进入河南内乡西峡。

我们基本是沿着秦岭武关古道的走势向东行驶的。先途经商州，大约一个时辰，就来到丹凤棣花镇——当代著名作家贾平凹的故乡。商州自古崇文尚礼，青少年时代的贾平凹享受着商山洛水的滋润，沐浴着"商山四皓"的文化熏陶，感应着水旱码头传播的文化信息，体验商州、咏唱商州、走出商州，终成一代文学大家。棣花镇，风光旖旎之地，人杰地灵之处，

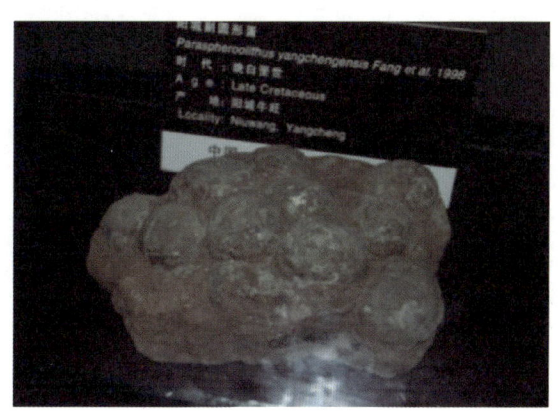

令过往路人流连赞叹，更令商州儿女遐想联翩！

中午 12 点，我们如期抵达西峡县城，入住爱琴海艺术宾馆，稍作休整，到阿瓦山寨相思树包间用过中餐后，便开始领略西峡的风貌。西峡县，隶属于河南省南阳市，位于伏牛山南麓，地处豫、陕两省交界处的黄金地带，境内资源丰富，景色秀丽，森林覆盖率超过 80%，有"绿色王国"和"天然药库"之称。属长江流域丹江水系的鹳河纵贯全县南北，并与五百二十六条大小河流呈羽状分布于崇山峻岭之中，险峻别致，落差适度，从而成就了其"中原第一漂"的美名。20 世纪 90 年代，这里发现了数千枚恐龙蛋化石，因而还被称为中国的"恐龙之乡"。

下午 2 点我们浮光掠影地观赏了号称"北方漓江"的石门湖景区后，便兴致勃勃地赶往南阳文化旅游的名片——"中国西峡恐龙遗迹园"游览。恐龙遗迹园位于西峡县丹水镇三里庙村，主要由地质科普广场、恐龙蛋化石博物馆、恐龙蛋化石遗址和仿真恐龙园四部分组成，是一个集科普、观光、娱乐、科研于一体，将古朴和现代紧密结合的大型恐龙遗迹公园。

进入园内，映入眼帘的便是一片仿真丛林，穿过丛林，园内的"恐龙"吼声不断，还不时摇摆着硕大的尾巴，令人马上产生了一种进入神秘原始的恐龙世界的感觉。一亿多年前，这里是一片无比美丽的湖泊沼泽。模拟

恐龙生存环境的湿地上，种植着有"活化石"之称的银杏、桫椤以及棕榈、草本花卉等，一只只"恐龙"在密林和湿地中长啸、奔跑、嬉戏、觅食、打斗，一切显得那么安详、平静、闲适，恐龙家族们进行着长达数亿年的物竞天择的生活……

夕阳西下的时候，我们离开了恐龙遗迹园。湛蓝的天空中，火红的太阳渐已西沉，大家心情愉悦，迎着落日的方向驱车返回县城，准备明天再去观赏西峡秀美的风光。

第二天一大早，我们来到距县城约 30 公里的龙潭沟风景区游览。龙潭沟位于伏牛山脉腹地的双龙镇化山村，是国家 4A 级景区。在地质学上，它属于典型的水蚀地貌，是长期流水冲击下而形成的梯式瀑布群，瀑布密集，融山秀、石奇、水澈、林茂、潭幽于一体，是独特的山水旅游之地。导游告诉我们，景区全长 12 公里，自然落差近千米，整个山体像两条巨龙盘踞，分别显现龙口、龙角、龙身。两山相夹的峡谷间形成多处梯式瀑布共

计十九个,大小潭穴七十二处,一瀑一潭景色壮观。由于时间紧迫,我们主要观赏了景区最著名的"四连瀑":青龙潭、黑龙潭、龙凤潭、白龙潭。在幽深的黑龙潭前,我们驻足品味"八戒窥浴"景点,想象着天女下凡,八戒窥美的天籁画面;在壮观清澈的白龙潭,我们下潭戏水,上筏荡桨,抛尘烦于自然,融情怀于山水,留下了张张精美的图片。同行的孩子们兴致更高,戏鱼捉蟹,欢唱雀跃,凌空溜索,刺激亢奋,入渠滑水,激情无限,早已把考试的压力,成长的烦恼,丢到了爪哇国里。

上午11点,我们从龙潭沟出来,在孩子们的强烈要求下,进行旅程的最后一个项目——龙河漂流。从龙潭沟到龙河漂流点,约有十分钟的路程,我们一行十二人分成两组荡舟漂流。龙河在崇山峻岭间蜿蜒前行,漂流点水面平静,河水清澈澄碧,我们缓缓向前划行,不时瞥见水蛇向岸边浮游。两岸的河堤上,一排排柳树错落有致,一些漂亮的山雀在柳梢间跳跃鸣唱。河堤下一簇簇绿苇迎风摇曳,好像频频向远方的客人点头致意。不远处的河滩上,一群白鹭在水中游玩,不知谁向河中扔下一块石头,惊得白鹭哗啦啦腾起,飞向蓝天。"两只黄鹂鸣翠柳,一行白鹭上青天",古人描写的诗画美景，油然在我的眼前浮现。

不一会水流变快，原来前面就是一个急流浅滩！霎时，橡皮舟就像一个醉汉变得颠三倒四，一会"嘭"的一声与巨石相撞，一会儿又被湍急的河水高高举起再狠狠抛下，溅起的层层浪花扑面而来，大家顿时都变成了落汤鸡，河面上也响起了一片惊叫声。坐在橡皮舟边沿的老汪就更惨了，一个激流扑来，就被掀翻河中，跌跌撞撞，顺流翻滚，费了九牛二虎之力才重新爬回舟中。过了险滩，又逢急流，两舟不期而遇，好像早有约定，一场激烈的水仗瞬间开始了，两组人马无论男女老少，都踊跃地参战，用手推水，用瓢泼水，用水枪射水，用石头溅水，只有一个目的，就是要战胜对方，赢得荣誉，体验快乐。就这样在刺激中应对险滩，在愉悦中迎战对手，忘掉了自我与尘事，尽情地享受着大自然赐予的快乐！一轮又一轮，循环往复，大约过了一个小时，大家实在疯"打"不动了，只好握手言和，宣布休战。

舟行一个半小时后，河面逐渐平缓开阔，经过短暂的休整，大家游兴又起，面对青山绿水，情不自禁地引吭高歌，《纤夫曲》《一个美丽的传说》《小小竹排江中流》《西沙，我可爱的故乡》，高亢悠扬的歌声在山谷河面传响回荡。不知不觉两个小时过去，我们抵达漂流的终点，蹚水下舟，湿漉漉地回到岸上，结束了这次快乐而难忘的漂流。

西峡之行就要画上句号了，我们换好衣服，前往离龙河最近，也是西峡香菇集散地的双河镇，吃过午餐后，便开始返回县城。途中又转道西峡县城东南12公里的回车镇，在该镇霄山北面山脚下的小山冈前凭吊了伟大的屈原。西峡被称为屈原故里，战国时期张仪诱骗楚王，许诺将秦商于之地送给楚国。怀王信以为真，亲率人马前往接收，大队楚兵行至这道山岭前往商于之地时，被飞骑而至的屈原拦住了去路，他"扣马而谏"曰："大王，秦乃虎狼之国，不可信，不如勿行。"辇中的楚怀王一心去武关会盟秦昭王，不顾苦谏，仍驱车西行。屈原仰天长叹，郁郁而归。其结果是楚怀王一意孤行，被俘受辱，客死于秦。从此，屈原"扣马而谏"的山冈被当地人称作"屈原冈"，以此来纪念这位忠君爱国的仁人志士。

离开"屈原冈"，我们进入沪陕高速，终于告别了美丽迷人的西峡，完成了这次难忘的两峡之旅。

想念母亲

母亲去世已经两年零一个月了,在母亲离开的这七百多个日子里,我常常夜不能寐,脑海里不断地浮现着她老人家的音容笑貌。母亲走了,好像又始终在旁边看着我!母亲走了,我的灵魂都不知道怎么安放,这个世界上最牵挂你的人离开了,有时甚至觉得自己就像一粒四处飘荡的微尘!

我的母亲叫李芬,1932年农历2月23日出生于陕西汉中牟家坝镇,外祖父是小镇的一位名医,家境说不上富裕倒也殷实,家风也较为宽松。母亲是长女,少女时代的她活泼开朗,生活无忧无虑,只是外祖父腿有残疾,外祖母也长年哮喘,母亲很小就在外祖父的药铺帮忙,她是父亲的得力帮手,久而久之,便养成了开朗、精明和敢于担当的性格。大概是家里缺人手或是重男轻女的原因,母亲小时候没有上过学,直到新中国成立后才在单位的安排下上了扫盲班,达到了完小的水平。

母亲1949年8月结婚,婚后不久,父亲进入乡政府工作,母亲独自在小镇上开起了杂货店。母亲天性好强,又勤劳肯干,没几年工夫她的杂货店已是远近闻名,生意红火了!1954年全国性的公私合营开始,母亲又响应国家号召,带着自己的杂货店进入国有体系,从此成了商业战线的一名职工。母亲常常提起这段经历,她说那时年轻身体好,经常挑起一百余斤的货担走村串乡,镇周围的村村乡乡、沟沟坎坎、山山峁峁她如数家珍,四邻的乡民也亲切地称她为"李大姐"。由于业绩突出,她很快被任命为一个门市部的经理,不久还成为区供销合作社青年突击队队长。不过这段时间母亲也有不愉快的事情,当时母亲工作成绩突出,也积极要求进步,单位准备发展她入党,党支部也做了讨论,而时至"三反",党支部副书记非让她证明门市部的一名员工有贪污行为,母亲坚决不肯,最终没有成为一名党员。母亲对此义愤填膺,事后她多次追着那位副支书叱问,以至那位支书远远看到她就急忙躲闪。就是到了晚年,每每谈起这事,母亲还耿耿于怀。

1957年后,国家进入多事之秋,我们的家庭也进入了一个转折时期。这一年"反右"运动开始,父亲由于家庭成分高、文化程度高(高中毕业),自此便成为一个专职"运动员",长期在"五七"干校劳动锻炼,一年到头也很难与家人见上面,直到1981年这种状况才有所改变。而母亲呢,"大炼钢铁"给她带来了终生的痛苦!这年9月,母亲生下我三姐还不到一个月,供销社的经理就来动员她上山炼钢,当时母亲年轻好胜,又是青年突击队队长,所以硬是拖着虚弱的身体上山参加轰轰烈烈的炼钢运动。没想到深山老林气候骤变,先是大雨如注,后是鹅毛飞雪,还在哺乳期的母亲哪吃得消啊!雨水浸泡、风雪侵蚀,她的身体迅速垮了下来,全身浮肿,身体虚弱,最后被同事从山上抬回了家。人说,月子里的病无药治,对母亲更是如此,自此以后她的身体每况愈下,肾炎、关节炎、风湿病……身体许多器官都有了毛病。虽全国各地四处治疗,吃的药按母亲的话,都不止一卡车,但效果不佳,病情继续恶化,最终发展成全身性骨质增生,治愈几无可能,只能保守养护。

随着病情的发展，母亲的身体更加糟糕了，1964年我出生时，母亲已处于半瘫的状况。母亲后来告诉我，家里当时是不准备要我的，怀我的时候她吃了不少打胎药，也流了不少血，可能是药力有限，最终我还是顽强地来到了世上。生我时母亲担心死了，害怕生一个缺胳膊少腿的残疾儿。好在我福大命大，尚算体格健全，只是小时候身体羸弱、语言迟缓、面相憨痴，因此被小伙伴戏称为"莽精卫"。长大后我常嗔怪母亲，若不吃打胎药，我可能会更聪明呢！

60年代末，母亲的生活已经完全不能自理了，但当时父亲处境维艰，孩子又均未成年，生活的重担依然压在母亲的肩上。困难时期，家里缺粮少油了，母亲得操心；孩子生病受伤了，母亲得操心；子女上学招工了，母亲得操心……记得1969年，城镇居民下放农村，我们家由于成分不好也在下放之列，全家顿时处于阴霾之中，母亲咬紧牙关，拄着双拐四处求人，最后感动了组织，再加之政策也很快有了松动，全家终于留在了小镇。母亲拖着病体到处求爷爷告奶奶的影像在我脑海中记忆深刻，多少次我都梦见母亲拄着双拐趔趄前行，常常从梦中惊醒，脸上早已挂满泪水！

随着母亲病情加重，我们兄弟姐妹六个得轮班照顾她的起居。我是家里的幺儿，小时候和奶奶住一块，7岁上小学时来到母亲身边。当时单位根据母亲的身体状况，安排她做旅社登记工作，所以我课余的大多数时间是待在登记室里，一方面温习功课，一方面帮母亲做旅客登记工作。日常生活中，我在母亲的指导下学会了做一些简单的饭菜；一早一晚，我要帮母亲穿衣脱衣，照顾她的起居；母亲很爱干净，经常洗澡，尤其是夏天，我几乎每天都要协助母亲洗澡擦身，恐怕正是由于这一好的习惯吧，虽卧床近半个世纪，母亲从未得过褥疮；除此之外，我们长期住木结构老房子，母亲大小便只能在家里，我还须按时倒尿盆。小时候不懂事，贪玩怕臭嫌烦，有时噘着小嘴老大不情愿，母亲就会愠怒地说："碎崽娃子，侍候老娘是你的福分，给老娘倒尿盆你将来会有福气的！"

当时生活虽然很艰苦，但父母对我们的学习还是比较重视的，父亲读书多，回家后常常给我们讲历史，讲历史伟人及社会贤达的故事，讲他小时候的学习经历及方法，还早早买来收音机，鼓励我自学英语。母亲也有她独特的督学办法，当我懈怠时，母亲会生气地说："老娘挂棍夺棒地养你们，不好好上学你对得起谁？"当我取得一点成绩时，母亲又会在一些叔叔阿姨面前表扬我，使我备受鼓舞，常暗下决心，要把学习搞得更好。对此父亲有不同看法，常说母亲："羞人不，哪能老在外人面前自夸孩子呢？"当然，这一时期，除了学习还有许多乐趣。父亲性格温和，母亲开朗率直，我不仅享受了家的温暖与快乐，还处于一种野性成长，自由发展的状况：下河摸鱼、上山采蘑菇，打蛇掏鸟捅马蜂窝，斗鸡跳方划甘蔗，等等，尽享孩提的乐趣。只是有一件事——游泳，母亲坚决反对。牟家坝镇后有一条冷水河，每到夏天，镇上的孩子都喜欢到河里游泳，可是隔三岔五，总有孩子淹死在河里，所以母亲三令五申不允许我到河里游泳，而我把母亲的话当作耳旁风，常常偷着去游，有一次一个小伙伴告诉了我母亲，晚上上床以后，母亲拿着一根竹条走进我的房间，问我是否下河游泳了，我极力否认，母亲掀开被子在我腿上一划，就出现了一条明晃晃的白印子。"我叫你哄老娘"，话音未落，母亲便扬起了手中的竹条子,劈头盖脸地抽了下来，直打得我鬼哭狼嚎，连连下话，说以后再不偷着去游泳了！一会儿，母亲累了，神色严峻地对我说："你怎么这么淘神！你不怕龙王爷把你收了去？"这也是我儿时唯一挨过的一次打。

少年时代父母的言传身教，使我健康快乐地成长起来，学习也有了显著进步，15岁时我以较高的分数考入县中，自此离开了母亲，步入求学之路，1982年又考入陕西师范大学，成为国家高考制度恢复后，我们家出的第一个大学生。

1979年，母亲终于病退了，按说劳碌了大半生该好好休息了，可是乐观好胜的母亲竟然又"下海"做起了变蛋生意！这一年我离开母亲后，家里专门请了一位阿姨照顾母亲的生活，同时在母亲的指导下加工变蛋，而购买鸭蛋和销售变蛋的工作主要由母亲来完成。母亲包的变蛋质量好口感香，不到半年时间便远近闻名了，四乡八村的农民、周围厂矿的工人、机关干部都纷纷前来购买，每年卖出的变蛋数十万计，母亲很快成了名副其

实的万元户。两三年后,父亲退休给母亲打下手,母亲的变蛋生意进一步扩大了,最多时每年卖出的变蛋超过百万只。这样一直持续了二十几年,母亲的身体也不容再干下去,才于2006年结束了生意,离开了牟家坝,入住汉江边的艺苑小区,真正过上了退休生活。上大学时,我每个假期都回家给母亲帮忙,同时也近距离观察她如何做生意。母亲不愧为商业战线的一名老兵,销售时,个头大的不用说了,小的她说变得实,味道浓;稀的她说对肠胃好,能治拉肚子;蒸过的她说价格便宜,合算。所以她卖变蛋无论大小好坏,基本都销得干干净净。回到家里,我常调侃她:"老娘,你啥货都能卖出去,真是个奸商。"母亲一点也不恼,反倒乐滋滋的,立即会五马长枪大谈她的变蛋生意经。可别小看了这变蛋生意,正是母亲的艰辛努力,我上大学的费用得到了保障,我们兄弟姐妹结婚买房得到了补给,我们这个大家庭的日子也过得越来越红火。含辛茹苦的母亲为全家过上幸福快乐的小康生活立下了汗马功劳!

母亲的后半生始终忍受着巨大的痛苦，长期的疾病，全身各处关节都变形了，常常肿得像灯泡一样，尤其阴天下雨，母亲的全身更像针扎一样疼痛不堪，但她一直都以坚忍豁达的态度面对疾病，使全家人既心酸又备受感染。刚离开牟家坝镇，母亲很不适应，她常抱怨：既做不了生意，朋友又少，小区虽然漂亮，却少了集镇的热闹，闷死了。后来慢慢适应了，生活方式也有所改变，除了一日三餐和午休外，白天她最大的乐趣，就是跟着电视学唱戏，《刘巧儿》《朝阳沟》《花木兰》，还有许多反映农村婚丧嫁娶的戏剧，她专心模仿，乐此不疲。有时回到家里，为了逗母亲高兴，我就站在床前为母亲亮嗓一曲，听完后，母亲却说："就知道啊啊啊，没味道，让老娘给你唱一段。"说完，就一板一眼地唱起了《刘巧儿》。母亲还爱玩天九牌，除我在西安外，我的哥哥姐姐们离家都不足10华里，所以几乎天天都陪老母亲打牌，牌桌上母亲可认真了，常为了五角一块钱，像孩子似的和子女们争得面红耳赤。

随着时间的推移，父母年龄大了，身体也大不如前，所以除法定节日，甚至包括一些周末，我都常回家看看。一进门必定会先到母亲的屋里看望她，母亲常会问："给老娘带啥了？"我说："烟、酒、肉……""老娘不喝酒不抽烟，有啥用，其他东西汉中有的是，不稀罕。""那我就送丈母娘了。""没门，烟酒我会招待人，别的东西我慢慢用。还有啥？""一千块钱。""你打发叫花子呢？""三千"，"嗯"，"五千"，"这还差不多，算老娘没白养你。"接下来母亲会问，阳阳（孙子）回来没有，如果没回来，母亲会说：你回来干啥，我想阳阳了。如果回来了，母亲会说：去去去，叫阳阳进来。她会问孙子的学习生活情况，然后说："阳阳，倒尿盆去，奶奶有奖励。"随后她就掏出五百元给孙子，说是学习辛苦，买些好东西吃，不要亏了自己。

母亲最高兴的是过春节，全家近三十口人都回到家里，四代同堂，儿孙绕膝，母亲脸上乐开了花。吃年夜饭时，父亲会展示他一年来绘就的丹青山水画，并对孩子们学习进步鼓励一番，讲一些社会见闻，末了总会强调：现在生活好了，你们要知足，亏心事不做，黑心钱不拿，绝不能给家

里丢人现眼！母亲絮叨说：退休金又涨了，日子更好了，另外今年年货丰富，大家放开吃，一直吃到大年十五，我们要年年发财，年年有鱼（余）！父母脸上喜气洋洋，孩子们吵吵闹闹，全家人高高兴兴，其乐融融，又是一个幸福快乐年！

2012年4月8日，我刚从家里过完清明节回来，大姐突然打来电话，说母亲住院了，我立即回电话给母亲："妈，你还会像以往一样，住几天院就会好的，明天我让人捎一些人血白蛋白回去，五一节我马上回来看您。"当时母亲还很清醒，愉快地答应了我。4月9日晚11点，电话突然响起，是母亲！声音低沉、含糊而悠远："儿，这次恐怕扛不过去了，我等不及你了……"

"妈，你等着我，现在天黑了，我明天上午就回来。"

4月10日上午8点左右，家里来电话告诉我，母亲已被送往急救室，我赶紧给单位请假，驱车往回赶，可是当我12点赶到家时，母亲由于多器官衰竭，已于上午10点永远离开了我们！母亲，儿真后悔，咋不早一点回来，生前见您最后一面！

转眼母亲离去已经两年多了，母亲，您在天国他乡还好吗？那里医疗条件咋样，您的骨质增生，是否已被根治？那里热闹吗？有人陪您玩吗？母亲，您勤劳一生，操持一生，豁达一生，奋斗一生，您是最伟大的母亲！上苍有知，他应该为您驱除病魔，让您永远幸福与快乐！母亲，等着我，如果有来世，我还愿做您的儿子，生生世世永远陪伴您！

父亲的故事

又是一个中秋节,父亲已是 93 岁的老人了。风风雨雨近百年,父亲的一生,既普普通通,又含英咀华;既简单平凡,又包罗万象;既平顺不惊,又坎坷跌宕。长久以来,我总想记录下父亲的人生历程,可往往由于内涵的广博,而不知从何入手。

一

父亲于 1925 年生于一个乡村土地主家庭,之所以说其"土",是因为这个家族是从四川巴中逃难至汉中,经过四代人七八十年的勤劳打拼,从一贫如洗直至拥有近千亩土地,成了当地有名的大地主。这个家庭对贫穷有着深切的体验,拥有土地是其梦寐以求的目标,勤劳、节俭、诚实、保守是其处世立业的根本。

大约在清道光年间的 1850 年

前后，我的先人张正书、张爵书两兄弟率领全家十余口人从四川巴中逃难至陕西汉中，先落脚于南郑兴隆乡象壁崖天宝寨附近的深山老林里，在一处坡地上盖了几间茅草屋避风遮雨，租了十几亩山坡地耕种为生。初到异乡，日子过得十分凄惨，同治一至五年，汉中大旱，四年多未下雨，一家人靠野菜树皮充饥，八个儿女饿死了五个，只剩年龄大一点的一个儿子和两个女儿，后经辛苦劳动，省下了几石粮食做押租（租地的质押），才从山里出来，搬迁到离当地的大集镇牟家坝较近的牛前沟，从一家佃户手中分租了二十多亩旱地来种。自此，我的太爷经常到镇上打工，因为踏实肯干，人又厚道，久而久之，被镇上一户姓罗的殷实农户看中，将其女儿嫁给了我的太爷。太婆常对子孙说，她结婚时，家里连一对完整的木桶都没有，而靠一只桶和一只顶罐挑水生活，做饭用的锅也是村里铁匠铺施舍的烂了一小半的破铁锅！我的太婆十分贤惠，虽不识字但通情达理，泼辣肯干，而且还持家有道，全家租种别人的土地每年能落下两千斤粮食，基本解决了吃饭问题，靠挖蕨打粉、纺线卖纱、种经济作物、打工，既解决了家用，也逐渐有了一点积蓄。然而，这期间发生了一件事使全家受到很大刺激，我的两个约10岁的姑婆在租种的地里摘了几个板栗，事发后被人骂了三天三夜，整个家族备受凌辱，自此全家上下发狠立誓，要有自己的土地和有水果树的山林！结果不到十年工夫，就买下上百亩旱地和不少的山林。父亲说，太婆是个大能人，也是我们家族的福星，自她进入家门，我们家族便步入了发家致富的快车道。太婆本人也多有福报，她操持一生，七个子女，家和业兴，儿孙满堂，直至 99 岁高龄方于 20 世纪 60 年代无疾而终。

大约 20 世纪初，家里买了百余亩山坡地，特意种植了水果，以出受辱之气！另又用一万斤谷子做押租，租种了百余亩水田，于是举家搬往离土地较近的长沟，拥有二百多亩山坡地和水地，还有不少山林。每年除交租一万三千斤外，自己尚可落下两万斤粮食。主家见我家诚实可信，又免去了押租，押租全部退返。这一时期，可以说是顺风顺水、人丁兴旺、家业兴盛，主要由我太婆管理着水田、旱地、果园和纺线等家族产业。到 20 世纪 20 年代末，已经年过半百的她才从五个儿子中挑选了既勤奋踏实，又节

俭持家，还长于对外交往的二儿子，也就是我的爷爷，来管理整个家庭。五年后，家族分家，我们这一支在爷爷的带领下搬往兴隆白杨湾，并买下了附近的百余亩水田，后来爷爷又到汉中几个大财主家打工，几年工夫便学到了不少真本事，既开阔了眼界，又掌握了丰富的管理经验和市场资源，还积累了大量财富，并于20世纪40年代前后返乡，又置下百余亩水田，并再次搬迁至兴隆李子垭乡，也就是现在我老家的所在地。爷爷是个要强的人，一生种地、赶驴、贩卖柴炭和大米、开磨坊，非常勤俭，烟酒不沾，到汉中卖货，50余里的山路，驴子驮满山货，自己还要肩扛百余斤的重物，饿了舍不得花钱，买个馍便是一顿正餐……就这样，省吃俭用，日积月累，直至1949年，又购置水田300余亩，成了南海区一带有名的大地主之一。

父亲是家里的长子，由于爷爷吝啬的土地主秉性，从小时候起，他基本上和家里的长工短工一起劳动生活，从小放牛羊、喂马，也吃了不少苦。7岁时，父亲与全家人一起在霜冻田里间苗除草，伤了一根苗，被爷爷打得满地乱滚，奶奶埋头流泪不敢说话。他9岁上私塾，14岁考入牟家坝示范小学，16岁考入南郑中学上初中，后又考入汉中联中（现在的汉中中学）读高中。他上初中时为躲避日本飞机摔断了腿，上高中时因患严重感冒吐血不止，差点丢了命。所以他前后两次共休学两年，中学时代花了整整八年。1949年8月，父亲返乡和我母亲结婚，同年12月，南郑刚一解放，他便去乡上当文书，成为当地最早参加革命工作的知识青年。

二

父亲一进入社会，就在南郑县牟家坝乡工作，当时政府的领导大多是南下的工农干部，由于父亲积极肯干，能说会写擅画，对当地的情况又十分熟悉，很得上下的认可与肯定，不到五年时间，便于1954年3月上调南郑县民政局任干事，1956年又作为重点培养的知识分子干部，下派牟家坝乡任乡长。此时的父亲，前程似锦，踌躇满志，身影遍布全乡的村村落落，一心想为改变家乡贫穷落后的面貌大展宏图……然而好景不长，随着"反右"运动由文化艺术界向基层延伸，作为知识分子干部的父亲成了运动的对象，1959年，父亲稀里糊涂地被从大公社副社长的位置调往南郑县计划委员会任干事；1961年，对知识分子下放劳动锻炼，父亲即被派往南郑县最偏远的黎坪乡鱼洞沟劳动，当时该地农民苦不堪言，全队三十户一百三十口人，家无鼠耗之粮，全住竹梢搭建的房子。父亲驻村的李队长家有五口人，住一间竹屋，石头当板凳，照明用松棍，没有箱柜，家无一粒粮，每月就靠父亲那二十八斤米，供全部六个人吃，口粮不够，主要靠上山挖野菜充饥。在挖洋芋的季节，全队百余人都去地里捡烂洋芋，烧熟会餐，大家笑称这是剥皮点心。饿急了，就去吃漫山遍野的野草莓，曾有约半个月时间未吃一粒粮……就这样硬是挺过了那段艰难的岁月！

自调入南郑县计委后，由于严酷的政治环境，父亲的日子就像小二黑过年，一年不如一年。他基本成了单位监督使用人员，一举一动都成了一些人的靶子。父亲告诉我，曾有一位老农民从80里外的山区到县计委办木材批件，办完事天已很晚，街上的餐馆都已关门打烊，老农民又累又饿很是着急，父亲出于好心，把自己煮的面分了他一碗……然而这也成了父亲的一条罪状，被人举报说他是拉拢腐蚀群众。五六十年代的县计委，工作量是很大的，父亲始终是单位独当一面的业务骨干，每当上面的任务下来，他经常夜以继日加班加点；而当政治运动一来，他又被当作从旧社会过来的有历史污点的嫌疑分子，常常受批挨整。我曾问父亲这到底是什么原因，他说上初中时曾和同学们参加过一次三民主义青年团举办的宣传抗战救国活动的晚会，因此每次运动一来，这便被当作历史问题揪出来，反复审查，而运动过后便不了了之，始终没有结论，父亲也并未被戴上"右派"或其他坏分子的帽子。那个时代由于运动频繁，被批斗是常有的事，后来父亲对之便习以为常，白天挨批，晚上照样努力工作；甚至被批得越厉害，他工作越勤奋。父亲告诉我，只有通过努力的工作，才能化解无尽的烦恼，战胜心中的恐惧！

1969年，父亲和一批老干部一起被发配到刚成立的南郑县"五七"干校劳动改造。干校建在洪寺湖水库的旁边，刚开始条件简陋，大家住的是四面透风的牛棚，后来自己动手，修建了土坯房，条件才有所改善。干校主要是学习、开荒、种地、养殖，日出而作，日落而息，劳动锻炼，改造思想。对大多数长期蹲机关的干部而言，繁重的体力劳动的确十分艰苦，父亲倒是很快就适应了，最起码这远离了无休无止的批斗，还能吃顿饱饭！不过"五七"干校的劳动只是改造的一方面，许多干部由于想不通地位身份的巨大变化，精神备受煎熬！父亲告诉我，一位刚下台的副县长，进入干校后便茶饭不思，夜不能寐，他作为南下老干部，始终想不通自己为什么突然间就成了反革命叛徒，在一个月黑风高的晚上，他在干校的场院徘徊了一夜，嘴里一直喃喃念叨着"毛主席、毛主席……"，临近拂晓，竟凄惨地上吊自杀了！现在的洪寺湖已是山清水秀的旅游景点了，2013年，我陪88岁高龄的父亲重游故地，父亲一路感叹，讲起过去的那段历史，他指着湖边的一处岔口告诉我，四十年前一个风雨交加的下午，父亲和另外一位同志划船过湖，狂风吹得小船在湖中直打转，到晚上八九点才划到岸边，当时山野已经漆黑一片，没有道路，方向不明，路滑地湿，上岸时一脚踏空，掉进了湖里，幸亏父亲反应敏捷，抓住了湖边的一根葛藤，才捡回了一条命！

1971年,"五七"干校转变为南郑县良种示范农场,坎坷跌宕的经历,致使父亲放弃了重回县政府的机会,主动选择了留在农场工作。尽管后来县计委多次以借调的形式,抽他回去帮忙,但父亲打定主意,终于再也没有回到那个令他伤心的是非之地!就这样,直到1986年退休,他在农场一待就是十五年,他自学了会计,在单位里发挥了自己实实在在的作用;他订阅了多种报纸杂志,又平易近人、知书识礼,于是,他的办公室成了农场最热闹的地方,农工们常聚在一起听他讲古往今来的一些大事及当今的方针政策,而个人或家里遇到困难也常来听取他的意见,所以从某种意义上讲,父亲自身的价值在这里得到了体现,融于农工中间,他的身心感到十分愉悦与轻松!加之,这段时间他还学会并且专注于养猪与养鸡,也使自己的心性得到了陶冶及升华!

三

小时候,我是在奶奶的照料下长大的,7岁以后才回到母亲身边,而那时候父亲已在"五七"干校了,一年四季大概只有在节假日,我才能见上父亲三两面。每次回来,父亲常常会讲一些古人的故事,如孔子、王阳明、曾国藩等,也会讲一些与汉中有关系的民国精英的往事,如李宗仁、于右任、廖左民等,还会回忆起自己青少年时期如何努力学习的故事。所以小时候,父亲在我心中就留下了神圣的位置：他是一位知识渊博的人，还是一位勤奋正直而令人敬佩的人！另外，自父亲留在农场以后，有时回来，自行车后座上不是驮着一大块猪肉，就是驮着几条洪寺湖里硕大的鲢鱼；秋天的晚上我会跟在父亲屁股后面，用大竹夹子去水田里夹黄鳝和青蛙；除夕之夜，父亲还会一直忙碌着为我们滚元宵、炸麻什、炸滑肉……在那生活贫乏的日子里，父亲的回来，不但意味着能得到精神享受，还意味着生活的改善，所以，儿时的我常常盼着父亲回家！

父亲人很温和，内心却很坚韧，长期以来除了工作上的坎坎坷坷，家庭生活也经历了许多挫折，然而他都能坦然以对。小时候，母亲经常给我讲父亲的故事，20世纪50年代初，父亲忙于剿匪和在乡村搞土改，一心扑在工作上，十天半月都难回家，而母亲在公私合营后，也是刚成立的供销合作社的业务骨干，整天挑着货担走村串乡，很少顾得上照料孩子，加之当时医疗条件又差，以至于我的一个哥一个姐先后夭折。这两件事对父亲的打击很大，人们常说，男儿有泪不轻弹，而面对逝去的小生命，一向沉稳的父亲再也难掩心中的悲情，泪流满面，十分伤心……当然，每每回忆起这些，母亲眼睛也红红的，泪水就在眼眶里打转转！20世纪60年代初，十一二岁的二姐在河边玩耍，不慎掉入水中并卡在了水车上，溺在水中转动了半个小时，情况危在旦夕。父亲急忙请街坊帮忙，好不容易才把我二姐从水车里捞取上来，接下来又抓紧救治，在河边折腾了近两个小时，二姐才缓过气来，终于捡回了一条命！后来二姐笑着告诉我，冥冥中她仿佛被黑白无常押进了一个阴间的大水池，是父亲一声又一声的呼唤叫醒了她，才又回到阳间！

1966年，"文革"中的汉中武斗正酣，社会一片混乱。而屋漏偏逢连阴雨，我的大哥恰在这时患上了急性肝脓肿，无奈，父亲只好硬着头皮带着哥哥，到仍处于械斗中的汉中市医院住院治疗。父亲告诉我，当时的情况十分危险，武斗中的几派互相打斗，市里常有枪声传来，街上也不时见到死人，每到晚上炮弹都会从头顶呼啸而过，在不远处炸响……就这样诚惶诚恐地熬了一个多月，哥哥的病基本痊愈，才赶紧离开回到了牟家坝乡下。1972年，我因一次剧烈的运动，突然患上了心脏病，当时，母亲自1958年"大炼钢铁"落下病根，患了严重的类风湿病，几无治愈的希望且病情日益加重，父亲的处境也很不好，事情紧急又突然，父亲只好默默地带着我到南郑县医院住院治疗。那是我第一次出远门到县城，办完住院手续，从父亲的眼神里我体会到了忧伤，父亲白天上班，只是下班后才给我送饭和陪我。我一个人躺在病床上打针吃药，既感到无聊也略微有些害怕。病房里住着三个病人，有一个是比我还小的农村小孩，家里很穷，一天晚上，孩子哭闹着要吃馍，他母亲没钱竟狠心地打了孩子一巴掌，没曾想这个孩子不一会儿便含恨而亡了！这件事对我幼小的心灵刺激很大，后来每每和父亲谈及此事，都会感慨不已。另外一个病人是一位40岁左右的何姓阿姨，身旁家人不断，病床前亲情浓烈，每到饭点，家里送来滋补饭菜，整个病房都弥漫着浓浓的香味。而这个时候，父亲往往还没有把饭送来，触景生悲，加上不争气的肚子咕咕乱叫，我便忍不住，蒙了头在被子里啜泣。何阿姨后来知道了，便把一些好东西分给我吃，让我幼小的心灵倍感温暖！出院后不久，父亲还带着我到何阿姨家拜访，真诚地感谢他们一家人的友善，感谢他们对我的帮助和照顾！数年后，我和父亲谈起这段住院经历，父亲告诉我，那是家里最困难的时期，母亲病重，生活不能完全自理，家里孩子多，经济拮据，而他自己仍在"五七"干校劳动锻炼，当时只是临时被借调到县计委帮忙，境况十分糟糕。我突患大病，父亲内心感到深深的忧虑，在那种情况下，能让我去县医院住院治疗并很快痊愈，那的确是十分的不易和莫大的幸事了！

四

六七十年代，张铁生交白卷，黄帅造反有理，整个社会充斥着读书无用论的论调，而父亲不受这一大环境的影响，自我懂事起，他始终对我们的学习都抓得很紧。1976年粉碎"四人帮"后，电台开设了广播英语课程，父亲很快给我买来收音机，鼓励并督促我学习英语，经过三年的努力，收音机换了三台，我的英语启蒙教育也基本完成，以至于后来我所在的牟家坝七年制学校要开英语课，因缺乏师资竟要让我临时代课呢！1979年中考后，南海区共有五人的成绩超过了中考线，二哥、我和我的一个侄子，我们老张家就占了三个，这在当地轰动了，地方政府也对我们给予了表彰奖励！对此，父母亲可高兴了，记得那年中秋父亲生日，从不喝酒的父亲竟打开一瓶西凤酒，他把盏相庆，为自己收到的生日礼物高兴，更勉励和祝贺我们取得的优异成绩！

父亲不仅关心我们的文化课学习，对教我们如何做人也是言传身教，潜移默化。小时候，他常给我们讲自己如何勤奋学习的事；后来，他又常讲如何珍惜工作，忠于职守。他用自己的亲身经历告诉我们：工作上要不怕吃苦、不怕吃亏，无论什么情况下，搞好工作都是你的安身立命之本，而且当你被误解甚至被冤枉时，一头扎进工作，也许会化解心中的忧愁，找到生活的价值与快乐！可能是受父亲的影响吧，进入社会后，我们姊妹兄弟六个虽都平凡普通，但个个都是单位的业务骨干。大学三年级，我成了家里第一个共产党员，父亲非常高兴，他给我写了一封长信，讲述时代的变化，赞扬党和国家的政策，勉励我要珍惜机遇，为家道的中兴努力，为国家的发展多做贡献！即使现在，每年春节回家，父亲仍会谆谆告诫我们：现在日子好了，做人要讲良心有底线，上要对得起国家，下要对得起先人，要为人敦厚，不贪不占不做亏心事！

1986年，父亲退休回到母亲身边，因在外工作了一辈子，一直没有自己的房子，老两口便贷款三千元，做起了变蛋小生意。平常母亲拄着双拐负责坐在街边销售变蛋，父亲主要在后院为周围的乡民加工变蛋，而每遇到贫穷的农民，父亲总是分文不收，免费为他们加工。偶尔父亲也销售变蛋，但一遇到对方经济拮据，他就会减价甚至以成本价将变蛋卖给对方。为此，母亲十分不满，常常叨叨：真是个祸害，糟蹋了老娘的生意！不过，也许是我们家的变蛋口味好，加之会经营、人缘又好，那段时光生意非常红火，每年销售和对外加工变蛋都超过三十万只，成了当时家里的重要经济来源。

父亲自少年时期开始，就写得一手好字，退休后义务为街坊乡邻写春联，是父亲非常乐意干的事情。每年一进入腊月，父亲就在后院摆好桌子，备好笔墨纸砚，拉开架势开始了这项工作。那一个月里，院子里人来人往，络绎不绝,周围的街坊,甚至赶场的农民都来了,有的带着纸,有的空手而来,走的时候,手捧着鲜红簇新的春联,心里憧憬着来年的美好生活,个个脸上都洋溢着幸福的微笑!大概一直持续到年三十的上午,这件事方告结束。一个月的忙碌,这时的父亲已经非常疲惫了,不过心里依旧是喜滋滋的,所以他年年乐此不疲,直到2002年,我们全家离开古镇牟家坝,搬进自己购置的新居。

五

风风雨雨大半个世纪,其实父亲最让我们敬佩的是他乐观而积极的生活态度!

他执着于向善向上的人生追求。我曾在父亲的笔记本里看到这样一些联语:窗外有竹春常在,室内多书趣无穷;落花无情随水去,嫩笋有志破土出;无欲之人常快乐,积善之家有余庆;权倾世人难活百岁,富甲天下难免一死……这些人生箴言或许昭示了父亲一生的情趣和心志。

他始终坚持忠于职守的工作态度。在他的人生字典里,工作永远是第一位的,是生活和事业的基础。无论什么情况下,都必须恪尽职守,宁可委屈自己,也不可懈怠工作。即使其他方面有诸多不如意,也要心无旁骛,快乐工作,以此化解忧愁,平和心绪,笑对人生。

他葆有一颗自得其乐、知足常乐的平常心。父亲工作资历很老,与同时代的人比,无论职位、待遇,还是收入,他都吃亏不小,可从未见他抱怨过!为此,我曾与他谈起此事,父亲讲:"失之东隅,收之桑榆,虽然我这一生失去了很多东西,但你们几个都很有出息,家里人也都健康幸福,我知足了!另外,这些年国家政策越来越好,钱够花,也老有所养,还有什么可抱怨的呢!"也许正是这种心态,父亲一生心底无私天地宽,也少有非分之想,所以为人处世豁达坦然,从不气馁!另外,他长期坚持写字画画的雅好,经常和孩子们玩玩麻将,还几十年如一日以自创的健身法锻炼身体,所以今天虽已是年过九旬的老人,父亲依然神清气爽,独立生活的能力很强,生活循规蹈矩,自足美满,有滋有味!

他坚守乐观豁达的人生信条。其实父亲的身体素质并不好,他之所以高寿,一个重要的原因是他拥有乐观豁达的心态。父亲告诉我,身体靠养护,养生的重点在养心,养心的关键是心宽。平日里儿孙们遇到困难,他关心而不过度操心,他笃信,每个时代每个人都有自己的使命和责任,长辈们没有必要越俎代庖,为儿孙们的烦心事劳心费神。久而久之,我们也形成了习惯,在父母面前除了尽孝外,就是报喜不报忧,绝不可以把自己的责任转化成父母的烦恼!而面对疾病,父亲也十分坦然,平常头

疼脑热,他以自己独特的健身之法便可祛病消灾,稍严重一点的病,他也从容以对,10多岁摔断了腿,20岁大吐血,30岁割去阑尾,70岁割去胆囊,85岁割去小肠,可以说,他人生的许多时光都在与疾病进行抗争!为此,他笑侃自己:断腿肺虚体质弱,没有阑尾没有胆,肠子割了一米三。总之,无论遇到什么困难,父亲始终乐观而为,坦然以对。

他活到老学到老,养成了与时俱进、善学乐思的情怀。他长期订阅《报刊文摘》《大众健康》《老年报》等报刊,对报刊登载的著名学者和伟人故事及健康小偏方、生活小窍门非常在意,常把它们剪辑收藏;他关心国家大事,天天收看新闻时政类电视节目,对许多社会现象都有自己独到的见解。每逢节假日我和老父亲聊天,谈起诸如反腐倡廉、南水北调、土地流转、养老与农村医疗保险、一江两岸等话题,父亲都津津乐道,他虽然

年龄大了,却有一颗与新时代共鸣的不老心!

2017年回家过年,父亲推荐一篇他收藏的介绍饶宗颐老先生的文章给我看,该文介绍了饶老如何勤奋努力,自学成才,成为令人尊重的大师;如何涵养情趣,知性而为,成了快乐生活的幸福老人;如何养生养性养心,规律生活,恬淡处世,成为长命百岁的健康老人。哦,我忽然明白了,这不就是父亲一生的心愿和当下的追求吗?正是这种乐观向上的氛围和自强不息的奋斗精神,才感染了我们,成就了我们的健康成长之路,才使我们的生活有了丰富多彩、享之不尽的快乐源泉。父亲有此心愿,我为他喝彩!我也诚挚地向上苍祈祷:愿我的父亲心想事成,寿比南山、福如东海,有一个快乐、幸福、圆满的人生!

阳明洞观感

读完陕西人民出版社出版的《王阳明传》,对王守仁龙场悟道之处阳明洞颇为向往。不久前恰有机会到贵阳出差,有当地朋友相邀出行,我们便选择古代龙场驿所在地、今日的贵州修文县欣然前往。

修文在贵阳西北 40 公里处,县城古称龙场,是明代奢香夫人所开的九大驿站之一。崇祯三年(1630 年),改为修文,取自《尚书·武成》中的"偃武修文",寓有弘扬王阳明悟道精神,倡明文教事业之意。阳明洞位于距城东 1.5 公里处的龙岗山(也称栖霞山)上,是这座毫不起眼的小山上极简陋的一处岩洞。然而,就像遵义之于贵州一样,龙岗山虽然山不高,洞不深,却因"千古大师"王阳明在此悟道讲

学而名扬天下,海内外研究王学的专家称这里为"王学圣地"。加之著名爱国将领、"千古功臣"张学良将军曾被囚禁于此三年,使阳明洞更加闻名于世。

我们从贵阳出发,大约四十分钟便来到了阳明园景区。景区由阳明广场、王阳明纪念馆和阳明洞三部分组成。广场正在扩建,游客稀少,导游带领我们穿过一片繁茂的树林,便进入龙岗山脚的王阳明博物馆参观。

王阳明(1472—1529年),名守仁,字伯安,祖籍浙江余姚,随父迁居山阴。曾修学讲论于越城阳明洞,并以此行于世。官至南京兵部尚书,南京都察院左都御史,因平定宸濠之乱等军功而被封为新建伯,隆庆年间追封为侯爵。他是明代最著名的思想家、教育家、哲学家和军事家,梁启超、陈独秀、孙中山、毛泽东等都对其十分崇敬。他的一生,有着独特的经历,兼有立德、立功、立言的特点,被后世学者称为封建时代的完人。不仅在当时,而且在后世,不但在中国,而且在世界各地,特别是在日本,都有着广泛的影响。

贬谪龙场,是他人生中重要的转折点。正德元年(1506年),王阳明因为大臣伸张正义,受大宦官刘瑾陷害,被廷仗五十,贬谪为贵州龙场驿丞。1507年夏,他离京前往驿所,一路坎坷,九死一生:先是刘瑾派东厂特务沿途追杀,他机警以对,投水逃生;接下来他乘机混入一艘商船,不料,这条船在海上又遭到台风袭击,随风漂到福建海岸,终被船家抛掷孤岛。上岸以后,备尝人间辛酸,历经千难万险,辗转故里,与亲人告别之后,才经过江西、湖南,翻山越岭,长途跋涉来到贵州。自此,他在偏远蛮荒的龙场谪居三年,蛰伏于阴暗潮湿的阳明洞中潜心悟道,成就了他著名的"心即理"的"知行合一"学说,并萌发了"致良知"的思想,对后世中国产生了巨大影响!

从纪念馆出来,我们便拾级而上,攀登龙岗山。小山上古木参天,翠柏森森,亭阁相映,碑刻历历,曲径通幽,景色宜人。不到十分钟,我们便登临山顶的阳明洞。这是一个十分普通的山洞,洞口苔痕苍绿,藤萝密布。洞内宽敞明亮,留下许多历代名人的镌刻题字。洞口崖上有明代贵州宣慰使安国亨题刻"王阳明遗爱处"。洞外是一个百余平米、青石铺地的院落,左侧石阶两旁,有两棵参天古柏,据传为王守仁亲手所植,称为"守仁柏"。石阶栏杆外的岩石上建有六角重檐的"君子亭",亭岩石壁下刻有蒋介石所书"知行合一"四个大字。洞的右侧建有一座茅屋,上书"何陋轩"。当年,王阳明蜗居洞中,洞顶时有滴水,洞内阴暗潮湿,当地苗人对其深表同情,便在洞侧伐木结茅,王阳明十分感动,欣然写了一篇《何陋轩记》,取孔子"君子居之,何陋之有"的意思,将之命名为"何陋轩"。洞顶为一木结构的四合院——龙岗书院,王阳明在洞中悟得"知行合一"理念,他遵循良知,放下身段,与民交友,启民之智,解民之苦,终于赢得了百姓的理解与爱戴。为感念他的恩德,水西土司安国荣发动当地百姓为他修建了这座龙岗书院。自此,学子们纷至沓来,他的阳明心学也跨越山野,传向全国。1938年至1941年,著名爱国将领张学良又被囚禁于此

王阳明(1472—1529年)

三年，蒋介石也三次到访，龙岗书院更是名闻天下！

目睹洞天学府，不由感慨万千，骚动的思绪早已跨越历史时空，飞向五百多年前的大明朝！1508年的初春，历经千难万险到达贵阳的王阳明，又孤身一人进入贵阳西北的崇山峻岭中，山雨如注，虫蛇时现，野兽出没，瘴疠弥漫，在这人迹罕至的深山老林里转悠了五天五夜，才到达谪所龙场驿站！而驿站的情况又是什么样子呢？坍塌的驿舍，一个近乎哑巴的驿卒，十几匹无精打采的驿马。山雨骤起，王阳明只得躲到臭烘烘的马棚里避雨。无奈，王阳明只好鼓足勇气，四处找寻自己的栖身之所，终于在离驿站3里地的龙岗山顶找到了一个能遮风挡雨的岩洞，也就是眼前的阳明洞，这才安顿下来。然而恶劣的环境还不是最严重的问题，无尽的精神折磨才更让王阳明寒彻心脾。在那阴暗潮湿的山洞里，漫漫长夜难熬，寂寞孤独难耐，满腔怨愤难平，何时才是尽头呀！

无数个夜晚，躺在黢黑的山洞里，王阳明彻夜难眠，陷入了深深的思索当中：为什么那么多秉承孔孟之道、程朱理学的朝臣，明明忠君爱国、

忧国忧民，结果却忠而见弃，境遇悲惨，甚至走投无路呢？天理何在！难道皇帝的眼瞎了，人们的良心让狗吃了？！不，良知是天生的，只是皇帝的堕落、软弱以及人们贪求功名利禄之心掩盖了良知！所以整个社会才出现了知行脱节，说的不愿做，做的不愿说，行不顾言，言不顾行的道德危机。那么如何才能改变这一现状呢？"圣人处此，更有何道？"王阳明夜以继日，苦思冥想，忽然有一天终有所悟：圣人处世，最重要的不在于追寻外在的天理或公道，而在于安于自己的良心。孟子曰："人皆可以为尧舜。"做圣贤就是努力去践行自己内心的良知，以最终求得真理。这不就是言行一致，知行合一吗？按照此理，远离朝廷、地处蛮荒之地也应该有所作为，那就是遵循良知，由"与君求道"变为"与民求道"，多为百姓排忧解难，赢得福祉。王阳明如醍醐灌顶，欣喜若狂，他终于找到了求生之途，圣贤之道！

自此以后，王阳明像是换了一个人，看天天蓝，看水水绿，天地之间再没有一丝阴霾之气。他脱下长袍，向驿卒学种菜；他亲近苗人，教他们识字学数，为他们排忧解难；他在龙岗研修论道，远近诸生闻其名，纷纷负笈前来就学，活脱脱把一个地处贵州深山的蛮荒之地，变成其乐融融的传道讲学之所；他审时度势，为水西土司指点迷津，化干戈为玉帛，化险为夷，被尊崇为孔明在世，诸葛重生。龙场三年，百姓对他由同情到理解，最后是衷心地爱戴。他自己也悟透天道，实现了人生的蜕变。以此为基点，他为人处世坚定自信，淡定从容，矢志不移。平叛剿匪，解民倒悬，功盖朝野；知行合一，践行良知，德昭天下；研修论道，桃李芬芳，闻名遐迩。立德、立功、立言融于一身，终成中国封建社会知识分子的一座丰碑！

从阳明洞下来，我们即驱车返程了。一天的颠簸，大家略显疲惫，车内渐渐有了鼾声，而我却难以平静，仍然心系王阳明。蒋介石、毛泽东都对王阳明十分崇敬，原因何在，有什么异同呢？共性的原因是王阳明德才兼备，忍辱负重，任何时代、任何阶级，这样的人都会得到尊重。不同点呢？蒋介石折服于王阳明，首先是因为这个全能大儒在其心中具有崇高的地位，甚至王阳明"舍生取义，杀身成仁"的观点，都成了他指导国民革命的准则。当蒋经国从红色苏联回国后，他以一部《王阳明全集》为其洗脑；张学良被囚龙岗书院，他仍以一部《王阳明全集》让其反省；即使逃往台湾，听闻台北的草山，他当即大怒：难道是落草为寇吗，立即改为阳明山！其次是王阳明的军事观点，王阳明在南赣和广西思田剿匪的过程中提出：御外必先治内；而蒋介石在外敌入侵时仍一门心思追剿红军，并强调"攘外必先安内"，何其相似！当然同是浙江老乡，恐怕也使蒋介石倍感亲切。毛泽东敬仰王阳明或许也有三方面的原因：他们均非行伍出身，可在军事上都有超人的天赋与才智，且都能征善战，人们说历史伟人五百年出一个，这一点在他们二位身上得到充分印证；毛泽东曾指出，知识分子只有和工农大众相结合才有出路，这或许和王阳明知行合一的理念有相似相通之处；王阳明提出剿匪应与政权建设相结合，否则剿匪成果难以维持。毛泽东指出，工农革命应以建立红色根据地为中心，否则革命难以成功。二者异曲同工，结果都取得了最终的胜利。

就要进入贵阳了，而我的思绪仍未终结。当今社会，道貌岸然的伪君子不在少数，功利主义比较普遍，信仰缺失，道德滑坡，显然王阳明的"知行合一"与"致良知"说仍有重要的现实价值。但愿假以时日，我们的社会良知盛行，人皆向善，诚信包容，生活美满，也许这就是我们所向往的中国梦！

杨森探秘

西安杨森制药有限公司是我国改革开放以来较早引进外资，并由外资控股、中方国资参股的现代化制药企业。多年来，这个披着神秘面纱的知名企业散发着令人神往的魅力。

初春的日子，我们现场考察参观了西安杨森制药有限公司。进入厂区，映入眼帘的是一片开阔的绿地，一眼望去，整个厂区都被呈规则几何图形的草地覆盖，不时有一排排整齐的松树、柏树、冬青相向而立，仿佛是在欢迎来此地参观的各位客人。绿地上有序地矗立着一幢幢乳白色的、类似积木一样的厂房，它们相互映衬，煞是秀美。徜徉厂区，你闻不到一丝药品的刺鼻味，有的只是春日里青草的芳香，你会觉得这里不是一个药厂，倒更像一个街心公园。

我们首先参观了公司的展厅，初步了解了企业理念、文化、发展历程、发展现状，随后进入厂区内部参观：先换鞋、洗手，再换工装、洗手消毒，方才进入生产区，接下来参观了原料车间、药剂生产车间、药品包装车间、成品储运库房及污水处理区域，之后回到公司会议室，聆听党委书记兼工会主席系统介绍了企业的基本情况，并与相关人员进行了座谈交流，最后班主任范勇综合学员的意见做了感谢发言。

杨森是伴随着中国对外开放的步伐创立的，1985年，陕西与比利时杨森公司合资成立了西安杨森制药有限责任公司，是当时中国第一家中外合资的药品制造企业，公司甫一成立，便在全球产生了重大影响，当年的产值就达到三十亿元。1995年世界著名药品生产企业美国强生集团控股了杨森，更是加快了发展步伐，截至2012年产值已超过一百亿元。目前陕西省政府已和美国强生集团签订战略协议，将从2013年7月起，共投资七十亿元在西安高新区扩建杨森，届时该公司生产的药品将与美国、欧洲同步上市。可以预期，杨森的未来会更美好，一定会成为中国最大的生物制药基地，一定会成为享誉全球的药品制造企业！

参观杨森感触最深的不仅仅是这些，杨森的发展理念、先进的技术设备、严格的质量管理、创新的企业文化，更给我们留下深刻的印象。保罗·杨森博士是一位享有国际声誉的比利时医学家、科学家，20世纪八九十年代，他怀揣"寻找东方的梦想"这一目标，终于于1985年在中国西安创立杨森制药企业。他崇尚"忠实于科学，献身于健康"这一发展理念，提出"对客户负责，对员工负责，对社会负责，对股东负责"的企业核心价值观，指导了杨森健康和可持续发展。恐怕正是这一原因吧，1995年美国强生集团控股该企业后，依然沿用原名且基本按照原来的理念发展至今。

杨森的生产技术当属世界先进之列，其一，它的设备都是从全球最先进的医药设备制造企业采购；其二，从原料供应、药剂生产、药品包装、成品储运、污水处理各个环节，绝大多数都是计算机控制和机器人操作，确保了现代化和标准化生产；其三，企业确立了生产技术超越普通企业五十年的发展思路，从而使杨森始终保持了技术的领先。杨森的质量管理也值得称道，厂区实行封闭式管理，很多工序都由计算机控制，在密封环境下完成，所以在大多数环节，我们都是透过玻璃参观生产过程，而且整个参观过程中，洗手、换鞋、换工装、酒精消毒，一个环节都不能少。引领参观的员工还告诉我们，每道工序都有严格的标准，从原料的称量、原料的灌入、设备的清洗、成品的检验等，环环相扣，只要有差错，都会及时予以清除。从这些细节，我们不难窥出杨森质量管理的全貌。

杨森企业文化建设最显著的特点是党组织发挥了重要作用。员工的权益靠组织保障，劳资矛盾靠组织化解，企业的重要规章靠组织落实。杨森规定，要靠产品质量赢得竞争，而不能凭贿赂医生扩大销路，多年来党组织严格按企业规章实施管理，确保了企业的健康发展。企业的社会形象也靠组织来维护，如2008年汶川地震发生后，党组织及时举办了许多社会公益活动，维护了企业形象，扩大了企业的影响力。

  对杨森的考察参观，令人感动，更促人思索：李克强总理指出，未来中国应走一条产业升级版的发展之路，那么纵观杨森的昨天、今天和明天，是否应对我们有所启迪？当今中国，药品安全、食品安全问题成堆，所以成立国家药品食品管理总局，以理顺和加强药品、食品生产环节的质量管控和流通环节的市场监管，便成为此轮机构改革的一个重要方面。而我们引进外企，根本目的是学习他们的先进技术和先进经验，试想一下，我们民族的类似企业，如果都能像杨森那样，有高尚的企业宗旨、现代化的技术、严格的管理和先进的企业文化，从而源源不断地为社会提供安全的药品，放心的食品，那么中国人的生活安全就有了根本保障，中国小康社会的物质基础也就初步形成了。但愿伴随着全面建成小康社会的步伐，这一天能早日到来。

读《叶落大地》有感

　　每个人都像一片随风飘零的树叶，有的人飘进了富人的暖房里，有的人飘向了百姓的居所中，有的人飘落在荒芜的原野里。吴文莉女士的《叶落大地》这本书，所记述的刘冬莲和她的山东老乡们，就是那片飘向荒野的树叶！百年前连年大旱闹饥荒，刘冬莲挺着大肚子，和丈夫、女儿等一群山东人逃往陕西，去寻觅传说中没有战争和饥饿的生存之地及精神家园。不想，在风陵渡丈夫被黄河水卷走，随丈夫而去的，是全家所有的财产都付诸东流。无奈为了置办棺材埋丈夫，刘冬莲卖了女儿，之后带着遗腹子在陕西艰难开荒。她和她那些像蚂蚁一样卑微、像野草一样顽强的山东老乡们，经过半个世纪的努力，不但在陕西的大地上扎根成长为枝繁叶茂的大树，而且把生命和灵魂深深嵌入这片土地。

　　冬莲、青女、桂枝、谭彦章、谭守东、谭振国等一个个鲜活的山东人，以挣扎、以坚韧、以勤劳和智慧，在陕西阎良的谭家堡子落地生根，建立了他们的生存之地和精神家园，使齐鲁大地的优秀传统文化在三秦大地得以传承延续；高婆婆、德空、高宝娃、陈木匠等一群普通的陕西人，以善良、以碰撞、以睿智和宽容，在与山东老乡融洽相处的过程中，彰显了陕西人的耿直与朴实、勤劳与智慧。这一切，使《叶落大地》较之作者八年前的《叶落长安》有了更深的文学意义，她既是一部山东人闯关中的生存史，也从一个侧面记录了齐鲁文化与三秦文化交汇融合的历史。

我先后两次阅读了本书，第一次是受太白文艺出版社韩霁虹总编之托阅读了二稿的校样，并把自己粗浅的读后感与吴文莉女士做了交流。再就是该书出版后，最近我又重新阅读了一遍。每一次阅读，我都有许多新的感受、新的体验，我常被书中的人物和他们的故事深深感染，读着读着就情不自禁地泪流满面了。正如韩霁虹总编在编辑手记中所讲的那样，这绝对是一部拿起就想一口气读完的优秀作品。站在一个普通读者和出版人的角度，我认为本书有下面四个鲜明的特点。

对生命力的盛情讴歌。作者在后记里写道："山东村老人们讲述的传奇故事里，大多没有女人，顶天立地的全是男人，带领家族和村子走出险境的也全是男人。"可是作者却没有止步于这些表象，而是独辟蹊径，整部小说围绕冬莲这一伟大女性展开。没有冬莲，就没有那些感人肺腑的故事；没有冬莲，就没有谭守东的未来；没有冬莲，就没有谭家堡子的辉煌与精彩。所以这一神来之笔堪称本书最大的成功。后记里还写道："在许多大家族的兴衰里，总有一个女人承前启后，让家族烟火重新兴旺。她们是奶奶，或是外婆，或是儿媳妇，像一棵棵大树，哪怕一半被雷击火烧得干枯焦黑，另一半却能有点儿雨水和阳光就枝繁叶茂，在土壤里开花结果，让生命延续，闪亮着动人的金色光彩——这就是生命的力量，我强烈感受到了这力量。"

读到此，我不由对作者在文化与精神层面的升华击节喝彩，也忽然想起了我的母亲。1957年父亲被打成"右派"长期劳动锻炼，母亲自60年代初就患全身性骨质增生，处于半瘫痪状态达半个世纪。而她凭着一股吃苦耐劳的精神和坚韧的毅力含辛茹苦把我们六个子女拉扯大，带我们度过了三年困难时期、十年"文革"、上山下乡等艰难岁月，并在改革开放以后率先做起了小生意，成为最早的"万元户"，为这个大家庭的兴盛奠定了基础。从我很小的时候开始，母亲就是全家人的中心，逢年过节无论天南海北，所有家庭成员都会回到母亲的身边！在母亲的经营下，我们家日渐红火，成为一个拥有近三十口人的四世同堂的温馨大家庭！2012年，81岁的母亲离我们而去，近些年我依然年年回家过年，看望年过90的老父亲，可是心里总觉得缺少一点东西。是什么呢？读过这本书，我突然明白了，母亲就是家庭的魂，我在西安工作三十余年，从来都是在父母身边过年，这表面上是孝敬，实际上是为了求得灵魂的安宁！母亲去了，我的灵魂难以安宁且无处安放，因而便显得有些失魂落魄了！

所以我们可以说，伟大的女性和母亲既是生命的源泉，也是推动家族和社会繁荣的生命的力量，在艰难困苦的岁月更是如此！本书选取了一段独特的历史，反映了这一重要的社会文化现象，堪称一部女性赞歌，更是源自于女性生命力的赞歌！

对美好事物的精心呵护。从本书的字里行间可以看出，作者对主人翁冬莲是那样的偏爱，她是个有着顽强生命力的女人，更是个有情有义的女人，所以她一定要活得很精彩、很美好才行！记得我看作者第二稿校样时，有一个始终深爱着冬莲的角色宋轩堂，而坚守着传统的冬莲虽然动心却没有改嫁，只是按照感情发展的逻辑后来关系有一点暧昧而已！即便是这样，作者经过挣扎仍然不乐意，所以，正式出版的书中，作者还是在适当的时候，让宋轩堂永远离开了他心爱的冬莲！这有点残忍，却坚守了理念。作者对美的呵护由此可窥一斑！作者对善良的高婆婆也是那样的爱，让她在浓浓的宗教氛围中离开人世，仿佛不是痛苦地死去，而是快乐生活的开始！在书的最后，作者这样写道："不知过了多久，谭守东来墙下唤她母亲吃饭，一仰头，看到她脸上的皱纹在阳光下竟像黄土地里熟透的麦子一样，闪亮着动人的金色光彩。"高婆婆、冬莲就是一尊佛，就是不可玷污的美丽女神！作者对真与美的追求与推崇跃然纸上！

对历史与文化的绵密交汇。书中人物的经历和性格都是在一个大的历史背景下展开的，八月围城、中原大战、陕西旱灾、西安事变、抗日战争……每个人都在动荡的乱世中受到熏染洗礼。冬莲、青女、高婆婆，历经艰辛，人性得到了升华；谭小头夫妇、贵子、爱娥等在乱世中迷惘，人性变得扭曲；月月、宝娃、宋轩堂、吴妈在乱世中悲惨地离去，令人唏嘘不已！作者在执着地挖掘和追求乱世中美好的东西，也以悲悯与宽容的气度对乱世中的龌龊与卑下、悲惨与煎熬表示了极大的同情。

对传统与精神的探索与淬炼。土地，是本书要表达的一个主题，在农耕社会，土地既是生存的根基，也是构建精神家园的基础。有了土地，就有了家，有了家族兴旺的前提，而要确保家族的兴旺，甚至国家的繁荣，就要靠民族优秀传统的滋润，所以那些支撑家族兴旺、国家繁荣的优秀传统就是我们赖以寄托的精神家园。本书以谭家堡子的发展经历，很好地诠释了这一道理。另外，长安，在国家离乱之际，经常是人们向往的生存之地和精神家园，百年前山东人闯关中，1942年河南人闯关中，1962年河南人、甘肃人闯关中，仅仅是因为三秦大地土地肥沃吗？我想，这与三秦优秀传统文化也是息息相关的。把陕西人与山东人做一个比较，陕西人勤劳朴实，崇德尚文，耿直宽容；山东人勤劳坚韧，崇义重廉，豪爽进取。山东人之所以在陕西这块土地上落地生根、发芽、成长，两地文化相近，传统相通，恐怕是重要原因。然而，读完本书又会自然引发另一个问题：现在的社会已远不是农耕时代，那么诞生于农耕文明的传统文化是否还能hold住我们的灵魂，当代人赖以寄托的精神家园是什么？这需要我们深入思考，深入探索。

当然，按照更高的要求看，本书也略显不足之处：陕西是最早参与辛亥革命的省份之一，而本书关于辛亥革命对陕西社会和农村的影响着笔很少，恐怕是一个遗憾。另外，应对陕西本土传统文化进行一点深入研究，通过人物故事的冲突，对齐鲁文化与三秦文化的碰撞、融合做一些探讨，这样本书在文化层面上就会变得更加完满了。

再到延安

阳春四月，再次启程奔赴延安。我第一次到延安是1985年，当时正上大三，学校组织团干部赴延安接受传统教育，怀着对延安的那份庄严而神圣的崇敬，我的足迹踏遍宝塔山、清凉山、杨家岭、枣园等红色遗迹，感悟了火热的延安时代和光芒四射的延安精神。后来，或出差或陪客人，又数次到过延安，都是匆匆而过，对延安的认识再也没有提高。而这次不一样，延安这些年已发生了巨大变化，我是作为一个党校学生且带着教学课题来重温延安精神的，希望能对延安有更深层次的认知。

绿色延安

近些年给我印象最深的，莫过于延安的生态建设。20世纪80年代后期，我曾经两次到过延安，就像当年的许多热血青年一样，延安的光辉历程和延安精神也深深地吸引了我，对我世界观、价值观的形成起着潜移默化的作用。然而延安的自然环境，实难令人恭维，天空始终是灰蒙蒙的，只要起风，空气中就会弥漫着刺鼻的泥土味。放眼望去，黄土高原沟壑纵横、苍凉空旷，少见树木，鲜有绿色，生态状况和我的老家汉中比起来，简直是一个在天上，一个在地下！这种状况在近五年内发生了根本性的变化，2010年我又一次来到延安，一路上碧空万里，阳光明媚，空气清新，再看那曾经熟悉的黄土高原，山山峁峁沟沟岔岔，小树成林，植被遍野，早已披上淡淡的绿装。这还是往日的延安吗，俨然是充满生机的塞外江南！

这一切令我十分惊诧，延安的环境治理何以发生如此巨大的变化？20世纪90年代初，延安生态最为脆弱的吴起开始了恢复生态的探索，经过反复调研，县委县政府开创性地推出了封山禁牧、退耕还林的二十字方针：封山退耕，植树种草，舍饲养畜，林木主导，强农富民。实施过程中，尽管困难重重、阻力重重、压力重重，他们硬是咬着牙坚持了下来，经过五年的努力，终于积累了丰富的经验，取得了一定的成效。1997年，时任国务院副总理姜春云同志到延安调研生态环境问题，而后向中央提出了恢复老区生态，治理水土流失的报告。1998年，江泽民总书记在全国战胜长江特大洪灾后专门批示：要建设一个山川秀美的西北地区。

1999年，朱镕基总理对延安老区的生态状况进行了深入细致的调研，提出了十六字举措：退田还林，封山绿化，个体承包，以粮代赈。并很快确定为国家政策正式下文推动执行。自此，群众踊跃参与，政府积极推动，政策全力保障，一项恢复生态、治理环境的系统工程在黄土高原上轰轰烈烈地展开了。经过近十年的艰苦努力，延安乃至整个陕北的生态环境发生了质的飞跃：洪水中含沙量下降了80%以上，植被覆盖率由约20%提高到60%以上。

其实细一思索，延安恢复生态、治理环境的过程不就是发展方式转变的过程吗？封山退耕就是要摒弃"越穷越垦，越垦越穷"的落后种植方式，走出一条"精耕细作"的科学种田之路；而舍饲养羊、封山禁牧，则是因地制宜，实现经济发展与环境保护共同进步的伟大创举。今天的延安不但天变蓝了，水变清了，山变绿了，而且粮食增产了，畜牧业收入增加了。这一过程也向世人昭示：只要实心实意地为老百姓服务，只要坚持因地制宜、实事求是的原则，只要讲求人与自然和谐相处、科学发展，就没有克服不了的困难，办不好的事情！

无疑，延安的环境治理的确取得了巨大成就，那么是否生态建设从此可以高枕无忧了呢？站在宝塔山上，望着山下流淌着涓涓细流的延河水，很难体会到"巍巍宝塔山，滚滚延河水"的意境，加之烈日灼灼，空气燥热，突然间，我有了答案：受自然条件所限，延安恢复生态、治理环境依然任重道远。现在国家提出了建设生态文明的宏伟目标，如果延安能够矢志不渝地按照今天的路走下去，我国全面建成小康社会之日，就是山川秀美的新延安面世之时。

红色延安

延安是红色遗迹的海洋，辗转于凤凰山、杨家岭、清凉山、枣园，听老师现场授课、讲解员系统介绍，目睹革命先烈留下的红色文物，我深受触动，又思绪万千：中央红军到延安，已丧失了90%的力量，当时偏远而贫穷的延安，何以使中国共产党由弱变强，逐步引导中国革命取得全国胜利的呢？

1935年10月，中央红军从江西瑞金出发，跨越大半个中国，经历了二万五千里长征到达陕北吴起。这时红军的总数不到八千人，约是出发时的10%，表面看力量弱小，可事实上这是一支坚不可摧的队伍：他们爬雪山、过草地、吃野菜，能够克服千难万险；他们一路拼杀，经过了血雨腥风的战火淬炼；他们意志坚强、信仰坚定，对革命前途充满信心。他们还是一支日益理性的革命队伍，经过无数次血的教训，经过遵义会议的反思，他们对革命规律的认识更加深刻，革命斗争的艺术更加高超，革命道路的选择更加明晰。一支信仰坚定、道路自信的队伍，那是无往而不胜的。这就是中国共产党人到延安后能够取得更大胜利的基础。

1935年11月，直罗镇战役大捷，为中共中央把中国革命的大本营放在陕北献上了奠基礼。然而中央红军初到陕北，内忧外患，处境十分艰难。外部，国民党反动派疯狂地围追堵截，根据地处于层层包围的封锁之中；而且中日民族矛盾日益尖锐，中华民族面临亡国灭种的危险。根据地内，以王明为主要代表的"左倾"错误还没有得以纠正，其影响还非常广泛，我们党统一思想的任务十分繁重；另外，越来越多的革命者的到来，衣食住行面临着很大困难，社会管理也必然出现新的矛盾，如何赢得民心而又不与民争利，如何巩固边区政权，积累局部执政的经验，也是十分棘手的问题。而延安十三年革命历程雄辩地证明，中国共产党经受住了严峻的考验，交出了满意的答卷：他们抓住"西安事变"的有利契机，促成了以国共合作为主要特征的抗日民族统一战线的建立，既挽救中华民族于水火之中，也缓解了延安的困难局面。他们通过延安整风运动统一了全党的思想；通过塑造由"张思德精神、白求恩精神、愚公移山精神、南泥湾精神、抗大精神、延安整风精神、延安县精神"组成的延安精神，改变了党和政府的作风，加强了民主制度建设，赢得了广大民众的大力支持，积累了局部执政的成功经验。这些事实说明，延安时期，中国共产党更加成熟了，他们吸取了以往革命斗争的经验教训，无论是对敌斗争的艺术，还是革命实践活动的水平，都迈上了一个新的台阶。这也是中国革命由弱到强、走向胜利的重要原因。

延安时期，也是加强党的建设的重要历史时期。这一时期，形成了"理论联系实际，密切联系群众，批评与自我批评"党的三大优良传统；这一时期，党风纯正，党内生活健康，民主集中制得以正确贯彻执行，坚持真理，修正错误成为党内生活的重要原则，认真总结建党以来的经验教训，明确了党未来发展的方向；这一时期，中国共产党将马克思主义的普遍真理与中国革命的具体实践相结合，逐渐形成了新民主主义革命的理论体系和党的指导思想，即凝结着中国共产党集体智慧的毛泽东思想。《实践论》《矛盾论》《论持久战》《中国共产党在民族战争中的地位》《新民主主义论》《论联合政府》《迎接中国革命的新高潮》，等等，篇篇鸿篇巨制，在历史的转折关头，像一座座灯塔照亮了每一个共产党人的心灵，为中国革命指明了前进的方向；这一时期，党的队伍建设得到空前加强，《论共产党员的修养》深入人心，延安整风运动除了对建党以来的若干重大问题做出了结论，统一了党的思想外，最重要且最根本的是纯洁了党性，锻造了一支更加忠诚于党的事业的坚强的队伍，从而为夺取中国革命的最后胜利奠定了坚实的基础。当然，这一时期也还遗留了一些问题没有彻底解决，例如，党的七大以后个人崇拜有了苗头，党内民主制度体系还不完善，延安整风运动后期有肃反扩大化的趋势，这些有的在新中国成立后还造成了重要影响，有的在今天还需要进一步完善加强。

延安，镶嵌在西北高原的一颗璀璨明珠。由于历史长河在这里绽开过绚丽的浪花，从而为世人所瞩目、敬仰、怀念。延安之所以被称为"革命圣地"，是因为它既是中国新民主主义革命的试验区，也是延安精神的发祥地和毛泽东思想逐步形成和完善之地，还是中国革命处于低潮时的落脚点，改变了民族命运的转折点，中国革命走向全国胜利的出发点。延安十三年革命实践的根本，在于把握民族命运，赢得人民支持。这和今天党中央所强调的"坚持群众路线，拒腐倡廉，提高执政能力和水平"是一脉相承的。得民心者得天下，得民心者安天下，得民心者富天下！这就是今天我们弘扬延安精神的出发点和落脚点。

《玄奘大传》：一部励志大书
——百道网访谈纪实

　　《玄奘大传》是一部一百一十七万字的传记小说，由陕西省社科院陈景富研究员历时十余年完成，最近由未来出版社出版发行。近日，百道网了解到陕西出版传媒集团总编辑张炜完完整整地读完了这部大书，并且感触颇多，于是请他谈谈《玄奘大传》的读后感。在访谈中，张炜总编辑对本书既有宏观探讨，也有细节举例。他首先提到了"积善之家，必有余庆"的哲理，讲到玄奘自小得到了百姓和正直官员的帮助，然后叙述玄奘从西行取经到回国后的历程，强调了"越是艰难志越坚"的道理，认为玄奘是坚定信仰和人生励志的榜样。他指出，本书兼具专业佛学知识、历史文化功底和生动的文笔，非常值得一读。本书作者在花甲之年竭尽全力写作《玄奘大传》，张炜对于这种创作精神十分钦佩。

　　百道网：在山西书博会上，我们问起您正在读什么书，您告诉我们正在读《玄奘大传》，并且讲了很多您的阅读体验，给我们留下了深刻的印象。可否请您先给我们介绍一下《玄奘大传》的内容？

　　张炜：《玄奘大传》是一部传记小说，一共六十五回，一百一十七万字，分入道篇、西游记和升华录三个部分，由陕西省社科院研究员、省文史馆馆员陈景富老先生历时十年创作而成。

　　"入道篇"的内容主要涉及玄奘的少年生活及初入佛门的经历，通过对玄奘的家庭、学习和寺庙生活的描写，折射出"积善之家，必有余庆"和"艰难困苦、玉汝于成"的人生哲理。"积善之家，必有余庆"这句话出自《易经》，昭示玄奘一生所成就的宏图伟业首先是源自于个人的艰苦努力，其次也会受到父辈的善举与美德的庇护。基于此，许多黎民百姓和正直的官员在他困厄之时都乐于伸出援手。这是第一部分的主要内容。

第二部分"西游记"讲了两方面内容：一个是他路途的艰险，另外一个是他修学得道的过程。

在前半部分，"西游记"真实、生动地展现了玄奘历时十七年去天竺国求法取经的艰难历程。他10岁入佛门，13岁破格成为剃度生。唐朝的时候，要成为剃度生最起码得20岁，但是他13岁就破格成为剃度生。为什么破格？一是由于他自己的成绩很好，二是书中讲到某个官员特别佩服玄奘父亲的为官和为人之道，所以破格提拔他。玄奘19岁时，在佛教界的名气已经很大了。之后他开始在国内游学请益，足迹遍布大半个中国。29岁时，他立志去天竺求法，开始西游。这一路，别长安，过凉州，出玉门（玉门关），渡流沙（流沙河），涉雪岭，翻越帕米尔高原（过去称为葱岭），巡游五天竺（天竺国），历时十七年，行程数万里。一路上戈壁、沙漠、鬼城、狂风骤雨、暴雪、山洪，还有缺水断粮和凶残的虎豹豺狼，再加之人心叵测、盗贼出没，真是千难万险、九死一生。另一方面也展示了玄奘潜心求法、名扬佛国的感人事迹。他取经的历程就是游学之路，随游随学，行万里路、读万卷书、求万卷经。

"西游记"的后半部分讲他修学得道的过程，记述了许多感人的故事。其一，他在迦湿弥罗国求得了珍贵的铜牒佛典。迦湿弥罗国应该在阿富汗这一带，是那个"放下屠刀，立地成佛"的阿育王得道之处。铜牒佛典是该国秘不外传的镇国之宝，玄奘千请万求，终于感动国王，花了两年时间，抄得了这份弥足珍贵的佛教宝典，后来在那烂陀寺，许多大德高僧都十分羡慕。其二，摩揭陀国杖林山痴心求法。该国有一个隐世高人，很难见到，玄奘到了之后，就如同三顾茅庐一样，翻山越岭，几经周折才见真颜，求得真经。其三，大菩提寺的舍利呈祥。在摩揭陀国那烂陀寺，有一个说法，如果要成为得道高僧，光懂佛学不行，还得有佛缘，其检验之法就是舍利呈祥。玄奘初到摩揭陀寺拜见舍利，舍利黯淡无光。而他修学五年之后，在大神变月之日，再拜舍利，终成祥瑞，灵光五彩缤纷、沁人心脾，引得全国轰动。

还有，五天竺佛法论辩大考折桂。其意就是天竺国五个国家所有的高僧在一块儿同他论辩，最后他舌战群雄，得胜折桂，享誉佛国。按照规矩，成为佛圣的玄奘要坐着大象到处巡游。而他却谦而拒之，国王没办法，只好把他的袈裟放在大象身上巡游全国。另外，玄奘成名后，摩揭陀国王戒日王有一个才貌俱佳的妹妹，就像《西游记》里的女儿国国王一样，爱上了唐僧玄奘。玄奘长得清秀，学识渊博，人品也好。国王的妹妹一门心思想要他还俗，他不为所动，最后在他从天竺国返回长安的途中，她专门到边界相送，还送他一头大象和一件用牦牛毛编织的衣服，依依惜别，赠物寄情，十分感人……这就是他的经历，十七年苦难辉煌，日积月累修得正果，终成旷世高僧。

百道网：正是如此品性促使他回国后取得了更大的成就。请您专门谈一谈"升华录"这个部分的主要内容？

张炜："升华录"这部分主要记述玄奘结束了长达十七年的游学生涯，带着六百五十七部共数千余册佛经宝典返回长安后的治学经历。适逢大唐盛世，玄奘回来以后，长安城万人空巷，皇帝、官员、老百姓都前往迎候，因为这是全国甚至全世界的一个大事件！返国后的玄奘，颇得李世民、李治还有武则天的青睐，可以说皇恩浩荡、美名远播。但同时也受到了高官厚禄、荣华富贵、红颜痴求等诸多诱惑。李世民看他很有才学，很有见识，一直想让他到宫里来做官，许诺给他各种各样的财富。红颜痴求，是说有一个女官，类似于上官婉儿这样的角色，一直对他表达爱慕之情，而玄奘禅思已定，皆坚辞不受。最后这个女官要求出家并提出由玄奘为她剃度，李治给她修了一个皇家寺院，她来做住持。

玄奘一心向佛，始终不渝，终其后半生专心致志，译经弘法。他回国以后的主要使命，就是要把他从印度带回来的经文翻译成中文，这是一件非常艰难的工作。除了佛学外，既要懂汉语，还要懂梵文，千头万绪，十分繁杂。在这个过程中，他大多数时间都蛰居于庄严寺、大慈恩寺和玉华宫。在梵宫佛寺，他披肝沥胆、宵衣旰食二十载，译成佛法巨典七十四部，约一千三百三十卷，抄录佛经一千部，根据在得道求法过程中的印象，绘制佛尊塑像一千尊，成就了一代光辉伟业，成为中国历史上一位前无古人、后无来者的高僧大德。在中国历史上，像他这样既是一个取经者，又是一位文化巨匠，不只是在佛教界，就是在其他领域，也是不多见的。

百道网：您如此细致地品读全书，对于作者来说，无疑是知音级的读者，您如何看待本书作者的创作初衷？

张炜：鲁迅先生曾说，我们从古以来，就有埋头苦干的人，有拼命硬干的人，有为民请命的人……这就是中国的脊梁。因此，正如本书后记所写，作者陈景富老先生在花甲之年，还要竭尽全力创作本书，恐怕正是玄奘身上所表现出的巨大的精神力量深深地打动了他！我真的很佩服他，今天能这么做事的人已经很少了。

细想，老先生之所以殚精竭虑，十年磨一剑创作本书，究其原委，一是因为玄奘是中华民族历史上脊梁式的人物，他埋头苦干、拼命硬干，为利益众生而不惜生命的精神，充分体现了中华民族的优秀品德，代表了华夏民族的魂与魄；二是因为玄奘是一位世界级的文化巨匠，在世界文化发展中，既是传承者，又是建设者、守护者，其辉煌业绩照耀古今，影响中外；三是因为玄奘有一颗火热的赤子之心，他享誉五天，受尽殊礼，却始终心系祖国，不以荣宠而忘归，为华夏文化事业竭尽余力，鞠躬尽瘁、死而后已，其爱国之心昭如日月，令人感佩；四是因为玄奘还是唐代王朝与西域各国各民族友好交往的使者，他在西游途中走一路，撒播了一路友谊的种子，在华夏民族与西域民族之间架起了一座友好往来的桥梁，为拓展丝绸之路立下了丰功伟绩。

百道网：最近有关"一带一路"的话题很多，您能给我们更具体地介绍一下玄奘为中西文化交流做出的贡献吗？

张炜：玄奘回来后写了一本书，即受李世民之命写的《大唐西域记》。现在我们能看到这本书。他在书中将他一路上所见西域各国的风情、地貌、人文、见闻写了出来，李世民对之高度赞扬，誉之为"手握一卷，百国山川近在眼前，翻开一页，千年历史并非过眼烟云"。中间有一段是，他从高昌出来以后到达了现在哈萨克斯坦一带，那个地方有一个汉人村，讲的是秦腔，也就是陕西人，他们的祖先是汉朝时候过去的，到了唐朝，世世代代已经在那里生活了几百年了，所以村民们见到唐僧后非常感动，老村长痛哭流涕，委托唐僧把他们祖先的遗骨，用一个口袋装着，带回大唐，带回中国。另外还写到，汉朝的时候，在西域某个诸侯国，一个汉朝将军死在西域，死的时候有一笔财富埋藏在寺庙里，最后这笔财富在寺庙扩建的关键时刻发挥了巨大作用，所以当地老百姓对中国都非常友好。

另外，作者的文史知识很丰富，文中多处写到了匈汉通婚，不仅是王昭君，还有其他许多通婚的故事，还有西域各国之间错综复杂的关系问题、边关的斗争与联合等，所以说是走了一路，撒播了一路友谊的种子。玄奘西行是一个求经取法的过程，也搭起了传播友谊、促进中外友好往来的一座桥梁。

百道网： 玄奘精神是我们要倡导的价值典范。请您给我们谈一谈这本巨著的写作特点？

张炜： 该书于2004年正式开篇，作者先后辗转西安、上海、海南创作本书，他具备深厚的佛教专业知识、历史文化功底以及生动悠长的文笔。我认为本书有四大特点。

第一，这本书体现了佛教史的特点。因为作者长期研究中外佛教关系，这是他的专长，对佛教东传的历史比较熟悉，功底较深，文笔流畅，使得本书读起来意味无穷。你会觉得这本书本身就是一个博览园，里面有方方面面的文化、历史、宗教知识。我读了一遍，发现真的有很多东西要反复去品味。

第二，作者是学哲学的，他引用了很多经典，关于历史的典故很多。他用一句话概括了宗教和信仰的关系：越是艰难志越坚。这句话是什么意思？习近平总书记将共产党人的信仰，形象地称为"总开关"，为什么中国革命在那么艰苦的条件下能够取得成功，靠的是什么？靠的就是信仰。

我这次假期去甘南旅游，到了卓尼，在一个非常偏远的原始森林之地，那里有一个叫旗布寺的藏传寺庙，有一天早上我专门到旗布寺参观，佛寺里有二十多个壮年，在那虔诚地诵经。在这么偏远、艰苦的地方，人们还这么有信仰，令人感佩。然后我又到拉卜楞寺，一眼望去拉卜楞寺矗立在夏河的北面，夏河之南是一个地势比较低洼的地带，水草丰盛，两相比较，夏河之北的地势高，干旱缺水，山上光秃秃的，基本上见不到植被。为什么要把寺庙建在这儿？后来我理解了，我在这本书中找到了答案，当人们生活贫瘠的时候，就会用信仰来充实自己的精神，战胜物质上的贫乏。而当物质非常丰富的时候，人们往往容易忘了信仰。这就是为什么生活好了往往却信仰缺失，甚至有时连道德底线都没有的原因。所以说越是艰难志越坚，这本书就非常明白地写清楚了这么一个道理。

　　第三，本书还渗透着作者对佛教典籍和纷繁的取经路线的深入研究，书中有各种佛教典籍的名字，我们平常很少见这些字。但是作者却抽丝剥茧，讲得很清楚，这需要很深的佛学专业造诣。玄奘取经的路线是通过长安、兰州、新疆，翻越帕米尔高原出国。他先是在中亚、西亚一带游学，凡是佛教比较兴盛的地方他都去，最后才到达印度。书中，作者对玄奘的游学历程娓娓道来，条理清晰，跃然纸上，这充分展示了作者扎实的历史地理功底。

　　第四，本书还融汇了作者丰富的人生励志经验。如"积善之家，必有余庆"，"忧劳可兴国，逸豫可亡身，沉溺困智勇，忽微积灾祸"，"可与之言而不与之言，是为失人；不可与之言而与之言，是为失言"，"龙不隐鳞，凤不藏羽"，"振叶以寻根，观澜以溯源"，等等，这些励志格言，提升了全书的境界和格调。所以，本书既是一本文学读物、历史读物，更是一部励志大书。我跟作者没见过面，但我对作者在60岁的时候能敢于面对这么一个艰难的题材，而且把他的一些体验写进来这一点非常钦佩，对他肃然起敬。不仅玄奘的精神辉映千古，老先生的创作精神本身就值得敬佩。

　　百道网：过去几年，我们一直在请您开书单，推荐好书。作为陕西新华出版传媒集团的总编辑，每次开书单您总是亲自勾选，从不懈怠，我们一直很感激。通过此次采访，更让我们看到了您的推荐书单的含金量。感谢您为我们推荐了这么好的一本书。这部鸿篇巨制,能通读下来的人也许不会太多。为了让人们进一步触及玄奘的精神世界和超凡智慧,您有什么样的阅读建议?

张炜: 我建议未来出版社的工作人员可以把本书再创作成一个少儿历史读物,比如叫"唐僧的故事"。因为唐僧比较有名,可以做唐僧故事丛书。第一个是少年时期,第二是初入佛门,然后游学,再然后是天竺求法,最后是返回长安。就这样分成五六部分的少儿绘本或故事丛书,每一部分都是五六万字。如果做成绘本的话,把作者的主要意思表达出来。这应该是一个非常励志的题材。

《玄奘大传》内容接近一百二十万字,我估计现在能读下来的人不多。我也是一个偶然的机会得到了这本书,当时是有一个发布会要我去参加,我有一个习惯,一般参加这种会,得先读书。我那段时间工作很忙,没读这本书,就没去参加这个会。但我一直记得这个事,后来我就拿起这本书读了一下,一读就放不下了。前两天我还跟编辑说这本书真的不错,如果有机会很想跟陈老先生见面聊一聊。

我是做编辑的,我推荐的书,都是读过并觉得不错的。关于读书,我有一个观念,就是数字出版和传统出版是不可互相替代的。很多人对于数字出版都有一种狼来了的感觉,我认为不大可能。因为数字出版主要传播的是信息,而图书,总的来说,传播的是思想。读一本书,你会去思考,去感悟,去体验。所以我认为二者是不可互相替换的。

从某种程度上讲,读书是一种生活方式。我觉得,要改变一个人,首先得改变他的生活方式。在一个家庭中,两个原本来自不同环境的人,他们的习惯和生活方式是不一样的,为什么慢慢会融合?因为互相影响,生活方式在潜移默化中改变了,最后就互相认同了。在生活中遇到挫折的时候,郁闷的时候,你抱上一本好书,连着读上一两篇,保准所有的烦恼都抛到九霄云外去了。书籍就有这么一个作用,所以应该多读好书,那是一种享受,一种快乐。

陕西、陕西人与陕西精神

地处黄河中游的陕西，是中华民族的发祥地之一。考古发现，早在一百一十五万年以前，这里已经有远古人类繁衍生息的踪迹，从蓝田猿人到大荔智人，再到半坡先民，展示了陕西境内中华民族祖先进化发展的轨迹。大约距今六千年以前，相传炎黄部族崛起于渭水中游和陕北高原，这一时期出现了许多发明创造，自此中国进入了摆脱蛮荒、开创文明的新时代，炎黄二帝也被称为中华民族的"人文始祖"。从炎黄二帝开始，在很长一段时间内，陕西逐步引领了中华民族的发展，创造了辉煌灿烂的古代文明和古代文化，成为中华文明的摇篮和发展中心。

中华文明始于陕西，而厚重的历史文化是陕西人弥足珍贵的精神财富。人们常说，要了解五千年的中国历史到陕西，要了解八百年的中国历史到北京，要了解八十年的中国历史到上海。这些耳熟能详的概括，虽然不是十分准确，但至少说明了陕西在中国历史中的重要地位。如果把中国的历史比作一棵大树，那么陕西历史就是这棵大树的根。陕西这块古老的土地上十三朝一千一百年的建都史，是中国历史文化的奇葩，而周秦汉唐及其创造的丰硕文明成果，则是中国历史文化宝库中璀璨的明珠。

发迹于陕西的周人所建立的周王朝，是陕西历史的第一个高峰，而"诗书礼仪"则是这个王朝最核心、最闪亮的价值取向。周公制礼作乐，并以礼乐制度规范社会、教化民众，在很长一段时间内保持了这个王朝的和谐与稳定，从而奠定了中国传统文化的根基，也为陕西人植入了重德尚礼的基因。春秋战国时期，面对诸侯混战的乱局，儒家始祖孔丘圣人济世救危的方略就是"克己复礼"。"周礼"对中国社会广泛而深入的影响，由此可窥一斑。

大一统的秦帝国，将陕西的历史推向了第二个高峰。虽然秦帝国只存在了短暂的十五年，但其惊心动魄的统一历程，却淋漓尽致地彰显了陕西人的精神内核：统治精英心胸宽广，包容天下。自秦襄公始，穆公、献公、孝公等，皆放眼全国，广揽人才，变法图存，以期国富民强。谋臣战将，如商鞅、白起、王翦、蒙恬等，忠君爱国，务实进取，浴血奋战，为秦帝国的建立立下了汗马功劳。赳赳老秦人吃苦耐劳，流血牺牲，奋力拼杀，以自己的血肉之躯铺平了通往帝国之路。试想一下：一个国力不强、文化相对落后、观念尚显保守、处于"西陲"边地的诸侯弱国，何以能横扫六国，一统天下？统治精英的宽广胸怀和英明决策固然是重要方面，然而起决定因素的应是以生命为代价，在秦国建立起的推动社会公正和国家强盛的法律制度，以及老秦人对以法治国的真诚拥戴，并因此而激发的为国争光、为国奉献，甚至为国捐躯的巨大精神力量。

汉承秦制，以京师长安为中心的古代陕西，再次成为中国政治舞台的中心。从汉初崇尚黄老之学，开创"文景之治"，到雄才大略的汉武帝的抗匈伟业，开疆拓土，再到昭宣中兴、王莽改制，激荡的大汉雄风使陕西历史迈入了第三个发展高峰。汉族、汉人、汉字、汉语、汉赋，炽烈汉风，润泽了华夏子民。由此汉文化得到了空前的繁荣，社会和谐包容和文明进步得到空前提升，而受张骞"凿空西域"及"苏武牧羊"等标志事件和霍去病"匈奴不灭，何以家为"的英雄情结鼓舞，陕西乃至国人的爱国情怀得到空前提升。

隋唐时期，陕西历史迎来了第四个高峰。特别是唐代，陕西步入了它最辉煌的年月，"贞观盛世""开元盛世"，道不拾遗、夜不闭户。国家自由开放，社会和谐包容，民族融合亲善，百姓殷实富足，厚德载物，崇文好诗，文明礼仪，声威远播。魅力十足的大唐神韵尽显开放进取的大唐气象，万民景仰、万邦向往，京师长安成为世界文明之都。

周礼、秦制、汉风、唐韵，它既是中华五千年文明成果的结晶，更是老祖宗馈赠给陕西人永恒的精神遗产。它们诞生于陕西这片古老的土地，也深深地植根于陕西人的灵魂深处。无论昨天、今天，还是明天，它们都是引导陕西走向和谐昌明、文明繁荣的精神动力。

厚重的历史文化净化了陕西人的灵魂，而三秦大地的山山水水既以其丰富的物产养育了陕西人，也以其自然神力润泽了陕西人的精神世界。拥有八百里秦川的关中平原，肥田沃土，风调雨顺，是中国农耕文化的典型区域。在漫漫历史长河的大多数阶段，生长在这块土地上的秦人们，吟唱着激情高亢的秦腔，日出而作，日落而息，安逸地享受着"仓廪实而知礼节"的生活，养成了深沉质朴、耿直豪迈的性格。而长期处于"京畿"之地，受"温良恭俭让""修身、齐家、治国、平天下"等正统儒家思想的熏陶教化，更是培育了他们务实进取、包容天下的拼搏奋斗精神。

地处秦岭巴山之间的陕南地区，是古蜀道的核心区域。这里风光旖旎，气候宜人，也是最适宜人类居住的地方。古时候，秦岭巴山崇山峻岭，除了主要用于行军作战的栈道外，交通极为险峻。包括李白等许多文人骚客都曾发出"蜀道难，难于上青天"的感叹。陕南地区山地居多，百姓生活艰辛。和平时期，是与世隔绝的"世外桃源"；战乱一起，则是中原百姓艰难跋涉的逃难之地。追溯历史，陕南人大多是人口迁移或逃难于此的移民，这些自然地理和人口结构上的特征，决定了陕南人开放的生活理念和纯朴包容、勤劳睿智的生活态度。

黄土高原上的陕北，是农耕文明、草原文明、西夏文明的交汇之地。古时候，这里山川秀丽、水草丰美，自秦朝末期开始，这里就始终是汉匈两大民族持续争斗之地，无数次的民族融合与殊死搏斗，既养成陕北人宽广包容的心态，也铸就了陕北人勇敢豪迈的精神。今天，榆林镇北台雄风犹在，屯兵戍边的统万城依稀可寻，它们就是那一时期的历史见证。信天游苍凉、凄婉、高昂、自信，也显示了陕北人豁达的生活理念。陕北还是若干次农民起义的策源地，是中国革命由挫折走向胜利的红色革命圣地。也许正是陕北人这种豪迈自信的情怀，每当国家动荡与民族危亡之际，陕北人都会挺身而出，上演一出又一出救亡图存的爱国大戏。

陕西地灵人杰，数千年来精英辈出。据统计，历代出生于陕西的皇帝就有四十八个，宰相一百二十七个，其他仁人志士、民族栋梁更是不计其数。周文王、秦孝公、汉文帝、汉武帝、唐太宗、蒙恬、司马迁、张骞、苏武、杨震、杜如晦、李靖、寇准、孙思邈、柳公权、颜真卿、于右任、杨虎城、刘古愚、李鼎铭、杜斌丞、刘志丹、柳青、路遥、侯伯宇、周尧、牛玉琴、赵梦桃、熊宁、张锦秋、张朝阳……一个个熟悉的名字，一颗颗腾空闪耀的巨星，他们引领时代、感人肺腑的事迹展示了陕西人丰富的精神世界：有雄才大略、明德达人的圣君贤相；有运筹帷幄、叱咤风云的谋臣猛将；有巧夺天工、卓尔不群的能工巧匠；有才华横溢、文章千古的文人学者以及忧国忧民、视死如归的仁人志士。他们为中华民族的文明做出了巨大贡献，他们锻造了陕西精神的内核，他们的业绩已经或将作为陕西永恒的精神财富而彪炳史册！

那么陕西精神具体应该是什么？又是如何铸就的呢？就像一棵参天大树的成长过程，需要合适的土壤和长期的培育，博大精深的中华文明是树的根茎，厚重的陕西文化是其主干，不同区域的陕西人独具特色的生活理念是其枝杈，而古今陕西杰出人物引领社会的精神追求则是其挂满枝头的累累硕果。我们有理由坚信，"爱国守信、勤劳质朴、宽厚包容、尚德重礼、务实进取"就是绵延几千年而形成的陕西精神。而且我们可以乐观地憧憬，在日新月异的今天，陕西精神将会被不断赋予新的内涵，不断谱写新的篇章。

陕西精神构成了一个完整不可分割的体系。它既是人们价值的取向，还是生活的理念，也是行为的准则，更是精神的追求。它从个体的人、群体的社会、整体的国家等角度出发，均有所界定和要求：

作为个体，你应该是一个真诚、质朴、厚道、善良、进取的陕西人！

作为群体社会的一员，你应该是一个守信、勤勉、包容、文明、创新的陕西人！

作为国家的一分子，你应该是一个忠诚爱国、忠于职守、胸怀天下、品德高尚、敬业奉献的陕西人。

这一精神的形成，离不开人民群众广泛而持久的生活实践，离不开历代先进文化的积累，离不开古今道德楷模的率先垂范。一旦蔚然成风，便会成为人民群众自强不息和屡创辉煌的强大动力，也会成为整个社会和谐与健康发展的有效引领。

纵观历史，陕西精神确有其鲜明的时代特征。在陕西处于国家政治中心的一千余年里，陕西精神引领着中华民族的走向，是君臣和谐、百姓安康、社会进步、国家富强的基础，并由此开创了"文景之治""贞观之治""开元之治"等文明盛世。在国家政治中心东移、北迁的一千余年里，虽然昔日辉煌不再，但陕西精神依然是秦人的魂。纯朴善良的民风，和谐安定的社会，蓬勃向上的精神，使陕西始终以其地理区位优势，成为西北重镇并为国家的繁荣与发展发挥了重要的作用。近代，陕西精神在民族危亡、救亡图存之际又谱写了新的篇章：陕西是最先响应辛亥革命的省份；震惊中外的"西安事变"，促成了抗日民族统一战线的建立，避免了亡国的危险；中国共产党人在以延安为中心的陕北十三年的革命实践，引导中国革命走向辉煌。新中国成立后，尤其是改革开放的三十年，陕西精神更被赋予新的内涵，陕西传承历史文化，发挥区位优势，成为西部大开发的领头羊；勤劳质朴的陕西人锐意创新，厚积薄发，务实进取，还是科学发展的排头兵；今天陕西又提出"经济强、科技强、文化强、百姓富、生态美"这一"三强一富一美"的奋斗目标，一个文化繁荣、社会和谐、科技领先、环境优美、潜力巨大、机会无限的新陕西已经展现在人们面前。

2011年10月，省委宣传部向社会征集新时期陕西精神表述语，经过梳理、分析和研究，概括为"爱国守信、勤劳质朴、宽厚包容、尚德重礼、务实进取"二十字，并写进了2012年5月召开的全省第十二次党代会报告。最近，在省委宣传部的具体安排指导下，陕西出版集团下属陕西人民教育出版社即将编辑出版"陕西精神"丛书，包括《爱国守信的陕西人》《尚德重礼的陕西人》《勤劳质朴的陕西人》《宽厚包容的陕西人》《务实进取的陕西人》五本书。这套书由省委书记赵乐际同志作序，省委常委、宣传部部长景俊海同志担任总策划，肖云儒、叶广芩、高建群、黄留珠、侯宝成等陕西文化名人及学者担任分册主编，并撰写了十分精彩的前言，希望通过陕西古代、近现代、当代一百五十余位精英人物的动人故事来诠释和弘扬陕西精神。每本书均按古代、近现代、当代三部分编写，既向读者呈现一大批催人奋进、动人心弦的人物故事，还有不同时代特征的精辟描写。另外，在编辑过程中，对所有入选本书的精英人物及其主要事迹在网上进行公示，广大网民踊跃参与，又推荐了一批能够体现陕西精神的杰出人物，更为本书添光溢彩。相信通过本书的阅读，你会更深入地了解陕西、了解陕西精神；你会被书中生动鲜活的人物所感染，对陕西精神产生强烈的认同感，从而在未来的日子里，与陕西精神同行，做一个弘扬践行陕西精神的现代人。

伦敦书展散记

2012年4月14日7:30，我们从北京出发，经过八小时长途飞行，经停迪拜，又苦熬七小时，于当地时间下午6点抵达英国伦敦，参加一年一度的伦敦书展。

4月15日上午9时书展开幕，作为本届书展主宾国，中国派出了阵容庞大的参展团队，包括出版人、作家、画家、导演等在内的各界文化代表六百余人。中共中央政治局常委李长春，中共中央政治局委员、国务委员刘延东，新闻出版总署署长柳斌杰等领导莅临书展，并参加了相关文化交流活动。参展规模也是空前的，有一百八十一家出版单位，一万多种出版物与会展览。三天会展期间，共举办了包括"中英出版传媒投资高层论坛""中英出版传媒高层论坛""中英数字出版传媒高层论坛"等各类文化交流活动三百余项，产生了巨大反响。尤其是4月16日晚，中英联合举办了主题晚会，郎朗、吕思清等著名艺术家与英国皇家乐团同台献演。李长春、刘延东等党和国家领导人在英国文化大臣杰里米·亨特的陪同下，与部分参展人员共同观看了演出。《在那遥远的地方》《黄河交响曲》《今夜无人入眠》等优秀节目赢得了中英参展嘉宾雷鸣般的掌声，将书展氛围推向了高潮，取得了轰动效应。

这次书展检阅了近年来中国文化走出去所取得的巨大成就，也昭示中

国文化走向世界、走向西方主流社会的强劲步伐和坚定信心。然而,综观整个书展,做一个客观的比较,我们也应清醒地认识到自己存在的差距。以英国为代表的西方出版界,展台简洁实用,产品琳琅满目,更加注重版权输出和文化传播的实际效应。反观国内展台,产品的冲击力不够,文化交流的准备工作不充分,文化输出的技巧也刚起步。换句话说,我们文化走出去的宣传形式与实际效果是不相符的。但愿有一天,随着产品影响力的不断扩大和文化传播能力的不断提升,中国文化"走出去"能够真正实现形式和内容的统一,中国文化能真正为西方主流社会所喜闻乐见。

　　书展闲暇期间,我们还参观了伦敦有代表性的历史文化景观。第一站是大英博物馆。这里大部分都是古朴的哥特式建筑,只是为了迎接2000年千禧年,才在博物馆的前庭修建了一座以玻璃为天幕、现代质感较强的圆柱形建筑。大英博物馆收藏有全世界所有国家的文物,除了欧洲本土的文物以外,还有北美印第安人祭祀的图腾标志、爱斯基摩人的鱼皮衣服、埃及的木乃伊女尸和一些亚洲国家的佛事器皿……我们重点参观了中国馆,看到那么多历朝历代的文物荟萃于此,心情颇为复杂。既感叹于英国先进的文物保护技术,也为这些国宝飘落他乡唏嘘不已,特别是想到泱泱中华曾经遭到的劫掠,心情顿时又沉重起来。

在大英博物馆参观结束后,我们在泰晤士河畔短暂停留,目睹这条与中国海河很相像的历史名河,在"伦敦眼"旁留个影,许多故事在我的脑海浮现。

我们还游览了白金汉宫,这里是英国女王的居所。它看上去肃穆端庄,又不失柔和。旁边是巨大的森林公园,不时还有高大威猛的皇家骑士在巡游,令人顿生敬畏。广场上仁立着六座硕大的铜狮,据说是中世纪英国打败了法国,缴获了大量兵器,而这六座铜狮便是由这些兵器熔铸而成的。站在铜狮前,英国人会充满自豪感,法国人则会涌起哀伤,而全球其他国家的人则会感到壮观。广场四周有许多雕像:国王、哲学家、科学家、神学家,还有著名首相丘吉尔……仿佛时刻在提醒英国人记住这些民族精英。

离开白金汉宫,有团员提出要参观伦敦奥运场馆,导游告诉大家,伦

敦的奥运氛围很淡，几乎没有可参观的场馆。英国人参与奥运的兴致也不高，他们只把奥运会看作单纯的体育赛事，倒是津津乐道于那辆曾经开往北京的奥运宣传标志物——红色敞篷巴士。甚至有报道说，奥运期间将有约四百万伦敦居民弃城出游。听完导游一席话，大家顿时没有了参观奥运场馆的兴致。

4月17日书展结束，将离开伦敦前往观赏英国的一些历史文化景观。我们这一组的行程是：从伦敦出发，一路向北，途经剑桥、谢菲尔德、约克、爱丁堡，最后再南下伯明翰乘机回国。

下午2点出发，大巴行进了约一个小时便到了剑桥。剑桥是一个有十万人口的大学城，大约于13世纪建校，传说是由一批为躲避殴斗而从牛津大学逃离出来的老师建立的。目前由三一学院、国王学院、王后学院等三十余所学院组成，是英国最著名的理工科大学，是科学天才牛顿的母校，截至目前，已有八十八名剑桥学子获得了诺贝尔奖。徜徉在剑桥校园，观赏着经数百年努力建起的典雅校舍，与一批批自由、和谐与充满自信的剑

桥学子擦肩而过,你会感觉到剑桥厚重的人文气息和自在的学术氛围。大学要有宽松的人文环境,更要有自己的魂魄,在剑桥校园里,你时时处处都能感受到这一点,也许这正是国内大学的差距所在。我很兴奋,先后在那座曾经不用一枚钉子的数学桥和启发牛顿发明万有引力定律的苹果树下留了影,还特别到国王学院门口拍摄了那幅被学子们用桌子腿换掉了手中权杖的亨利六世像。

吃过中饭,继续北上,沿途是风光秀美的乡村油画,一眼望去,或是绿油油的麦苗、草坪,或是金灿灿的油菜花,或是典雅古朴的老树林,车在画中行,人在车中思。西方世界人们敬畏自然,人与自然和谐相处,人把自己所创造的一切都掩映在自然的怀抱中,所以人一代代来,一代代走,但与之相伴的自然却日臻完美,永续留传。而中国呢?人们战天斗地,改造自然,要惊天地、泣鬼神,以此永垂不朽。结果呢,对大多数百姓来说,历史由于没有实物的佐证而显得虚无,人居环境也由于无数次的破坏和毁灭而残破不全,也几乎没有产生超越自然、传之万世的所谓伟人、完人。

英国中部的谢菲尔德城是英国的钢铁之都,无缝钢管就在此地生产发明,但由于全球经济危机,该市和英国其他地方一样,也逐步开始产业结构的转型,园林设计成了该市未来产业发展的方向。大约8点钟车停了,我们在一家中餐馆吃完饭,晚上9点到酒店,夜宿谢菲尔德。

18日上午9点我们又出发了,这次的目的地是英国著名古城约克。约克的建城历史可以追溯到公元71年,是古罗马时代和中世纪重要的城市,尤以古建筑闻名。约克的旅游业很发达,大教堂、老城墙和古朴精致的街道及特色产品,每年吸引着全球数百万的游客来此观光。约克大教堂是欧洲最大的哥特式教堂之一,在13—15世纪不断修筑,经过二百年的努力终于建成,以其彩色玻璃窗闻名于世。约克的古城墙是整个英格兰古城墙中保留最完整、最长的。城墙最早修建于罗马人统治时期,之后被来自丹麦的占领者重新加固，现在保留下来的大部分城墙是12世纪到14世纪重建的。与西安城墙比起来，显得略微简约，规模也小一些，但是由于维护较好，今天约克古城墙雄风犹在。伫立城头，你眼前仿佛会浮现冷兵器时代城下兵戈相争的场面。约克古街几乎都有数百年的历史，街道很狭窄，也就两三米宽；街面全由石材铺成，由于年代很久远了，已被行人踩踏得油光锃亮，两边的房子简约、古朴，可能是勤于修缮，外形优雅靓丽，就好像一排排站立着的精神矍铄的百岁老人。

约克的商业也很发达，工艺品、鞋、服装、饰品、食品使众多游客流连忘返，大把花钱。我们团就有不少人买了许多品牌鞋克拉克。约克与纽约还有久远的联系，据说哥伦布发现北美大陆以后，有不少约克人最先到达今天纽约这一区域，可能是怀念故乡，所以他们把新建的城镇就命名为新约克，即"New York"。

下午2点，吃完午饭后我们就向爱丁堡出发了，四个小时的车程，刚吃过饭，又是北京时间凌晨3点，所以上车后大家都睡眼蒙眬。车行一半，为了活跃气氛，导游发动大家唱歌，陕西的宋亚萍率先开唱，接下来是河南豫剧、维吾尔族情歌、山西小调、陕北民歌、秦腔老调，大家都跃跃欲试，我也受到感染，忍不住献上一首由陕西省新闻出版局局长薛保勤作词的世园会主题曲《送你一个长安》。一路欢歌，乏闷而漫长的旅程因欢快而变

短暂了,大约晚上 8:30 我们到达爱丁堡,晚饭后即入住宾馆。

19 日一大早我们就开始游览爱丁堡了。爱丁堡是苏格兰的首府,历史上苏格兰人骁勇善战,士兵强悍,名将辈出,詹姆斯六世率领苏格兰人统一了苏格兰和英格兰,威廉姆·华莱士成为享誉全苏格兰的名将。古城堡是爱丁堡最具观赏价值和历史文化价值的地方,于公元前 600 年前后始建于一处死火山上,在公元 6 世纪时成为皇室堡垒。海拔 132 米,是爱丁堡最高的地方。古城堡坚如磐石,墙头的古炮据说是当时最先进的武器,那门最大的炮可以发射到 2 英里之外。爱丁堡最有名的产品是苏格兰格子裙和羊毛围巾。苏格兰格子裙是专供男人穿的,古时候军队潜伏时间很长,为了不暴露目标且易于方便,苏格兰人便想出穿裙子的办法。苏格兰裙的颜色也很多,有红色的、绿色的、蓝色的等等,今天是为了美观,过去可是区别各城堡的标志。大家喜欢苏格兰围巾,是因为苏格兰位于英国的北部,气温偏低,以养羊为主的畜牧业很发达,羊毛、羊绒品质好,所以以羊毛为材料的纺织品质量肯定有保证,此所谓一方水土养一方人呀!而围巾呢,便于携带,价格适中,所以众多游客对它情有独钟,也就不足为奇了。

游完爱丁堡,又要经过七个小时的长途跋涉了。一路上有人在拍摄沿

途的美景，有人在谈观感，有人已进入梦乡。约三小时后我们到了一个休息点，下车后习惯性地涌入一个商场，买围巾、买糖果、买工艺品，仿佛不把英国的商品买空就不走，不把口袋里的钱掏光就不甘心。此时你绝对会理解，全球的金融危机是要靠中国来拯救的。有意思的是，英国司机也懂得代理一点小商品挣外快，呵呵，看来英国人也经不住诱惑，染上吃回扣的恶习了！

　　一通购物，心情愉悦，继续南下伯明翰，在山西的邓总和宋亚萍的主持下，旅途演唱会又开始了，几天走下来，大家熟悉了很多，气氛十分活跃。但我却思绪万千，陷入了沉思，我忽然有所感慨，文化是什么？文化就是人与自然和谐相处的一幅图景；文化就是人们灵魂深处对本民族传统执着的追求与自信；文化就是老祖先绵延千古留给我们的看得见、摸得着的那份遗产。我也有所醒悟，西安之所以能够成为绝大多数外国人在中国的旅游目的地，是因为西安有兵马俑、城墙、法门寺、大雁塔等这些老祖宗为我们留下的地上与地下遗产，无论今后如何发展，我们的主要责任当是守住这份遗产、维护这份遗产，否则将上对不起祖先，下对不住子孙。我还颇受启迪，中国文化走出去，表面上是文化交流的扩大和文化产品的输出，而本质呢，则应是中国文化要素全面走向世界，走进西方人的灵魂，使他们理解、认可并欣赏中国传统文化。而主动地走出去和规划整理我们的传统文化，吸引外国人到中国来，了解和认识它们，则是实现中国文化走出去目标相辅相成的两个方面，而且就当前实际来讲，后一方面也许更加有效，更易于实现。

车继续行进，不知不觉车里的歌声消失了，高速路旁的建筑多起来了，原来伯明翰就在眼前。啊，漫长的旅途、欢快的旅途、思绪万千的旅途、满载而归的旅途！伯明翰终于到了，大家也轻松释放了，主要的旅程结束了，明天我们就要坐飞机回国了。到了餐馆，端上来的饭菜仿佛格外香美，亚萍去吧台要了两瓶汾酒，我们把盏相贺，祝贺书展成功，要赶走旅途的疲乏，要为我们愉快的旅程喝彩，要期许我们做一个绵长而香甜的美梦！

一条千年古道，半部中国历史

一、蜀道叙说

2017丁酉年是一个值得陕西出版界永远铭记的年份，这是缘于陕西有包括《中国蜀道》在内的三种图书喜获第四届中国出版政府奖，另外四种图书获提名奖。这也是时隔二十二年以后，即自国家图书奖更名为中国出版政府奖后，陕西出版界再次斩获我国新闻出版领域的最高奖项。这套大型人文地理丛书的主编是我国著名的考古学大家刘庆柱先生和著名的秦汉史研究大家王子今先生。丛书包括《交通线路》、《历史沿革》、《人文地理》、《文化遗存》（上、下）、《建筑艺术》、《艺文撷英》（上、下）、《科学认知》（上、下）等十部著作，皇皇四百四十余万字，是迄今为止，对古代蜀道进行全面系统研究的填补空白之作品。

蜀道，专指由古代社会政治中心长安通往四川之间的道路，即由关中平原穿越秦岭到汉中盆地、然后由汉中盆地翻越大巴山通往巴蜀的道路。前者主要有褒斜道、子午道、故道（陈仓道）和傥骆道，后者主要有金牛道、米仓道、荔枝道等古代道路。它们像七条粗壮的动脉血管蜿蜒穿行于秦巴山水之间，崎岖陡峭，道狭路险，跌宕起伏，还不时有凌空栈道悬在半空……显然，蜀道艰险，是其本来就有的基因，而唐代著名诗人李白的《蜀道难》，更是形象地描绘了古老蜀道艰难的交通条件，也成为一种中华民族的文化共识，深切地感染了当时的社会情绪。那么，为何后来又出现了不少与之相对的"蜀道易"的诗词？这其实是汉唐盛世对蜀道之旅的映射，表达了人们乐观豁达、积极向上的精神追求。

二、蜀道故事

1. 历史沿革

古往今来，大凡有创造、有历史、有文化、有英雄的民族，都会给人类留下英雄史诗。古希腊有《荷马史诗》，我们的藏族同胞有《格萨尔王传》，而发轫于商，贯穿数千年的古蜀道的历史演变，也不啻是一部中华民族开拓进取的精神史诗。

早在公元前1400年前后的商代中期，居住在四川盆地的蜀人及居住在巴山以南的巴人，他们就是最早通过穿越巴山和秦岭的古道，与嘉陵江上游汉水地区的汉中先民，以及居住在渭河平原的早期居民有过交往。

高山险阻阻挡不住人类探索外部世界的欲望，更难以割断人类之间的联系、沟通和交流，这是人类社会向前发展的永恒动力和不竭源泉。

一条蜀道的永续利用绵亘了数千年。蜀道上演绎的一幕幕历史活剧，使中国古代历史丰富多彩，蜀道的历史沿革，必定会勾起人们无限的遐想。

在交通史学家的眼里，蜀道"是在特定交通史阶段形成的具有较明确指向的交通线路，即穿越秦岭、巴山的川陕道路"（王子今语）。可以说，蜀道是中国古代道路交通史上的杰作！早在史前时期，从人类学和考古学的观察来分析，蜀道秦岭的早期线路可能是循行嘉陵江开通的。也就是说，蜀道早在史前时期已有了雏形，它的使用发轫于商代。

到了商周时期，秦巴山地之间的人们通过蜀道的交往更加频繁，主要是文化和技术的交流。例如，成都广汉三星堆祭祀坑出土的大量"商式铜器"，诸如尊、罍、盘、瓿、器盖及青铜兵器中的戈和钺等。正如三星堆发掘报告所指出的："商文明是中原地区高度发达的青铜文明。从两个祭祀坑出土的器物看，商文明对蜀文明的发展起过重要的促进作用。"这些足以说明，这一时期秦岭道路沟通了关中平原和成都平原，使得蜀地文化和中原文化的交流成为可能。

清代乾隆初年出土的散氏盘，其中的铭文记载有西周晚期在大散关（古散国）建有周道。王国维在《散氏盘跋》一文中讲，周道即周谷道。因为周王室所在地通往各地的大道称为"周道"，因而，这条道路就是通往蜀地的道路，规格相当高。已故的中国当代历史地理大师史念海先生曾经说过："周人利用河谷，以之作为交通要道。"（史念海：《周原的历史地理与周原考古》，《河山集》三集，人民出版社1988年1月出版，第367页。）夏商西周时期的蜀道为中华民族早期文明的产生和发展做出了历史性贡献。

秦人对蜀道的经营是最值得当代秦人骄傲的事情。公元前316年，秦惠文王派大将军司马错出子午道，经金牛道，灭了蜀国，实现了秦人对蜀地的统治。从此，秦人通过蜀道连接了关中和蜀地两处"天府之国"，使之成为秦王国的战略大后方。因之，我们应当永远铭记秦人对于贯通蜀道的伟大贡献。在秦帝国建立以后的历代集权统一王朝的政治格局中，国家行政中枢联系沟通蜀地的道路即所谓"蜀道"，它的定义是十分明确的。

秦汉之际，以刘邦为首的政治军事集团经子午道进入汉中，然后出陈仓道（故道），进入关中，灭了秦王朝。是所谓"明修栈道，暗度陈仓"之典故的来源。汉人十分重视大关中的建设，例如，司马迁在《史记》卷一百二十九《货殖列传》中将巴、蜀和天水、陇西、北地、上郡与狭义的"关中"合而为一，形成包容较广的"大关中"的概念。目的是向南享有巴蜀之饶。汉武帝刘彻再次规划蜀道工程，使司马相如通过蜀道来到都城长安，成就了他在中国文学史上的地位。

进入东汉，蜀道上最伟大的工程当属褒斜道上的石门隧道。汉明帝刘庄永平四年（61年）凿通石门。石门隧道长14米，宽3.95米至4.75米，这是世界上最早的可以通行车辆的人工交通隧道。石门隧道在20世纪70年代淹没在石门水库之中，但是，隧道内外的摩崖石刻已经整体搬迁到汉中博物馆。石门隧道能在东汉时代开凿，不能不说是一个奇迹，一个伟大的奇迹。为纪念这一工程，当时的人们在山崖上镌刻了《石门颂》。这个《石门颂》连同《西狭颂》和《郙阁颂》，称为"汉三颂"，被誉为高崖上的颂歌。

魏蜀吴三国鼎立时期，奔走在蜀道上的一位人物是家喻户晓的智者诸葛亮。无论是诸葛亮之于蜀道，还是蜀道之于诸葛亮，对于两者来说，都是相得益彰的。从"扶蜀兴汉，还于旧都"的战略思路考量，终其一生，诸葛亮都有着浓厚的蜀道情结。

诸葛亮在荆州隆中最初结识刘备时，向他提出了被史家称之为"隆中对"的战略预想，这就是："若跨有荆益，保其岩阻，西和诸戎，南抚夷越，外结好孙权，内修政理；天下有变，则命一上将将荆州之军以向宛、洛，将军身率益州之众出于秦川。"这一战略预想，除了内政外交的合理布局外，核心就是以攻为守，据险出击，夺取长安，北定中原，方可一统天下。实现这一战略预想的关键就是要控制蜀道，这样，守可以据蜀道之险化解曹魏"得陇望蜀"之危害，进可以跨蜀道，出陇右，夺取长安，实现复兴汉室之梦想。所以我们有充分理由相信，诸葛亮出山之际，尤其是夺取汉中之后，在与曹魏对垒的过程中，如何打好蜀道这张牌，就成了诸葛亮战略谋划的核心要意。

赤壁之战后，三国鼎立的局面形成，诸葛亮进入汉中，扎营于临近古阳平关（在此演绎了千古传颂的"空城计"）的定军山下。汉中是蜀道的枢纽之地，前面有陈仓道、褒斜道、傥骆道、子午道通往长安，身后有金牛道、米仓道、荔枝道连通巴蜀。而古阳平关又扼住了从陇右进入巴蜀的咽喉通道，这是一个十分重要的战略布局，以此为基础，诸葛亮抱定"汉贼不两立，王业不偏安"的志向，扼蜀道重关，以攻为守，屡次兴兵北伐，以图扶蜀兴汉的宏大目标。

从公元228年春至公元234年，长达七年之久，诸葛亮六出祁山，北伐中原。公元234年春，诸葛亮集结重兵从斜谷出击关中，据五丈原，与司马懿部对峙于渭南。司马懿筑营避战，想把远道而来的蜀军拖垮。诸葛亮也有准备，在渭水分兵屯田，作长期战争的准备。两军相持百余日，这一年的十月，诸葛亮因病逝世于军中，时年54岁，死后葬在了古阳平关旁的定军山。

在两晋南北朝时期，蜀道上发生的战事是前秦苻健与东晋梁州刺史司马勋的"五丈原之战"。另外，就是南朝梁大将军王神念对子午道的整修工作。这是子午道修筑史、通行史和养护史上重要的一页。

进入隋唐帝国时代，蜀道进入了极度繁荣的时期。这一时期蜀道的道路建设、官驿建设，蜀道上发生的重大历史事件，蜀道上的各色行役之人的劳作等，使蜀地与中原融为一体，成就了蜀地"扬一益二"的辉煌。这一切都使蜀道文化呈现出异彩纷呈的气象，从而也使蜀道文化更加厚重蕴藉。

蜀地有杨贵妃嗜食的新鲜荔枝。据明人曹学佺《蜀中广记》卷六十三《方物记》"荔枝"条引《太平寰宇记》："涪州县地颇产荔枝，其味尤胜岭表。相传城西十五里有妃子园，多荔枝。当太真时以马递驮载，七日七夜至京，人马多毙于路，百姓苦之。故杜牧《过华清宫》诗云：'长安回望绣成堆，山顶千门次第开。一骑红尘妃子笑，无人知是荔枝来。'有晁说之诗'荔枝一骑红尘后，便有渔阳万骑来'，此之谓也。"还有一种说法是，荔枝来自蜀道上的巴州。

再有是唐明皇、唐德宗和唐僖宗幸蜀的辛酸之事。安史之乱爆发之后，唐明皇沿着褒斜道入蜀。宋人朱胜非《绀珠集》卷二引唐人郑处诲《明皇杂录》："帝幸蜀，初入斜谷，霖雨弥旬，栈道中闻铃声。帝方悼念贵妃，采其声为《雨霖铃曲》以寄恨。时梨园弟子惟张野狐一人，善筚篥，因吹之，遂传于世。"兴元元年（784年），朱泚之乱和李怀光叛乱，唐德宗从傥骆道入梁州。广明元年（880年）黄巢起义，唐僖宗经傥骆道来到汉中，再经金牛道入蜀，进入成都。

宋元时代，蜀道上最精彩的历史活剧当属宋与金、宋与蒙因蜀道发生激烈的军事争夺。南宋建炎初年，金军大举南下。南宋朝廷派遣秦凤路副总管吴玠屯兵凤州、大散关、和尚塬及仙人关等地，与金军激战，确保了宋军入蜀的金牛道的畅通。著名诗人陆游也参与了这次战争，他的《金牛道中遇寒食》诗中说："乍换春衫一倍轻，况逢寒食十分晴。莺穿驿树惺惚语，马过溪桥蹀躞行。画柱彩绳喧笑乐，艳妆丽服角鲜明。谁知此日金牛道，非复当时铁马声。"作者自注云："绍兴初，房大人，至金牛而遁。"到公元1258年，元军都元帅塔海征巴蜀，攻破散关，破剑门，包围成都，巴蜀陷落，元军完成了对南宋的战略大包围。

明清川陕蜀道进入了尾声。川茶与汉中茶的对外转输，与西北少数民族进行茶马互市交易，从而形成了"茶马古道"。大巴山南北的川东北和陕南地区，历史上以盛产茶叶著称，号称"秦巴茶区"。在大巴山北麓的西乡县设有大巴山巡检司。《肇域志》载："大巴山巡检司在县西南三百里，盐场关巡检司在县东南二百里。二司与子午镇巡检司分方巡警，于茶法为重。"这不仅是蜀道线路的延伸，更是蜀道经济文化向更广大地区的延伸和辐射，蜀道的社会功用大幅提升。

千年蜀道历经战火的劫难、线路的改易，至1936年，逐渐被新修的川陕公路所取代，使蜀道的官驿大道走向了近代交通；到了当代，宝成铁路以及京昆高速西汉段的建成通车，使蜀道走向了现代交通。蜀道伴行了中国全部的文明史的发展历程。

2. 人文地理

蜀道与万里长城、丝绸之路和京杭大运河，并称为中国四大线性文化遗产，是中国古代一条凝聚着物质文明和精神文明的景观大道。蜀道又以艰难险阻而著称，也是一条迸发出前人坚韧不拔、开拓进取精神的人文大道。人流、物流、信息流使古老的蜀道充满了人文的气息。

蜀道的七条道路在地理上穿越关中盆地、秦岭山地、汉江河谷、大巴山地和四川盆地五大区域，从而使蜀道的人文地理呈现出千姿百态的气象，诸如政治地理、人口地理、城镇地理、军事地理、宗教地理和文化地理等。

在蜀道沿线这块广袤的土地上，政区的设置显示了中原王朝对这些地区的控制、经营，更显示了政令的畅通无阻。先秦时期的上古三代，这里主要有戈方、犬国、崇及矢等方国，至春秋时期始设县。秦统一六国后，这一地区设有汉中郡、蜀郡和巴中郡等三个郡。两汉时期，这一地区主要设置有京兆尹、左冯翊、右扶风、武都郡、广汉郡、汉中郡、蜀郡和巴郡。三国两晋南北朝时期，这一地区主要设置有京兆郡、武都郡、汉中郡、梓潼郡、广汉郡、巴西郡、巴郡、巴东郡、汶山郡、蜀郡、魏兴郡和上庸郡等。隋唐时代，国家重新走向了统一，行政区划设置发生了重大变化，先是在州郡建置的基础上，平级增加"府"的建置，开创了以后历代"州府"制的先河。随后，又在此基础上，增加一级监察职能的"道"，从而形成了道—州府—县三级行政建置。反映在蜀道沿线所辖区域，设置了京畿道、山南道、江南道、陇右道、剑南道、黔中道。山南道在唐玄宗时期拆分为山南东西两道。道下领有若干府和州。北宋时期，在地方政区设置上，仍如唐代一样实行三级政区制，将"道"改为"路"，形成了路、州（府、军、监）、县三级建置。蜀道沿线之政区设置有永兴军路、秦凤路、京西南路、利州路、梓州路、成都府路、夔州路。路下领有若干个府州军。南宋时代路名略有变化。元代的地方行政建置有所创新，路和州之上设置中书省及行中书省，形成了"行省"制度，经明清民国沿用至今，遂成不刊之典。明初，地方行政建置仍沿用行省制度，后又将行中书省改为承宣布政使司，所辖区域大致不变。由此我们可以看出，历史上蜀道的政治版图可谓丰富多彩，蔚为大观。

蜀道所在的中国西部和西南的广大政区是中国古代少数民族的聚居区。在华夏民族发展的历史进程当中，他们逐渐融入汉民族之中，形成了伟大的中华民族。就蜀道区域而言，其北部的关中地区主要居住着华夏族；其中部秦巴山地与汉水上游河谷平原地区以及四川盆地，则居住着氐、羌、蜀、巴、三苗、庸、濮、荆蛮等民族。其中的氐人和羌人主要分布在甘肃省东南部、陕南西部与四川盆地西部；陕南东部与四川东部山地主要分布巴、三苗、庸、濮、荆蛮等民族；四川盆地中心区域主要为蜀人分布区。

当然，这里还居住有汉民族，他们与这里的各个少数民族一起构成蜀道沿线区域人口的主体。据历代正史记载：西汉时，蜀道所在各行政区域的各民族人口总数为四百六十五万；东汉时，这一区域的总人口数为四百八十六万；到了隋唐时代，这一区域的人口数激增到七百七十万；两宋时代，这里的人口有九百六十二万；至元代，这一地区的人口下降到九十六万人；明代又增长到九百七十万人；清代，人口大增，达到二千一百一十万人。

蜀道跨越了关中平原、秦巴山地和四川盆地三个自然地带。沿着这三个地带形成的七条主要道路，历代修建了无数的关隘、镇寨、驿站和城市。

它们的存在，才使蜀道成为国家道路，成为国家政治、经济和文化的命脉。最早形成的故道，在它的沿线形成了诸如陈仓、凤州、褒城、两当等主要城市。1932年4月，习仲勋等人在两当发动武装起义，史称"两当兵变"。褒斜道有眉县、鹦鸽镇、江口镇和马道镇等，其中眉县是历史名县，名人辈出，秦有白起，唐有为唐太宗的战马飒露紫拔箭的丘行恭，当代有解放军上将李达等。傥骆道沿线的主要城市有周至、厚畛子、洋县，其中汉中洋县有油菜花海和谢村黄酒以及特色饮食等，都吸引着人们去凭吊蜀道遗迹。子午道沿线有子午镇、江口镇、平河梁、宁陕县、石泉县。金牛道有宁强县、昭化城、剑阁、广元、梓潼和绵阳等。米仓道有南郑、南江县、巴州区、大竹县和宣汉县。荔枝道有西乡县、镇巴县、渔渡镇、万源市和涪陵区等。

秦岭和大巴山既是中国南北的分水岭，又是跨越黄河流域与嘉陵江流域的天堑。这里是扼守关中和四川的门户和关键，故而，千百年来，曾几何时，蜀道上战云密布，云谲波诡，军事家们在这里施展奇迹谋略，攻城夺关，上演了一幕幕战争活剧。《读史方舆纪要》载："金牛道，今之南栈……所谓蜀之喉嗌也……历南北战争，以迄金元角逐，蜀中有难，则金牛数百里间，皆为战场。"陆游《忆南郑旧游》诗有"千艘漕粟鱼关北，一点烽传骆谷东"的描述。这说明，蜀道也常常沦为战场。例如，我们稔熟的褒斜道上五丈原，是诸葛亮屯兵之处；大散关，是陆游曾经战斗过的地方；清初平定吴三桂叛乱，蜀道上也弥漫着战争的硝烟。

三、蜀道遗存

蜀道以险峻而著称于世，是中国古代一条凝聚着物质文明、精神文明以及政治文明的景观大道，是我国古代先民开创并保存至今的、人类历史上最早的大型交通遗存之一，在中国古代政治、军事、经济、文化等方面曾经发挥过重要作用，它的沿线散落着众多的文化遗存和相关文化现象。义化遗存有西安周边的蜀道遗存、关中平原的蜀道沿线遗存、秦岭分水岭以北的蜀道遗存、秦岭分水岭以南的蜀道遗存，以及汉中平原、安康、巴山、四川盆地的蜀道遗存，它们全景式地勾勒了蜀道的文化遗存和文化现象，展示了人类在修建蜀道的过程中所遗留的古遗存、遗址、遗物、古建筑物、古居民点，尤其是沿途的兵站、驿馆、码头、商贸等古人活动的遗迹遗存，使蜀道更加具有厚重感、丰满感及立体感，让人充满了敬佩感。

另外，这套丛书还汇集了历代著名的蜀道书法和绘画作品、造像摩崖石刻以及与蜀道相关的一些珍贵的老照片。这里有美国国会图书馆藏的蜀道长卷，有美国裕兴公司提供的蜀道旧照，还有李约瑟拍摄的蜀道旧影。这些绘画作品、长卷、摄影资料，更是直观、真实地反映了蜀道的文化遗存的历史风貌，尤显珍贵。这些独具特色的文献资料揭示了蜀道文化遗产独一无二的文化内涵，也展示了蜀道上的建筑——栈道的概念及秦蜀栈道的起源、发展，并详细地说明了栈道的各种类型及相关做法。同时，叙述了古代桥梁的基本情况及蜀道上桥梁的分布，重点展示了一些典型桥梁的建造艺术以及古代关隘的基本信息和蜀道上关隘的分布情况。可以说，这部丛书展示了蜀道文化遗存及与蜀道相关的各类建筑物或构筑物的艺术魅力，探寻了其在历史上产生、发展、消亡的客观规律。同时也展示了中华民族的聪明智慧和工匠精神。

具体而言，西安周边的古城遗存有佛坪厅故城遗址，保存完好；古墓葬遗存有老子墓和李颙墓；古代建筑有公输堂和楼观台；石窟寺有汉代的牛郎织女石刻像和唐代青华山石窟。关中平原蜀道沿线的文化遗存有新石器时代至周代的郑家坡遗址、周原遗址、秦雍城遗址、汉代第五村宫殿遗址、大散关遗址、和尚塬遗址；古墓葬有姜嫄墓、张载墓；古建筑有五丈原诸葛亮庙；石刻有杨国忠父亲杨珣碑，它是唐代巨碑之一。秦岭分水岭以北的蜀道遗存有长安区喂子坪栈道遗址、鄠邑区涝河土沟口栈道遗址、周至县姜家坪栈道遗址、太白县鹰嘴崖栈道及碥道遗址、凤县心红铺碥道遗址。秦岭分水岭以南的蜀道遗存有宁陕县秦至民国的吴家坪栈道遗址、留坝县的白果树栈道遗址。汉中盆地蜀道沿线遗存有汉台遗址、山河堰遗址、古阳平关遗址；古墓葬有蔡伦墓、萧何墓、武侯墓、马超墓等；古建筑有西乡县的午子观、汉台区天台山古建筑群、勉县的武侯祠、留坝的张良庙古建筑群以及略阳的江神庙；石刻有石门摩崖石刻及灵岩寺摩崖石刻。安康蜀道沿线文化遗存有古挹城古战场遗址、江口镇栈道遗址；古建筑有石泉城门及禹王宫、石泉熨斗古镇、汉阴城墙。巴山的蜀道文化遗存有明月峡（又名朝天峡）栈道遗址、七盘关栈道遗址、剑门关遗址、翠云廊古蜀道遗址；古城镇有巴中市的恩阳古镇、昭化古城、阆中古城；摩崖石刻有巴中摩崖造像、皇泽寺摩崖造像、广元千佛崖摩崖造像等。四川平原蜀道沿线的文化遗存有三星堆遗址、金沙遗址和唐宋江南馆街街坊遗址；古墓葬有前蜀王建墓、后蜀孟知祥墓；古建筑有平阳府君墓阙、武侯祠、杜甫草堂望江楼古建筑群及青羊宫；摩崖石刻有梓潼县卧龙山千佛崖石窟、北周宇文泰纪功碑及摩崖造像。共计有遗存三百七十九处。

概而言之，蜀道文化遗存所涉及的内容主要有道路本体遗迹，道路上的关隘、寨堡、桥隧、古渡口，还有沿线的古城、大型古建筑、历史村镇、寺院、摩崖石刻、古树名木等。这些载体涵盖了蜀道沿线的人文景观、自然景观的山水格局及民俗文化等诸多方面的内容，使蜀道形成了一个包容了文化遗产本体、不同等级的文物保护单位自然环境的物质文化遗产与非物质文化遗产的融合性综合概念。同时，蜀道作为中国线性文化遗产的重要组成部分，它的历史极其悠久，文化遗存的多样性体现了蜀道文化的多样性，这也印证了蜀道是黄河文化与长江文化沟通交流融合的重要通道，更进一步说明，蜀道及其所产生的文化是中华传统文化的重要组成部分。

这套丛书洋洋洒洒四百多万字，辑录了故道、褒斜道、傥骆道、米仓道等蜀道的文物、考古报告、调查报告等，另外，还收录了严耕望、李之勤及其他学者关于蜀道的论述。这些作品涉及蜀道的考辨、古栈道的科学价值，蜀道与政治、经济、军事、区域文化交流的关系，蜀道的科考探险、杂论及域外蜀道的研究等十多个方面相关联的问题，为学界认知蜀道建立了科学的基础。

四、蜀道上的名人

蜀道上的人流、物流、政令流构成了这条国家级官驿大道上的壮观的人文景观。尤其是各色流动的人员，他们在蜀道上留下了无数的故事，创造了无数的奇迹，书写着蜀道辉煌的历史，使蜀道文化放射出璀璨的光芒。

考古发现证明，蜀道上最早出现人类活动的时间大约是在公元前1400年前后的商代中期。那时，居住在四川盆地的蜀人及居住在巴山以南的巴人与嘉陵江上游汉水地区的汉中先民就已经通过蜀道进行交往。继而以来，这种交往又带动了上述居民与关中平原居住地人员的来往和交流，一直绵延千百年。

在这么一条绵亘两千多里的蜀道交通线上，最引人瞩目的人群是帝王将相、文人墨客、佳人美女、近现代学人、履栈的外国人等。

帝王将相之于蜀道，可谓是蜀道历史的奠基者和开拓者。秦惠文王二十二年（前316年），秦惠文王派司马错率兵灭掉了蜀国。秦惠文王是第一个发布向蜀道进军号令的君王。汉高祖元年（前206年），刘邦依张良计，从褒斜道入汉中并烧绝了褒斜道栈道。随后又"明修栈道，暗度陈仓"，从故道北入关中，成就了汉室三百年基业。东汉献帝建安二十三年至二十四年（218—219年），曹操率大军从故道入汉中，与蜀汉军队战于汉中。诸葛亮沿着祁山道多次进攻曹魏，最后鞠躬尽瘁卒于五丈原。曹魏景元四年（263年），钟会和邓艾分别从金牛道和阴平道入蜀灭掉了蜀汉国。大统十七年（551年），西魏宰相宇文泰派大将王雄出子午道攻取了安康，派大将达奚武兵出故道经散关攻取了汉中。天宝十五年（756年），唐玄宗为避安史之乱，沿着故道，经略阳入金牛道到达成都。建中四年（783年），"泾原兵变"爆发，唐德宗从傥骆道出奔汉中。唐广明元年（880年），因黄巢进攻长安，唐僖宗也从傥骆道逃到成都。接着唐僖宗又因李克用进逼长安，于光启二年（886年）从故道逃到汉中。这就是唐代历史上著名的三帝四逃蜀道的历史事件。此后还有李自成及清帝平定吴三桂都利用过蜀道。

文人墨客之于蜀道，他们歌咏蜀道的文章，使蜀道显扬于世，是所谓"搜尽世间奇绝句，尽在连云栈道中"。从魏晋到隋唐，直至明清，大约有一百七八十位诗人履栈，写下六百多首歌咏蜀道的诗歌。诸如唐代王勃的《晚留凤州》、唐玄宗时代的宰相张说的《再使蜀道》、李白的《蜀道难》、杜甫的《听嘉陵江水》，宋代陆游的《鹧鸪天·游葭萌驿》、邵雍的《南岐山》，明代何景明的《柴关》、中国人文地理的开山鼻祖王士性的《连云栈》，清代王士禛的《蜀道雨》。还有果亲王爱新觉罗·胤礼的《凤县西门外》一诗，值得一读：

万壑霜飞木叶丹，小桥流水暮生寒。

确疑二月天台路，一色桃花照马鞍。

佳人美女之于蜀道，就像是阳春季节里装扮蜀道的烂漫山花。中国四大美人之一的褒姒就是西周的方国古褒国人，她的家乡就在今褒斜道的南端褒河边的褒姒铺。汉高祖刘邦的妃子戚夫人是汉中西乡县人，她喜欢吃家乡的洋川米，高祖设驿站传递长安。最后，她悲戚地死在了长安。蜀人卓文君跟随夫君司马相如，通过蜀道来到汉长安城，最后定居在五陵原。杜牧的《过华清宫》一诗，让杨贵妃与蜀道联系起来，荔枝道因她而得名。《新唐书》卷七十六《杨贵妃传》载："妃嗜荔枝，必欲生致之，乃置驿传送，走数千里，味未变已至京师。"蜀道扬其声名，但也在通往故道的马嵬驿佛堂前结束了她的生命。唐代女诗人薛涛，蜚声蜀道，成都有薛涛井。再有五代后蜀孟昶的贵妃花蕊夫人，当北宋灭掉后蜀后，她被宋军押往国都汴梁，在即将离开葭萌关时，衷肠欲断，心将碎，提笔在驿站的墙壁上写下了半阕《采桑子》：

初离蜀道心将碎，离恨绵绵。春日如年。马上时时闻杜鹃。

这就是蜀道历史上有名的"葭萌题驿"事件，后有文人补出下阕："三千宫女如花貌，妾最婵娟。此去朝天。只恐君王宠爱偏。"

另外还有明末李自成的高夫人，她随李自成出蜀道，在西安建立了大顺政权。

近代学人之于蜀道，他们关注民瘼，踏上了蜀道的旅途。近代学术大家俞陛云在1902年通过故道入蜀，著有《蜀輶诗记》。曾国藩也曾行走蜀道。冯玉祥在褒斜道的重要节点张良庙题诗作联，留下了无尽的感慨。

外国人之于蜀道，他们怀着各自的目的，踏上蜀道，开始了自己的征程。最早是元世祖时期，意大利人马可·波罗曾从汉中前往成都。清末光绪元年（1875年），俄罗斯伯亚尔斯基探险队来到蜀道探险，并到了汉中。同样，公元1876年，日本汉学者竹添井井经连云栈道来到汉中，再取道金牛道到达成都。

五、蜀道憧憬

中国蜀道与丝绸之路、万里长城和大运河一样，对中国历史进程产生了巨大影响，被当代文化遗产研究者并称为中国四大线性文化遗产。其中，中国蜀道是一条政治之路、经济之路、融合之路，也可以说是变动的、交流的、开放的道路。由于历史的原因，蜀道淡出了人们的视野，荒废在秦巴山脉的榛莽之中，成为被世人遗忘的历史文化遗产。蜀道保护工作真正到了刻不容缓的地步，再不采取得力措施，物化的遗存将消失殆尽，千年蜀道真的将成为美丽的传说。有鉴于此，经过专家的呼吁和倡议，全国政协发挥自身优势，采取积极行动，就蜀道保护开展了一系列调研研讨活动。自2011年9月蜀道文化线路保护与申遗活动在西安正式启动以来，先后有多位全国政协委员、文化遗产专家参加了四川成都和广元、陕西汉中和安康等地举行的"蜀道文化线路保护与申遗研讨会"及线路考察活动，为蜀道保护和申遗工作付出了大量心血。我们高兴地看到，经过各方共同努力，蜀道文化线路保护呈现出崭新的局面，2012年10月，蜀道金牛道广元段成功入选《中国世界文化遗产预备名单》。蜀道世界文化与自然遗产2015年7月列入《世界文化与自然遗产预备名单》。蜀道申遗工作正在积极有序地推进，这是令人十分欣慰的事情。

中国蜀道随着历史的发展和变迁，业已出现了脱胎换骨的蜕变，从远古时代的人们开凿的原始道路，发展到秦汉魏晋隋唐到明清的千里栈道，形成了官驿无处不在的国家官道。近代以来，蜀道交通出现了水运，嘉陵江和汉水上开通了航道，实现了水运通航。20世纪50年代末期的1958年，贯穿蜀道的宝成铁路开通了。21世纪初的2007年，作为京昆高速重要组成部分的西汉高速通车了，使千年蜀道可以一日行完。2017年的今天，蜀道沿线开通的高速公路除了十天高速和宝巴高速外，西成高铁也即将开通，目前业已试车完毕。千里蜀道三个小时即可完成穿越,蜀道进入了高铁时代,进入了伟大的新时代!

蜀道研究、保护和宣传任重而道远,我们要在《中国蜀道》(10卷)的基础上,不断挖掘蜀道的文化内涵,结合数字化信息化时代人们对蜀道文化的需求,逐步开发新产品,满足人们对美好生活和优质文化的需求。有鉴于此,我们可以开发"中国蜀道地理信息交互平台"、开发《画说蜀道》游学研系列丛书,创立蜀道驴友背包公众微信号,把古老的蜀道打造成文化旅游的热土,让蜀道沿线的绿水青山变成金山和银山,造福于秦巴山地的父老乡亲。

下篇 理论研究

重庆南山夜叙

深秋明月夜,
坐爱南山晚。
寒江游轮喧,
皎月映树烟。
风凉辣食烈,
情浓酒兴酣。
遥忆懵懂日,
挥斥叙天年。

转企之后陕西出版集团面临的形势与任务

陕西出版集团"事转企"改革基本结束,但是如何在全国文化体制改革的大潮中,把握机遇,深化改革,按照现代企业制度的要求,制定并执行集团化的管控战略和发展战略,以适应陕西出版业快速发展的需要,成为集团当前迫切需要解决的问题。为此,我们深入各成员单位调研,同时学习借鉴兄弟集团的先进经验,结合集团的实际情况,对今后的发展路径作了初步探索。

一、我们面临的形势

党的十七大明确提出,要大力发展文化产业,推动文化大发展大繁荣。2009 年 9 月,国务院发布了《文化产业振兴规划》,阐明国家对文化产业的主导思想是"三个一批"。一是"做强做大一批",选择那些体制机制改革到位、整体实力较强、基础条件较好的出版集团,通过上市融资、资本重构、重点项目支持、出版资源倾斜等措施,培育和造就出版骨干企业和文化产业战略投资者,争取在三到五年内,培育六七家资产超过百亿、销售收入超过百亿的实力雄厚且具有较强竞争力和影响力的国内一流、国际知名的大型新闻出版企业;二是"整合重组一批",抓住当前出版发行单位转企改制的机会,全力推进出版发行企业整合资源、联合重组、调整结构，鼓励业务相近、性质相同、产业相通的新闻出版企业跨媒体、跨行业、跨地区、跨所有制并购、联营、重组，打通整个行业的产业环节和市场网络，形成一批导向正确、机制灵活、主业突出、实力雄厚、管理规范、运行高效、竞争力强的综合新闻出版企业集团和专业性新闻出版企业集团；三是"停办退出一批"，在两年之内，对于那些方向不正、效益较差、资不抵债、无力生存、难以发展的新闻出版单位注销停办、退出市场，到明年年底尚未改革到位的出版社，也将吊销出版许可证，淘汰出局。对那些效益较差、资不抵债、人才缺乏、发展难以为继，或者存在严重违规行为，或者主管部门或主办单位不愿意继续办下去的新闻出版单位，下决心停办退出一批。从全国范围来看，我国文化企业中共有十六家上市公司，这些上市公司已建立了完善的现代企业制度，谙熟现代资本市场的运作规则，在市场占有率和市场影响力方面具有绝对优势。与同业中的上市公司相比，陕西出版集团无论是在企业内部的规范化管理方面，还是在外部资本市场运作方面，都存在着很大的差距。在这样的外部环境之下，我们面临着两种选择：被大集团兼并重组，或者走出一条有自己特色的发展之路，逐步做大做强。虽然后一种选择会遇到很多困难，需要付出极大的努力，但这是集团上下达成的共识和追求的目标。

二、陕西出版集团 2009 年工作亮点

如果说 2008 年是集团的组建年，那么 2009 年就是集团的改革年。这一年来，集团工作的亮点主要表现在以下几个方面：

（一）圆满完成事转企改革

2009 年上半年开始，集团就着手事转企改革，做了大量细致的准备工作，制定了工作方案，进行了转企总动员；各社也按照集团的部署，制定了各自的转企方案，落实各项优惠政策，为提前退休的"530"人员办理了提前退休手续；在岗员工转换身份，签订了劳动合同；办理了工商注册手续，成为法律意义上的企业法人。10 月 26 日，集团召开成员单位事转企改革授牌大会，标志着集团的事转企改革已经按照省上的要求按时、圆满地完

成了。陕西电视台、《陕西日报》等多家媒体对这次大会作了报道。在这次事转企改革过程中，集团牢牢把握住了六点：一是改革的着眼点是促进发展，而不是走形式，搞简单的翻牌；二是改革的着力点是激发活力，提高职工收入，而不是简单的降低工资，挫伤积极性；三是改革的立足点是建设新的体制机制，而不是简单的破除陈规旧制；四是改革的关键是以人为本，员工不是运营的成本，而是发展的第一资源；五是改革必须下定决心，迎难而上，但又必须把握阶段性，保持平稳推进；六是坚持群众路线，密切把握员工思想动态，严格工作程序，严格按政策办事。这六点所体现的正是"为职工谋利益，为企业谋发展"，所以，我们的改革得到了职工的支持，取得了阶段性成果。通过这次事转企改革，我们在一定程度上破解了发展的难题，强化了企业的市场主体地位，普遍建立了市场化的用工机制，增强了企业的生机与活力。

（二）整合资源，延伸产业链

2009年，集团通过严格的调研、报名、审核、考察、打分、排序等环节，用市场手段整合了部分印刷资源，西安新华印务有限公司等四十六家印制企业被授予"陕西出版集团产品印制加工企业"称号，在一定程度上也完善了出版产业链，是集团整合出版资源迈出的实质性一步。11月，经陕西省物资公司申请，陕西省新闻出版局同意，省委宣传部批准，省物资公司正式加入集团，这对于集团整合资源，完善产业链，进一步发挥集约化经营的优势，做大做强陕西出版集团具有非常重要的意义。

（三）产业结构调整初见成效

围绕建国六十周年这一主题，集团确定了一系列相关的重点选题。如旅游社出版《可爱的陕西》五十余种；教育社租型图书"民族大团结"丛书已经立项，并在青海、甘肃等地推广；美术社《中国美术分类全集·中国陵墓雕塑全集》第四卷《两晋南北朝》已经出版，《陕西民间美术大系》完成了编辑加工；三秦社"世界文学名著"已出版一百〇六种；人民社的《西路军》《最美女孩熊宁》在市场上引起了较好反响。7月份揭晓的陕西省"五个一工程"优秀图书奖全部花落集团，它们是：太白社《村子》《青木川》，人民社《最美女孩熊宁》。此外，大白文艺出版社"中国西部作家"丛书喜获第三届中国女性文学奖。

（四）数字出版项目迈出可喜一步

2009年，集团召开陕西数字出版产业研讨会，并参加了第五届中国（深圳）国际文化产业博览交易会，举办了陕西数字出版展望暨中国版本图书馆项目战略合作协议签约仪式。版本图书馆项目由新闻出版总署信息中心（中国版本图书馆）提供文化教育类音像出版物版本资源，由陕西出版集团天盛软件股份有限公司开发经营，落户西安高新技术产业开发区。建成后的"中国版本图书馆——文化教育音像出版物数据库"项目，将是国内最权威、最完整的音视频资源数据库，会产生巨大的社会影响与效益。版本图书馆项目的签订，标志着集团数字出版项目迈出了可喜的一步，《陕西日报》《三秦都市报》、陕西省政府门户网站等都在第一时间对此进行了报道。此外，集团还与深圳天朗时代科技有限公司合作，共同成立了"陕西MPR出版事务中心"，推广普及有声读物。该中心的成立，对于探索纸质出版物的新路子，提升我省数字出版产业的竞争力，实现出版产业的飞跃发展，具有重要意义。9月，陕西数字出版基地项目被陕西省发改委批准立项，目前具体实施工作正在运筹当中。

（五）学习实践科学发展观活动取得实效

2009年3月，集团作为第二批学习实践科学发展观活动的单位，制定了学习实施方案，召开了动员大会，开始为期半年的集中学习实践活动。在学习实践活动中，我们既注重完成规定动作，又注重创新动作；既注重学习实践活动，又注重"两手抓、两不误、两促进"。

在第一阶段，我们在自学、集中学习的基础上，举办了处级以上领导干部集中学习培训班，开展了"我为集团科学发展建言献策"演讲比赛，使学习实践活动成为调动员工为集团科学发展献计献策的群英会。在调研阶段，不但组织集团机关人员赴西安市新华书店调研，而且上至集团领导，下至成员单位领导，每一位班子成员都积极主动地领题调研，写出了高质量的调研报告，并召开专题会议进行了成果交流。

在第二阶段，集团领导分赴各成员单位参加社级领导班子民主生活会；在全集团范围发放征求意见表，征求职工对集团科学发展的意见和建议；在此基础上召开集团党委民主生活会，党委委员深刻剖析了集团发展过程中存在的问题、主客观原因和整改的方向。党委书记、董事长陈建国同志亲自主抓了集团领导班子的分析检查报告，并按要求进行了"上审下评"。

在第三阶段，我们根据分析检查阶段查找的问题，制定了切实可行的整改落实方案，边学习边整改边落实，以取得实效为目标。如我们根据广大党员干部提出的最突出的业务培训问题，及时举办了为期一周的出版业务专项培训。经过近六个月的扎实工作，集团的学习实践活动取得了阶段性成果，得到上级部门和集团全体员工的认可，给予较高评价。

三、转企之后制约陕西出版集团发展的不利因素

（一）思想观念落后，发展思路模糊

陕西出版集团成立近两年来，职工的思想认识水平有了显著提高，在观念上已经自觉与改革发展的形势接轨，在经营思路上也融入了许多企业的新理念。但整体上讲，多数员工甚至个别领导的思想观念还没有完全转变过来，仍然停留在事业单位管理的惯性思维上，对出版社的企业属性认识不够，对集团化经营的认识不到位，开放办出版的意识不强，深化改革的积极性不高，对在新的形势下如何做好出版没有形成切合实际的发展思路和发展战略，出版行为有短视现象，既没有形成好的产品，没有根据本社实际找到准确的市场切入点，更没有根据产品特色培育出好的市场。

（二）管理粗放，没有建立与市场经济相适应的管理机制

目前，我们多数出版社的管理是粗放式的，目标大而化之，成本居高不下，本版图书无利可图。集团针对这一现状，一开始就对各社实行了目标考核，但客观地讲，并没有引起各社的高度重视，而集团设定的考核目标也不够细致和科学。我们在外省调研的集团公司，对于成员单位的管理普遍推行目标责任制，考核指标基本包括三个部分，一是社会效益指标，包括任期内出版的书刊获奖情况和社会反响，不能出现重大政治事故；二

是经济指标，一般包括销售收入、利润收入、库存、国有资产的保值增值情况等指标；三是综合管理指标，包括班子建设、企业文化、安全等指标。现在集团的目标考核还是粗线条的，有很多因素还没有细化。各出版社内部的考核也是粗线条的，基本上维持在利润、码洋、成本的考核上，没有针对岗位设立相应的考核指标，导致有的人只要占据核心岗位，无论业绩如何都可以享受优越的待遇；而另外一些人无论工作干得如何出色，由于岗位"低下"其待遇就永远处于人下，这实际上造成了部门内部层面上的"大锅饭"和企业内部的新的不平等。

（三）资源分散，集约化程度低，发展缓慢

一是教材分散经营。我省的中小学教材一直分散在全省多家出版社，有相当一部分甚至由民营公司借壳出版社进行操作。这种分散、无序的经营造成了极为严重的不良后果：一是作为全省出版业发展基础的资源集中在了个别出版社，但是经营教材的收入大部分并没有用在出版业的发展上；二是有租型教材的出版社养成了依赖教材的惰性，严重削弱、降低了本版书的研发能力，面对当前激烈的市场竞争束手无策；三是民营公司进入教材市场，不规范操作导致恶性竞争，教材经营成本急剧增长，大量税收流失。而据我们调查，全国所有已经成立的地方出版集团，包括今年5月刚刚成立的黑龙江出版集团，无一例外均由当地省政府或有关部门发文明确规定教材由出版集团集中统一经营，以扶持本省文化产业的发展。

二是出版与发行产业链断裂。我省出版集团和发行集团分别建制，不但使编辑、印刷、发行这条产业链断裂，而且双方的出版与信息资源不能共享、网络与融资优势不能互补，没有形成合力，既限制了自身的发展速度，也难以形成对外扩张的能力，对陕西出版业的发展非常不利。从全国的情况来看，各省出版集团成立时，基本上都保持了完整的产业结构并加以优化。目前所有地方出版集团中，仅有安徽、陕西是出版、发行集团分别建制。

（四）法人治理结构不完善，集团管控体系尚未建立

转企改制最终是要建立法人治理结构，这是现代企业制度的核心，也是企业能否高效运作的关键。目前，集团的法人治理结构难题主要表现在

两个方面：一是法人治理结构不科学。集团虽然在形式上建立了董事会，但董事会成员与经营班子成员高度重合，使董事会形同虚设。二是集团公司功能不完善，不能有效发挥投资中心、决策中心、融资中心等作用。在母子公司关系方面存在分权过度，母公司对子公司的重大经营活动，该管的管不住，无法实现企业集团的整体发展战略和发展规划。

四、转企之后集团的发展任务

当前，中国出版业已进入全球化、产业化、市场化的全面转型期，传统的市场秩序和利益格局正在发生根本性变化，行业资源的重组整合正向纵深推进，中国出版业的发展出现新的拐点。在这种大变革、大转折、大发展的宏观背景下，如何掌握和顺应企业的发展规律，遵循出版产业的内在特性和发展规律，并结合集团的自身实际，实行不同于以往的科学管理，成为我们发展的关键。针对集团存在的上述问题，参考兄弟集团的成功经验，我们提出以建立母子公司管控体系为核心，以提高信息化管理水平为手段，以精品图书、品牌建设为内容，以建成现代规范的股份公司为目标的发展任务。

（一）建立母子公司管控体系

集团各子公司及其经营生产原是分散的，子公司对于新增的母公司这个所谓的主管上级并没有天然的向心力，各子公司之间也缺乏凝聚力。现在，省政府已将成员单位的国有资产统一授权集团经营管理，各成员单位也进行了事转企改革，当前集团一项很重要的任务就是要把它们捏合起来，通过不断整合资源，逐步实施人、财、物统一管理，使集团集而又团。下一步，集团将按照集团化的要求，建立母子公司管控体系。

如何有效地进行集团管控，关键是要明确集团公司内部各主体的定位，理顺相互之间的关系，规范各自的权责，建立科学的管控路径，以充分发挥集团公司的整合效应和协同效能。管控不是目的，只是手段，在进行集团管控的过程中，要处理好对子公司管控与让其积极主动发展的平衡问题，做到集权有道、分权有序、授权有章、行权有度，防止"一放就乱"或"一抓就死"。

1. 明确定位集团与各子公司的关系

集团公司是母公司，各社是集团的全资子公司。集团总部是人事薪酬管理中心、生产经营监管中心、资产保值增值与审计中心、投融资与利润分配中心、资源整合与业务拓展中心。各子公司（出版社）是在集团指导与统筹下的自主经营、自负盈亏、自我发展的生产成本中心和专业化经营中心。

2. 建立现代企业的母子公司管控体系

集团以资本和产权为纽带，通过人事、财务、生产经营目标、绩效考核、投融资等方面对子公司进行管控，对其国有资产统一经营管理，以实现国有资产保值增值的目标。子公司要突出主营业务、核心专长、市场占有率、品牌知名度等经营性管理目标，提高市场快速反应能力，真正成为产品经营型公司。

（1）统一人力资源与薪酬管理。按照现代企业制度的要求，强化集团的人事控制权。加大对经营者实行市场化配置的力度，推行公开选聘制度，引入竞争机制，对中层以上管理人员实行有任期目标的聘任制，即由委任制改为任期目标聘任制，取消行政级别，上岗为经营管理者，下岗为普通员工。出台集团劳动定额标准指导意见，实行定员、定额管理。按照企业现有规模和发展需要，根据生产能力和总体效益，科学设置岗位，定机构、定岗位、定定额。在此基础上，建立员工择优录用、能进能出的用工制度。各子公司在集团人力资源管理体系下可以根据生产经营需要，面向社会、条件公开、平等竞争、择优录用员工。建立集团薪酬管理体系，按照"以岗定薪、岗变薪变"的原则，参照劳动力市场价格和供求情况，依据员工的业绩、贡献，合理确定员工薪酬的发放，能高能低。对子公司实行工资总额与经营效益相挂钩的薪酬管理办法。

（2）统一财务与资产管理。逐步出台集团财务与资产管理办法，推行财务与资产审批、备案等制度。集团向子公司委派财务管理人员；加强预算、投资、资产处置和审计管控，确保国有资产安全；规范各成员单位的银行账户，建立集团资金结算平台，统一结算中小学教材货款，逐步实现集团统一资本经营，发挥总部结算中心的功能。各子公司的税后利润在提取两金后上缴集团，集团再按一定比例返还（奖励）子公司，所剩部分统一进行再分配或投资。

（3）统一经营中小学教材、教辅。集团将加快对教材、教辅经营的整合，改变自由松散的局面，充分发挥集团统一领导、协同作战的优势和作用，以便对市场进行宏观调控，形成合力，整体出击，避免无序竞争和资金浪费，降低成本，扩大市场份额，力争实现集团教材、教辅市场份额的最大化。

（4）统一经营印刷物资。集团接收陕西省印刷物资供应总公司，为集团整合印刷物资供应、延伸产业链、有效降低成本提供了平台。集团将成立印刷物资供应公司，股份化运作，整合印刷物资供应。从下一季开始，统一经营纸张等印刷材料，实现集团整体经营效益。

（二）以集团 ERP 系统、门户网站站群系统建设为契机，全面提升科学化、信息化管理水平

现代企业提升管理水平必须借助于现代技术手段，而目前管理体制和技术手段的落后，已严重影响和制约了集团成员单位内部经营、管理水平的提升。国内图书出版主业发展比较快的兄弟单位的成功经验证明，通过建设 ERP 管理系统、门户网站站群系统等，借助现代化、信息化手段，可有效、全面提升出版企业的管理水平。

1. 建设 ERP 信息管理系统

集团拟在本部和成员单位推广的 ERP 信息管理系统，将围绕主业，突出重点，解决关键业务的信息化；实现人、财、物、产、供、销等业务领域的全面信息化；实现信息在部门之间、单位之间的流动与共享。在建设进度方面，集团本部和各成员单位的 ERP 业务软件系统，计划在三年内逐步推广完成。

2. 建设集团门户网站站群系统

目前，集团本部和各成员单位在门户网站建设方面较为落后，有的形同虚设，有的还未起步，基本上只具有单纯的宣传功能。基于这一情况，

我们拟建设的集团门户网站站群系统,将融网络宣传、传统图书的电子商务、数字出版多终端营销为一体,力争成为国内出版行业第一家具有读者导购、互动交流和实体书店库存查询等特色功能,以及多种网络支付形式的电子商务平台。

(三)以体制改革、机制创新为动力,借"事转企"东风,多出精品,做强主业

优化结构,做强主业,除了完善管理、形成企业制度规范外,还需要推进机制创新和体制创新来加以保障。

1. 建立有效的导向机制

一是制定、实施《集团精品图书、重大出版项目论证管理实施办法》。将对论证通过的集团重大项目和精品图书选题,以补贴、借款等多种形式予以扶持,加强对选题开发的引导和支持力度。二是对精品图书和品牌畅销书进行表彰、奖励。出台《集团精品图书和品牌畅销书评选、奖励办法》,对获奖图书的相关策划人和成员单位进行表彰、奖励。

2. 建立明确的激励机制

一是实行集团策划编辑制。各成员单位要按照集团统一要求,建立策划编辑制度,实现创意策划和文字加工的有效分离。经审核批准通过的策划编辑,集团将授予其"集团策划编辑"荣誉称号,并在岗位津贴等方面予以优惠待遇。集团策划编辑每两年评选一次,落选的策划编辑将不再享有"集团策划编辑"荣誉称号和相应待遇。二是要对有能力、能干活、肯干活、出实绩的编辑在政策上予以倾斜。让"能人"编辑在阳光下受到尊重、在待遇上得到实惠、在选用上优先考虑,在职称评比、职位评定上首先考虑。三是薪酬体系的设计需要考虑创造性劳动的价值。要使对单位有重要贡献的创意策划人才,既能受到尊重,还能多得实惠。

3. 建立科学的考核机制

一是建立单品种核算体系。对于策划编辑策划的本版图书,各成员单位一定要建立起单品种核算账目,否则对策划编辑的绩效考核势必沦为空谈。二是将本版书研发和精品工程建设纳入年度目标任务考核体系。在明

年的目标任务考核办法中,将加入本版书和精品图书的考核内容,把本版书、精品书开发与经营者和全社员工的薪酬收入挂起钩来,使本版书和精品书研发不仅成为成员单位的"一把手"工程,更要成为集团的一项全民工程。

(四)加快股份制改造,建成现代规范的出版传媒股份公司

在加强集团宏观管控力度,建立健全现代企业制度,大力发展出版主业的同时,要加大改革力度,联合有实力的战略投资者,在条件成熟时,对集团公司及其下属子公司进行产权制度改革,以授权集团经营的部分国有优良资产为基础,进行资产战略性重组,建成现代规范的股份公司,使规模效应和协同效应同时显现,经济效益和社会效益同步增长,为上市奠定基础。

综上,我们面临的外部发展环境非常严峻,我们的发展任务十分繁重艰巨。集团发展,观念先行。我们将继续贯穿"解放思想、转变观念"这根主线,争当解放思想的排头兵,深刻审视所处环境变化,深刻分析优势与不足,深刻反思思想精神状态,把思想从不适应、不利于集团发展的认识中解放出来,以新一轮思想大解放推动新一轮大发展。

我们要达到的目标是:转变增长方式,从依赖数量、规模增长的粗放模式向提高质量、效益的集约型发展模式转变,推动产业走上健康持续发展的轨道;增强自主创新能力,大力推进数字出版,实现传统出版向现代出版传媒业的转变;优化产业结构、产品结构和布局结构,建立现代企业制度,加快股份制改造,建成现代规范的股份公司,争取上市,成为西部乃至全国有影响力的出版集团公司。

一种颇受启迪的出版模式

——写在"陕西精神"出版之后

近日,一部阐释和弘扬陕西精神的大书——"陕西精神"系列丛书,由陕西人民教育出版社正式出版。这套书的出版受到了社会各界的极大关注,既得到了各级领导的重视与支持,也吸引了众多专家学者的浓厚兴趣,还引发了社会的广泛共鸣和网民的踊跃参与。成书后,更是激起了广大读者的热烈反响。一套弘扬主旋律的通俗读物何以产生如此效应?有什么启迪,在出版模式上又有哪些新的探索?值得我们每一个出版人深思。

一、丛书的选题顺应了时代发展的要求

本套丛书的选题由陕西省委宣传部常务副部长、省文明办主任晏朝同志于 2011 年年初提出,后在晏部长直接指导和参与下,陕西人民教育出版社组织专家进行认真研讨,于 2012 年 5 月陕西省第十二次党代会后,最终确定为"陕西精神"系列丛书,旨在通过梳理挖潜从古至今陕西名人贤达、道德楷模的感人故事,阐释和弘扬赵乐际书记在陕西省第十二次党代会报告中提出的"爱国守信、勤劳质朴、宽厚包容、尚德重礼、务实进取"二十字陕西精神。

当今,我们正处在一个日新月异和万紫千红的时代,也是一个复杂多变和思潮纷迭的时代,还是一个既空前伟大、又空前活跃,且空前复杂

的时代。在这样一个时代，一方面需要我们牢牢把握历史机遇，加快经济发展的步伐；另一方面也需要我们始终抓紧思想道德文化建设，从而形成精神和物质的双赢。具体到陕西这片特定的地域，最根本的一条就是，我们要在抓住经济建设不放松的同时，还应持之以恒，一点一滴地去开拓和发现那些美好和崇高，而且千方百计地让它们归拢和汇聚，进而让它们成为向四面八方渗透的强大合力，最终形成陕西经济发展和思想建设的蔚然大观。而围绕陕西精神设计的这一选题，恰好顺应了这一时代发展要求。也许正是这一原因，选题一提出便引起了社会各界的广泛共鸣，省委书记赵乐际，省委常委、省委宣传部部长景俊海等领导同志给予了充分肯定。

二、领导重视确保了丛书的顺利出版

这套书由景俊海部长担任总策划，晏朝同志任编委会主任，省委书记赵乐际亲自作序，景部长也撰写了《写在"陕西精神"出版之际》一文，肖云儒、叶广芩、高建群、黄留珠、侯宝成等文化名人、专家学者出任分册主编，并撰写了精彩的前言。可谓阵容庞大、气势恢宏。而在这套书的出版过程中，各级领导自始至终都给予高度重视。晏朝同志不仅策划了丛书选题，而且率领省委宣传部文明办等若干处室直接指导参与了全书的编辑出版，先后召开五次专门会议研究讨论，提出了近二十条具体意见，安排指导"陕西精神"系列丛书的编写出版工作。景俊海部长在有关研讨会上强调："我们应当树立崇高的事业感和使命感，把编好"陕西精神"丛书作为一项事业来干，当作一件功德无量的事情来干，推动陕西精神真正融入三秦儿女的血液，根植于陕西人民的言行，弘扬于改革开放的时代。"

省委组织部、省教育厅、省新闻出版局、省出版集团有关领导和数十位专家学者也提出了许多好的意见和建议。可以说，这套书是群策群力的结晶。正是由于各级领导的高度重视与支持，才确保了这套书的顺利出版，才促进了这套书成为社会关注、群众喜欢、弘扬时代精神的精品力作。

三、内容的选编得到了社会各界的广泛共鸣

更难能可贵的是，这套书的编写也引起了社会各界的广泛关注。根据省委常委、省委宣传部部长景俊海同志在"陕西精神"丛书座谈会上提出的"入选的人物及故事，须在网上进行公示，并动员群众参与评价，才能立得住、叫得响"的重要讲话精神，丛书编委会从8月3日至13日为期十天，把初步入选的一百一十八位人物简介及丛书封面设计方案在西部网上进行了公示。群众反映强烈，参与踊跃，许多人还主动到陕西人民教育出版社反映情况，呈送稿件。汉中市公安局汉台分局石门派出所的全体民警，在网上点击，一致推荐认同山东青州市勇救落水儿童牺牲的沈星烈士；兴平市电力局桑镇供电所的周全社，极力推荐陕北农民歌手，唱出《东方红》歌曲的李有源；有的离退休老干部主动创作讴歌陕西精神杰出人物的词曲，寄到编委会……

经过十天的公示，广大网民对入选的一百一十八位人物均表示了认同，同时网民新推荐了一百二十二人，省委宣传部、省文明办的领导和编委会、专家组根据入选标准，经过认真审核，结合人物的代表性、典型性、事迹的认知度并考虑篇幅容量，从一百一十八位公示人物中删减了两人，新收录了三十二人，最终入选了一百四十八人。同时，广大网友对"陕西精神"丛书的封面设计也提出了许多建设性的修改意见。

在网上公示的同时，众多媒体也进行了公开报道，陕西广播电视台的《陕西新闻联播》《第一新闻》《晚间新闻》和《都市快报》等栏目滚动播出，《陕西日报》《三秦都市报》《西安晚报》等媒体在头版重要位置刊登。《华商报》以朴实的语言，以吸引读者眼球的黑体大字，在头版头条刊登题为"一百一十八人代表'陕西精神'，你觉得咋样？"的报道，同时还配发了人物漫画。"陕西精神"丛书入选人物遴选公告还被新浪、搜狐、网易、腾讯等门户网站进行转载。

正是由于社会各界的广泛关注，强烈地感染了参编作者和编辑人员，极大地促进了"陕西精神"丛书编辑工作，他们冒着酷暑，牺牲节假日，连续加班加点，终于高质量、按期将这套备受关注的好书呈现在读者面前。

四、认真负责的编辑工作是铸造精品的基础

一部书成为精品的核心要素是其内容质量，"陕西精神"系列丛书在出版过程中始终秉持了这一要旨。编写工作一开始，编委会主任晏朝同志就明确要求："系列丛书遴选人物要有标准，文体要通俗，人物要饱满，史料要有依据，事迹要鲜活，编辑加工要力求精品。"省委常委、省委宣传部部长景俊海同志在陕西人民教育出版社视察调研时，详细询问了这套书的编辑出版情况，并语重心长地对编辑说："陕西精神一定要用典型的人物和生动的故事作支撑，希望各位编辑精心加工，不断打磨，力争出版一部高质量，能够体现陕西精神内涵，成为陕西人引以为豪的精品力作！"

为此，陕西人民教育出版社组织有关专家认真讨论，对丛书入选人物确立了三条入选条件、十条甄选标准和四条操作细则。初稿完成后，除编辑团队认真编辑加工外，又邀请我省一批有影响的中青年骨干作家及《当代陕西》杂志社的部分编辑对书稿进行了修改润色。编辑工作的后期，还按照重大选题质量标准，对全部校样实行了"五校三审读"，同时在出版集团的协调下，在全集团范围内抽调精兵强将，对全部书稿进行外审把关，经集团总编辑审核后签字付印。最终按丛书编委会的要求，于8月顺利完成了这项光荣而艰巨的出版任务。

毋庸讳言，出版本质上是一门遗憾的艺术，"陕西精神"丛书依然存在着许多不足。如语言还可以更加精练一些，结构体例还可以更加精到一些，封面及内文设计还可以更加精美一些，等等，这也为我们出版人提出了更高的要求和奋斗目标，我们应进一步修订打磨，精益求精，努力使这套丛书成为叫得响、立得住，无愧于时代的精品力作。

五、政府引导与市场推动有效结合，实现了两个效益双丰收

2012年8月30日，陕西省委宣传部在西安曲江会议中心举行了"陕西精神"系列丛书首发仪式，省委组织部、省文明办、省教育厅、省新闻出版局、省总工会、团省委、省妇联等单位的相关领导，各地市文明办主任，

出版集团、发行集团相关人员，文化界及道德模范代表三百余人参加了会议。会上，省委常委、省委宣传部部长景俊海同志做了重要讲话，向道德模范代表、乡镇文化站代表、乡村文化宫代表、文明单位代表及中小学生代表赠送了图书，省委组织部等单位还联合下发了《关于弘扬践行陕西精神，做好"陕西精神"丛书读书活动及发行工作的通知》。

这一《通知》进一步阐述了"弘扬践行陕西精神，奋力建设西部强省"的重要意义，要求各级党委宣传部、文明办要以"陕西精神"丛书的出版为契机，开展有声有色的读书竞赛活动；倡导广大党员干部认真学习"陕西精神"丛书中入选的模范人物的鲜活事迹，努力成为弘扬践行陕西精神的组织者和实践者；强调要发挥好大中学校、工会、共青团、妇联及文明窗口单位的示范引领作用，让"陕西精神"丛书进课堂、进工厂、进机关、进社区、进军营、进家庭、进图书馆和农家书屋，并组织开展丰富多样的读书演讲活动，营造团结奋进、昂扬向上的社会文化氛围，让广大干部群众更加了解陕西、热爱陕西、赞美陕西，树立陕西新形象。同时安排省内主要新闻媒体，对阅读"陕西精神"丛书、弘扬践行陕西精神活动进行密集报道，通过多种载体、多种途径广泛宣传，尽力扩大活动影响力。

"陕西精神"丛书首发式后，陕西人民教育出版社也开展了一系列营销活动：与省新华发行集团协商，邀请全省十地市新华书店经理，共同研究确立了"陕西精神"丛书的征订方案；经请示省教育厅，编写了"陕西精神"学生读本，使"陕西精神"丛书进学校、进课堂的要求落到了实处；在陕西省新闻出版局的帮助支持下，"陕西精神"丛书有望进入全省两万余家农家书屋；开展向有关大中小学及部分市民赠书活动，进一步扩大"陕西精神"丛书的社会影响；还拟邀请部分文化名人，在陕西电视台举办"陕西精神"系列访谈节目，力争使更多人认识陕西，了解陕西精神。

功夫不负有心人，经过政府的大力引导和陕西人民教育出版社积极主动开展的一系列营销宣传活动，这套弘扬陕西精神的系列丛书日益深入人心，预计到今年年底，总销量将超过三十万套，近二百万册，取得了社会效益和经济效益的双丰收。

无疑，"陕西精神"系列丛书的出版已经超越了传统出版的模式，无论是在出版的社会化和动员社会资源关注出版，做大产业方面，还是在弘扬主旋律与贴近群众，政府引导与市场推动相结合方面，都进行了许多新的探索，而这些正是在新的环境下搞好出版工作所不可或缺的。我们应当吸取借鉴这一出版模式的成功经验，不断开拓创新，努力推动出版工作迈上新的台阶。

图书选题全程策划五步法

20世纪90年代出版界引入了"选题策划"的概念,一些出版社有效地探索了策划编辑制,甚至还设立了较有规模的策划编辑室。和其他成熟行业一样,图书选题策划本质上是对图书产品项目可行性和资本风险投入分析的过程,它离不开精神产品创造的主观能动性,但仍有一定的市场规律可循。

一、筛选市场信息,选择选题方向

当前图书市场呈现两大特征:一是教育图书需求巨大,但重复出版严重,已完全由卖方市场转化为买方市场;二是大众文化及专业图书市场仍有一些读者需求可以挖潜和引导,一些领域的出版竞争处于成长初期。编辑人员在图书选题策划过程中要准确地把握读者需求,需坚持不懈地开展市场调研,及时捕捉筛选有效的市场信息。具体涉及三个方面。

1. 对影响图书市场的外部因素进行调研

包括国家政策、社会思潮、社会时尚,甚至一部影片对图书市场的影响,如国家重视发展职业教育的政策取向必将推动职业教育图书的出版,强大的"韩流"使《那小子真帅》等图书持续热销,《历史的天空》电视剧的上演也带动同名小说登上了畅销书排行榜等。

2. 对图书市场进行调研

这是编辑人员最熟悉、最常用的一种调研方法。一般是依据出版社的专业方向和编辑个人的学业特长，通过订货会、书店、畅销书排行榜等渠道，对某几类图书给予持续的关注和调查，了解哪些书是某一领域的畅销书、它满足读者哪方面的需求、成为畅销书的主要理由、作者和出版者情况、市场容量及发展趋势、在内容和营销方面还有哪些不足，等等。从图书市场中发现畅销书的亮点，再从这些畅销书相关信息的获取、筛选中确定选题目标，最终形成编辑人员新的选题策划方向。

3. 对读者需求进行调研

在获取初步市场信息后，应采用一定的方法对读者需求进行抽样调查，如读者在想什么、需要什么、对什么最感兴趣。要深入研究读者的阅读需要、阅读兴趣和接受能力，以便有针对性地设计选题。还要了解选题潜在读者的文化层次、年龄、职业、地域及欣赏兴趣、购买力、购买动机、购买方式等。这一过程强调调研方法的科学性、调研客体的针对性和信息筛选的准确性的统一，这些信息的获取既是对市场调研结果的印证和补充，也是图书选题具体设计策划的重要依据。

二、预测选题目标市场

如何科学地预测分析选题目标市场呢？我们可借用 GE 矩阵（全称为行业吸引力——业务实力矩阵）预测分析法。即按照已确定的选题方向细分市场，并选择市场吸引力与企业实力相匹配的细分市场为目标市场。分为五步：

（1）按照已确定的选题方向细分市场。

（2）计算每个细分市场的吸引力。

（3）计算出版社在细分市场的业务实力。

（4）用 GE 矩阵确定出版社在细分市场中的地位。

（5）用 GE 矩阵选择目标市场。

所谓市场细分，即按照消费者的需要、购买实践等不同变量把一个市场分为若干个不同群体的行为，其中每一个有着相似需求倾向的购买者群体就是一个细分市场。图书产品以地理、人文、心理和行为因素为细分变量。通常我们首先根据图书类型的不同把市场分为几个类别，如教辅图书可分为同步、应试、阅读、能力拓展等小类，而阅读又可分为课内、课外、应试等一些小类；其次是进一步认识各细分市场的特点，把握不同细分市场的相似需求；最后是测算细分市场的大小，寻找获利商机。但是这种市场细分的方法并不利于我们发掘市场空白点，对大众文化和专业图书这些尚不成熟的市场板块，我们应该更多地从消费行为和消费心理的角度来进行深层次的市场细分。近年来策划出版的《千万不要管孩子》在市场细分方面就有上佳的表现，作为社科类教育图书，出版仅几个月，其销量便超过二十万册。

市场吸引力所需评价的因素包括市场规模、市场增长率、市场壁垒、读者对价格的敏感度、替代产品的市场潜力、政治及法律环境、经济环境、社会环境。市场吸引力的计算步骤为：

（1）根据每个因素的相对重要程度定出各自的权重。

（2）根据市场实际情况，请专家对每一个因素在细分市场的表现程度进行评价打分。

（3）将每一项因素的权重乘以相应的评分得出各项因素的加权分。

（4）将全部因素的加权分相加，就可以得出该细分市场的吸引力分值。

评价企业在细分市场业务实力的关键因素有：市场占有率、市场占有率的速度、企业预期利润、产品质量、品牌知名度、价格优势、研发能力、生产能力、财务状况、管理能力。企业实力与市场吸引力计算方法相同。

在依次计算出各细分市场的吸引力和企业实力后，可以将细分市场吸引力以及业务实力分为强、中、弱三个级别，得出 GE 矩阵图，并最终从矩阵图上直观地得出市场吸引力和企业实力相匹配的细分市场，即为选题的目标市场。

预估选题目标市场，就是力求真实反映潜在读者的客观实际，通过定性、定量分析的方法，精确地预测潜在读者群体，解决图书"卖给谁"的问题。

这一过程不仅要考虑外部环境的机会与威胁，还要考虑到出版社的优势和劣势。要根据本出版社的专业方向、资本实力、编辑品牌特色、销售渠道等要素确定选题主攻方向，并为下一步的选题定位奠定扎实的基础。近年来陕西人民教育出版社的"举一反三"系列荣登全国文教图书第二名，《我为歌狂》和"乌龙院"漫画书系列持续热销等，就与科学地确定目标读者群体有着十分重要的关系。

三、确立选题定位

目标市场一旦选定，就要为其产品确定一个适当的市场位置，也就是要在潜在顾客的心目中形成一种特殊印象，这就是市场定位。把这一理论应用到图书选题策划中，关键是深入分析研究目标市场结构及其读者需求，确立所策划选题的比较优势。具体方法为：

（1）列举目标市场上的主要竞争对手及其产品。目标市场上有几家出版社、有哪几种主要的畅销书，策划编辑必须心知肚明。

（2）分别聘请多位内容及市场方面的专家，对目标市场的主要竞争对手及其产品进行分析研究，解剖麻雀，去伪存真，尽可能具体明晰地对竞争对手的营销策略及其产品的优劣予以描述。当然，如果是填补空白的选题，则应真实客观地反映目标市场潜在读者的需求。

（3）从目标市场中竞争对手的产品缺陷、营销劣势及潜在读者的客观需求中寻找商机，结合出版社自身的资源优势，按照差别化的原则确立选题的产品定位和市场定位。这方面的成功案例不胜枚举，如2005年市面上推出的"倍速学习法"丛书，就是在深入分析近年来教辅市场的明星产品《中学教材全解》的基础上诞生的。

四、选题编写策划

选题编写策划就是将选题所追求的核心利益转化到图书基础产品的过程，是建立在选题产品定位基础上的创意到产品的开发。主要体现在以下三个方面。

1. 选择合适的作者

绝大多数作者在各自的学科领域都有较高的专业和学术造诣，但他们是否有过写作畅销书的经历、文学功夫如何，需要编辑去发现；他们创作的书稿能否适应市场需求，需要和编辑人员互动。一部优秀的书稿，既凝结着作者的辛勤劳动，又蕴含着编辑的策划智慧。所以，为好的创意寻找合适的作者，帮助有潜力的作者创作优秀作品，进而建立一支与自己的编辑专长一致的作者队伍，这是一名策划编辑必备的基本功。

2. 书稿内容策划

书稿内容策划包括书名、体例、装帧设计、版式设计、规模、样稿等方面，应把选题产品定位中分析出的差别性因素具体落实到图书产品的内容体例和细节设计中去，而且越详尽具体越便于选题项目的可行性判断。一般来讲，读者对市场中正畅销的同类图书是偏爱的，如果新策划的选题在内容上没有创新、细节上没有突破，只是简单重复，那么它的市场生命力是可想而知的。

3. 设计书稿编写及出版进程

一本书从选题的提出到成书的全过程，既要精耕细作，确保图书的内容质量、编校质量及装帧设计的精美大方，有时还要把握最佳的出版及上市时机，一些时尚读物、与影视互动的作品及教辅读物即属此类。尤其是教辅读物，由于销售周期较短、同类产品数量较多，竞争异常激烈，一些上市较晚的产品往往会造成大量积压。所以在一定的前提下，书稿编写及出版社内部运作速度同样可以成为竞争的利器，这也印证了市场竞争中的"快鱼"效应。

五、选题市场策划

选题的市场策划应以选题的市场定位为基础，按照差别化原则，追求产品市场竞争的比较优势。

1. 认识市场环境，分析营销机会

首先要清楚出版社在选题目标市场中的市场地位，是市场领导者、挑战者、追随者，还是市场补缺者，必须心知肚明。只有明了这一问题，才能确定采取什么样的营销举措参与竞争，"到什么山上唱什么歌"，这始终是市场竞争过程中应该遵循的行为准则。其次，要从竞争对手的营销缺陷中发现营销机会，提倡人无我有、人有我新、人新我廉、人廉我勤，其目的就是要千方百计地向目标市场的潜在读者传达出版社市场营销中的差别化信息。最后，合理运用一切能够运用的营销资源。每个出版社都有自己的资源优势，有的企业形象比较好，有的作者队伍比较过硬，有的与媒体有很好的关系，有的销售渠道比较强，应在自己熟悉的方面多努力，扬长避短，定能在市场竞争中收到事半功倍的效果。

2. 有的放矢地制订市场营销计划

随着市场化程度的提高，营销在图书选题全程策划过程中的分量越来越重，但落实到具体的选题上，并不意味着营销必须面面俱到，必须大量投资，必须媒体狂炒，正确的做法应是面临市场机会，把握资源优势，抓住问题的关键，有的放矢地制订出切合实际的营销计划。回放2004年畅销书，有的依靠与媒体的良性互动，如《那小子真帅》《同学少年都不贱》等；有的以价格优势取胜，如《比得兔的世界》等；有的长于公共关系，如《健康美丽零距离》《正说清史十二帝》《告诉孩子你真棒》等；有的服务上乘，如《遍地鬼子》《受活》等。这一系列成功的策划，无一不是建立在优秀产品的基础上发挥自身资源优势取得的。事实说明，图书营销策划虽然不是万能的，没有一个"策划"能让失去生命的产品起死回生，但是好的"策划"确实可以让好的产品如虎添翼。

陕西文化产业发展的现状、特点及对策分析

文化产业是指向社会公众提供文化、娱乐产品和服务的活动，以及与这些活动有关联的活动的集合。它以文化为基础，以创意策划为核心，以创意人的天赋和技能在某个行业的外在物化为表现形式，借助于高科技对文化资源进行创造和提升，通过知识产权的开发和运用，最终将抽象的文化直接转化为具有高附加值的精致产业。

2004年4月1日，国家统计局出台《文化及相关产业分类》标准，文化产业包括提供实物型文化产品和娱乐产品的活动，文化服务和休闲娱乐服务，提供文化娱乐产品和服务所需的设备。据此，可以将文化产业分为文化服务业和文化制造业两大类。而文化服务业又可以进一步细分为如下四个方面：文化艺术，包括民间文化、历史文化、旅游文化、休闲娱乐文化、会展文化、表演艺术、视觉艺术、音乐创作等；创意设计，分为工业设计、平面设计、空间设计三类，包括服装设计、广告设计、团体Logo设计、导向标志设计、产品装潢设计、建筑设计、园林设计等；传媒产业，包括图书、报纸、期刊、电影与录像、电视与广播等；数字内容产业，包括数字远程教育、手机传输、动漫与网络游戏、数字图书馆、数字报刊、数字音视频等。

自然资源的稀缺性决定了以消耗物质资源为基本特点的经济发展模式已经难以为继，而以文化产业为核心的现代服务业日益成为全球经济的发

展动力和方向。1998年英国提出创意产业概念,全世界范围内文化创意产业飞速发展,伦敦、纽约、巴黎等都已经成为典型的创意之都,美国的文化创意产业已经超过航空业、制造业,成为国家重要的产业支柱。近年来,中国文化创意产业发展也步入了快车道,按照《国家十一五规划纲要》《国家十一五文化发展规划纲要》文件精神,发展文化创意产业,增强国家软实力,已经成为国家发展战略的重要组成部分;北京、上海、长三角、珠三角、成都、西安等地区都将文化产业确立为重要的产业发展方向。在这一背景下,陕西省委、省政府审时度势,提出文化强省的发展目标具有十分重要的战略意义。

一、中国文化产业发展概况

截至2009年年底,中国经营性文化产业机构已达二十八万余家,文化产业日益成为市场经济条件下繁荣社会主义文化,满足人民群众精神文化需求的重要途径。"十一五"规划已经把文化产业作为调整经济结构的重要举措,从中央到地方出台了一系列鼓励文化产业发展的政策措施。文化部明确提出三年内文化产业要实现年均15%的增长。北京、上海、浙江、广东、云南、重庆、四川、河南、山西、陕西等诸多省、市提出建设文化大省、文化强省的目标,在规划中都提出要高于GDP的增长速度。

属于文化产业核心层的新闻出版业,广播电视、影视业改革加速。截至2008年年底,全国共成立图书、报刊、发行集团四十九家,这些集团平均增长率超过40%,有五家出版传媒集团公开上市。2009年国家进一步加大了改革力度,明确除公益性的图书、音像制品和电子出版物出版单位外,所有地方和高等院校的文化经营单位2009年年底以前完成转制,所有中央部委文化经营单位2010年年底前完成转制;制订经营性报刊转制方案;全国成立了近十家影视产业集团,鼓励行业外资本进入,推动院线制改革;把经营性业务从广播电视主业中剥离出来,逐步转企,等等。这些措施推动文化产业经营单位成为市场竞争的主体,逐步迈入快速发展的轨道。

部分省市文化创意产业十分活跃。北京市出台了一系列鼓励创意产业发展的政策及保障措施，并设立了专门的创意产业园；上海市拨出巨资扶持创意产业，上海张江成立了首家国家级数字出版基地，盛大网络、第九城市在网络游戏领域，起点中文网在数字阅读方面都产生了重大影响；以常州、苏州、杭州为代表的长三角地区在推进动漫产业发展方面做了十分有意义的探索；深圳市发布了《深圳市文化产业发展规划纲要》（2007—2020），文化产业列入深圳市四大支柱产业之一，并逐步形成了以深圳为核心的创意设计、文化制造业产业集群；四川、重庆在手机视听产业的发展上成效显著，等等。创意产业方兴未艾，风起云涌。

根据国家统计数据，截至 2008 年年底，以文化产业为核心的第三产业增加值超过十万亿元，在整个 GDP 中的贡献率超过 40%。这其中包括影视业在内的传媒产业呈现稳步增长的态势，数字内容产业 2008 年较上年增长率高达 96%；文化艺术板块以旅游文化、表演艺术为核心，市场前景十分广阔；创意设计伴随着国家启动内需，加大基础建设的力度，在工业设计、平面设计、空间设计诸方面都有十分强劲的市场需求。但同时也应该看到，文化创意产业的地区发展严重不平衡。由于资源整合的艰难，经营模式的不成熟，投资实力的限制等方面的原因，文化产业发展在整个国民经济大盘中还未释放出应有的能量。因此，纵观中国文化产业发展的态势，我们不难得出这样的结论：文化产业是国民经济中当之无愧的朝阳产业，存在着重大的战略机遇，目前是进入和发展文化产业的最佳时期。

二、陕西文化产业发展现状

陕西既是文化资源大省，又是传媒资源大省，西安还集聚众多的专注于文化产业的开发区，因此，陕西文化产业发展有其鲜明的区域特征。

1. 国有专业文化经营机构锐意进取

伴随着国家文化体制改革的步伐，出版社、表演团体、影视公司、电影院等启动全面转企改制；报纸、期刊正在制订转企改制方案；广播电视经营性业务即将与主业分离。自 2006 年起，陕西先后成立了发行集团、出版集团、演艺集团、广电传媒集团、电影集团等八大文化集团，且正在筹建报业集团。这些集团的成立，强力推动了陕西文化改革，并于2009年如期完成了转企改制，加快了企业发展的进程，产业发展有了长足进步。以成立不足两年的陕西出版集团为例，年均产值超过15%，利润增长33%。2011年年底，又完成了集团的股份制改革。最近陕西省委、省政府又下发了《关于加速推进省直文化单位体制改革实施意见》（陕发[2009]10号），必将进一步冲破国有文化经营单位机制体制方面的桎梏，加速释放文化产业创新能力。目前，陕西文化改革已经走在了全国的前面，受到中央及省委、省政府的肯定与表扬。

2. 各开发区发展文化产业的愿望强烈，势头强劲

首先，西安曲江开发区被文化部授予国家级文化产业发展示范区，制定了《西安曲江新区文化产业发展纲要》，将文化旅游业、影视演艺业、会展创意业、传媒出版业确定为发展文化产业的核心领域，先后开发了《梦回大唐》《大明宫》等优秀作品；出版了包含二百余部，价值高达八万余元的重大历史典籍《四部文明》；开发了"大唐芙蓉园""法门寺世界佛都"和正在开发的"大明宫"等历史主题公园；连续举办了"西洽会"等大型博览会，取得了广泛的社会效益和巨大的经济效益，已经逐步成为古都西安的文化品牌和形象。

其次，西安高新区将创意产业确定为高新区二次创业的支点，并逐步形成了唐延路创意产业一条街。"十一五"期间，高新区将重点发展研发设计、数字娱乐、文化艺术、数字传媒、广告策划等重大领域；近期又与陕西出版集团联手申报"西安国家级数字出版基地"，制定了相应的产业扶持政策，并规划600~800亩土地发展以动漫和数字出版为核心的数字内容产业，项目已通过可行性分析，正在实施推进之中。据统计，截至2008年，西安高新区创意产业收入已达一百亿元，占全区营业总收入的15%，并逐步建成了围绕唐延路的一个文化创意产业带，聚集了大唐、中兴、华为、联众世界、美国ALONG、中国台湾神奇网络等一批国内外知名创意企业，是西安数字内容产业的发展集聚地。

再次，北郊西安经济开发区设立了专门的印包产业园，全力推进西安

印刷装潢产业的发展,从文化制造业的角度涉足文化产业;而西安浐灞生态区,正酝酿吸引众多的文化艺术人才集聚,以生态文化、创意设计和休闲娱乐为突破口发展文化创意产业。

最后,关于经济区依托陕西雄厚的文化资源及区位资源优势,组建了陕西省产业投资集团、关天文化旅游基金,与陕西人民出版社、陕西科学技术出版社等文化企业在文化投资方面开展深度合作,必将在培育陕西周秦汉唐文化资源品牌,引领中国西部文化产业发展方面创造一条新路。

3. 在文化产业发展中,民营经济十分活跃

《华商报》在全国有十分重大的影响,年产值超过二十亿元;图书出版方面,陕西至少有五家年产值超两亿元的中型民营文化企业;民营影视公司推出了《图雅的故事》《激情燃烧的岁月》等在全国有重大影响的电视剧;大唐西市首开民营经济开发历史主题公园的先河;《爱人》《收藏界》《小哥白尼》等民营经济主导的期刊也有众多的读者;西安高新区还有近两千家民营软件创意企业在数字内容产业中摸爬滚打。

目前,陕西文化创意产业既是市场不成熟、需求不稳定、产业链尚不完整的风险产业,又是有效需求高速增长、市场前景十分广阔、经济效益非常诱人的朝阳产业。与发达省份比起来,我省的产业基础和企业影响力,尤其是培育品牌文化企业等方面都有很大差距。西安市政府曾发布《2004—2010年西安市文化产业发展规划》,鼓励和扶持文化产业的发展。最近,陕西省委、省政府又决定成立陕西文化产业投资控股有限责任公司,这是一个非常英明的决策,必将推动我省文化产业的飞速发展。

三、陕西文化产业的优势与不足

陕西省委、省政府将"文化强省"确定为产业发展战略目标,并出台了一系列鼓励文化创意产业的政策,还出巨资成立陕西文化产业投资控股有限责任公司,这些都是发展文化产业的重大举措。十三朝古都西安,是世界闻名的历史文化名城,具有发展文化创意产业的先天优势。

一是陕西具有深厚的文化底蕴,是华夏文明的发祥地,文化资源丰富,

形成了产生创意的肥沃土壤。以兵马俑为代表的世界级文化遗产向世人展示着西安悠久的历史文明。而从创意产业发展的历程来看,发展比较好的地区,文化底蕴都比较深厚,如伦敦、纽约、巴黎等都已成为典型的创意之都。

二是古都西安的振兴和关中——天水经济区的规划开发,将给文化产业的发展带来众多机遇。

三是西安的各类文化设施为创意产业提供了良好的发展平台。西安是国内第四大现代艺术城市,西安拥有西部最大的书城,西安软件业投入比重占全国第二,电脑城的数量位居前列。

四是陕西有十八家图书出版单位,报纸期刊、影视在全国都有重大影响,广播电视系统完备。近年来又先后成立了发行集团、出版集团、电影集团、广电网络集团,在内地省份拥有显著的传媒资源优势。

五是西安拥有庞大的创意产品消费群体。西安是全国五大消费向导城市之一,能引导消费新潮流。大量的高校学生容易接受新的创意理念,乐于购买创意产品,并促使新的创意理念和消费方式向周边辐射,能在创意产品的消费上起到示范和引导作用。

六是陕西是智力资源较密集的地区。西安的综合科技实力、高校数量与研究所数量位居全国前列,人才密度高使西安拥有庞大的创意人才队伍。

尽管陕西是全国当之无愧的资源大省,但由于文化产业发展的市场环境还不成熟,文化资源商品转换的能力还较差,所以离文化强省的目标还很远,文化产业与发达省份比起来差距和不足十分明显,主要体现在以下几方面:

一是品牌稀少,实力较弱。目前陕西文化产业的总产值只是北京的十五分之一,山东的六分之一,广东的四分之一,规模是比较小的;对产业项目进行横向比较,除了华清池、法门寺、大唐芙蓉园等一些旅游文化项目在全国有一定影响,个别戏剧、影视作品尚有一席之地外,总体上讲,实力较弱,鲜有在全国吃得开、叫得响的品牌产品。

二是观念陈旧,商业文化淡漠。陕西有雄厚的文化资源优势,省委省政府又高度重视文化产业的发展,还有良好的人才基础,按说应理所当然地成为文化产业强省,而事实又远非如此,为什么呢?核心是观念陈旧固执,内陆农耕文化氛围太浓,官本位意识太强,商业文化落后,市场意识淡漠。我们常说陕西比南方一些发达省份要落后十五至二十年,恐怕主要差距就在于此。

三是市场运作能力弱,创新能力差。文化产业属于知识经济的范畴,必须注重内容的创意策划,注重营销运作,这是市场经济的客观要求,是提高资源使用效率,培育产品的品牌效应,扩大市场覆盖率的有效途径。如迪士尼乐园、《福布斯》杂志、《哈利·波特》、大型歌舞《云南映象》等都是近年来文化产业市场运营的典范之作。而陕西虽然文化底蕴厚重,但资源流失严重,文化产业市场运作能力的差距十分明显。

四是产品分散,资源整合艰难。文化产业是众多文化行业的集合体,发展文化产业,资源整合是关键。而陕西文化产业的现状是:行业门类多而全,产业实力小而弱,产业链条松而散,加之部门利益和本位观念作祟,所以资源整合的任务十分繁重,能否有效整合优势资源,获取规模效益,实现共赢,推动文化产业的全面发展,对陕西上上下下都将是一个严峻的考验。

四、陕西文化产业发展对策初探

相对于上海、北京、深圳等发达城市,陕西的文化产业起步较晚,影响力也要小得多。因此我们今天谋划陕西文化产业的发展,既要借鉴发达省市的先进经验,还要结合陕西文化产业的实际,扎扎实实向前推进。

一要把握发展态势,抢抓发展机遇。刚刚结束的十七届六中全会,吹响了我国文化大发展大繁荣的号角。其主要精神内涵是:大力保障广大人民群众基本文化需求;努力满足广大人民群众多样化的文化需求;大力提升国家文化软实力;切实保障文化安全;积极推动文化改革发展,推动科技与文化的融合,实现公益文化事业的全面繁荣发展。这一文化发展的战略目标预示着,在未来若干年,国家必将在公共文化建设、精品力作的生产、实施走出去战略、发展文化传媒新兴业态等方面出台大量的优惠扶持政策,我们必须顺应这一发展趋势，乘势而上，快速推动陕西文化产业做强做大。

二是将文化产业的发展与西安的振兴和关中——天水经济区的开发紧密结合，与古都的发展同节拍，与区域内文化旅游资源相融合，开发一批富有鲜明特色的文化品牌，并努力将古都西安打造成创意之都、文化名城、旅游胜地、宜居之地。

三是以文化服务业为发展方向，发挥资源优势，重点实施"大剧、大片、大作、大园、大网"五大产业工程，以大震撼，以精突破，逐步形成文化艺术、创意设计、传媒产业、数字内容产业四大产业集群。

（1）文化艺术。当前应从历史文化、旅游文化、表演艺术、影视艺术几个方面重点发展。一要实施"大园"工程，即以黄帝陵、宝鸡炎帝陵以及天水伏羲庙、卦台山为核心，建设华夏始祖文化园；以秦始皇陵遗址公园等历史文化遗迹为依托，建设秦文化主题公园；以大唐芙蓉园、大唐西市为依托，建立唐文化主题公园；以延安为依托，建立圣地文化主题公园。二是深化"大剧"工程，主要以陕西凝重的历史文化为轴，与旅游文化有机融合，在现有《长恨歌》《梦回大唐》《大秦帝国》等优秀影视戏剧的基础上深入挖掘潜力，推出更多的精品力作。

（2）传媒产业。一方面，要确定发展方向，实施"大作"工程。陕西具有十分丰富的文化资源，其中既有灿烂的历史文化和丰厚的革命文化，又有特色鲜明的民俗文化和有一定实力的现代文化，几种文化集于一省，这在全国是少有的。但是结合当前的实际，具有竞争力和产业开发战略价值的是文艺创作、历史文化和红色文化资源的开发。陕西有一支实力雄厚的作家队伍，他们的作品《平凡的世界》《白鹿原》《最后一个匈奴》《秦腔》都是我们这个时代的扛鼎之作，遗憾的是它们对陕西经济社会的发展并没有起到应有的作用，而解决这一问题的唯一途径就是整体包装陕西作家群，按经济规律办事，以项目运作方式推动"陕西创作出版"这一文化品牌收到巨大的社会效益和经济效益。太白文艺出版社即将推出的《西风烈——陕西百部作品集体出征》即是一个有益的探索。历史文化资源的开发近年来成效显著：中央电视台《百家讲坛》效应；广大读者对《曾国藩》

《张居正》《明朝那些事儿》《大秦帝国》等一大批优秀历史读物的热捧；陕西人民出版社与曲江开发区联合推出的历史典籍《四部文明》取得重大社会效益及经济效益，陕西科学技术出版社即将推出的《西安城墙》、三秦出版社即将推出的《中国蜀道》、陕西人民美术出版社即将推出的《中国陵墓雕塑全集》获国家出版基金支持。陕西是历史文化资源的富矿，对这一资源进行深度挖掘，是发展陕西文化产业的重要方面。革命圣地延安是陕西独特的红色文化资源，陕西人民出版社先后推出《延安革命文献档案》《延安缔造》《天道——来自红色老区的绿色报告》，太白文艺出版社即将推出的《延安文艺档案》《照金》等，这些都必将为陕西文化产业的繁荣添光加彩。

另一方面要把握发展机遇问题。近两年内，国家要全方位地对文化传媒机构实施转企改制，而且"鼓励和支持社会资本特别是国有大型企业参与出版传媒企业的股份制改造。同时大力培育一批走内涵式发展道路的'专、精、特、新'的现代出版传媒企业"。如何以资本为纽带整合各类文化资源，搭上国家文化体制改革这班顺风车，也是快速做强做大陕西文化产业的关键。三是充分发挥陕西影视创意制作的名人效应和人才优势，实施有巨大社会影响的"大片"工程，扩大陕西文化产业的整体影响，提升陕西文化产业的整体形象。

（3）创意设计，重点发展工业产品设计和空间艺术。陕西推出的各类产品不少，且创新和技术含量不弱，但品牌较少，一个重要原因就是产品外观设计太差。因此加大发展产品装潢设计的创新力度，将对陕西国民经济主战场起到助推作用。陕西基础建设的任务十分繁重，地铁建设、城市改造、道路拓展、旅游开发等连绵不断，因此注重城市空间艺术设计，对美化古都，提升城市现代意识和文化形象都有着十分重要的作用。

（4）数字内容产业。全面推动"大网"工程，逐步构建网络教育、电子图书、数字会展、数字博物馆、数字报刊、手机出版、移动阅读器、网络视频、数字视听、动漫与网络游戏十大业务板块，先行从网络教育、电子图书、手机出版、动漫与网络游戏四个方面启动数字内容产业，实施"三步走"发展战略：

第一步，以教育和历史文化为切入点，深入探索数字出版盈利模式，依托市场及陕西的优势资源，稳扎稳打地推进数字出版产业的发展，初步形成数字出版完善的产业链。

第二步，千方百计完善数据库建设，积累数字出版经验，抓住3G技术全面推广的有利时机，全方位开拓以"手机出版"为核心的移动媒体出版，积极占领这一领域的有利竞争地位。

第三步，向网络游戏、数字影视及其他数字出版相关产业拓展，彻底实现由传统平面出版业向现代立体传媒业的转变，构建完整数字出版产业链，形成陕西新的经济增长点。

力争三年之内，陕西数字内容产业的发展居于全国领先地位，为下一步的产业腾飞及与国际接轨打下良好的基础。

四是推动科技与文化的全方位融合。文化与科技如影相随，相生相伴，必须顺应科技发展的新趋势，更加主动地推动文化与科技的融合。现代科技的发展和运用，打通了通讯、传媒、娱乐等多个领域，形成了网络视听、电子图书、手机报刊、动漫游戏、移动多媒体广播电视等一大批新型文化样式和文化业态。科技的进步对文化的推动作用，既体现在创作生产的效率上，也体现在内容形式的创新上；不仅使文化传播的范围更广，而且使文化的吸引力感染力更强；不仅创造文化发展的新平台，而且催生出文化发展的新业态。所以推动科技与文化的全方位融合，将为陕西文化产业发展注入强大动力，将使陕西文化产业插上腾飞的翅膀。

五是创新发展模式。根据城市功能和各开发区的产业优势，合理规划文化产业布局，走一条以专题产业园为主要模式，专业文化经营机构参与，多种经济成分并存、股份合作的新的文化产业发展之路。具体如下：

（1）依托西安曲江新区，打造文化艺术产业园和出版传媒产业园。

（2）依托西安高新区的技术资源优势，以建立陕西国家级数字出版基地为契机，建立西安高新数字传媒产业园。

（3）发挥浐灞生态产业功能，借鉴深圳"设计之都"和顺德国家工业设计与创意产业基地的成功经验，建立浐灞生态创意设计产业园。

（4）以北郊经济开发区印包产业园为基础，广泛招商引资，逐步形成西安文化制造业基地。

（5）依托西安国际港务区，形成文化产品物流基地。

（6）依托关天开经济区投资优势，促进文化要素的自由流动，逐步形成文化产权交易基地。

六是建立规范、科学、有序的投融资体系，为陕西文化产业的发展保驾护航。毋庸置疑，文化产业具有广阔的市场前景和诱人的投入回报，但同时又是一个极富挑战性，需要高投入的产业。为此，积极推进资本运营，是发展陕西文化产业所必需的。

首先，省委省政府拿出巨资先后成立陕西文化产业投资控股有限责任公司、陕西省产业投资集团、"关天旅游文化发展基金"等，其目的就是为了发挥资本的聚合效应，攥起拳头干大事，从而加速陕西文化产业的发展。为了确保国有资产的保值增值，规避投资风险，降低产业投资代理成本，尽快形成一套规范、科学、有效的投融资策略和机制是十分必要的。

（1）尽可能摒弃独资形式的落后的投资方式。

（2）充分运用净现值法、内部收益率、投资回收期等财务工具，建立严谨科学的项目论证系统。

（3）强化制度建设，按照控股、参股、项目合作等不同投资方式，实施有效的资本运营监管。

（4）完善企业法人治理结构，确保决策程序的规范和透明。

（5）本着为资本和股东负责的态度，培育和完善成熟的职业经理人市场，形成适应市场经济的人力资源使用和激励机制。

其次是整合资源，形成合力，欢迎各类社会资本，尤其是风险资金的投入，大家携起手来，共同发展陕西文化产业，实现共赢。

第三，文化产业是极富前景的产业，因此当发展到一定时期后，要积极培育优秀文化企业上市融资，大量运用社会资本，实现陕西文化产业的跨越式发展。

七是重视创意人才的培养和引进。人的因素是创新的关键,"智力资本"在文化产业的发展过程中起着至关重要的作用,因此应重视创意人才的培养和引进。西安高校林立,是全国很有影响的人才基地,首先,应全力挖掘和培养使用当地的优秀策划创意人才;其次,西安在上海、北京、深圳等地创意产业园沉淀了大量的优秀人才,因此应尽可能地制定优惠政策,吸引他们返乡服务和创业;第三,在全球范围内吸引优秀创意企业,招聘优秀创意人才,努力使古都西安成为文化创意企业的荟萃之地,优秀创意人才的向往之都。

八是扶持中小企业发展。文化创意产业不同于传统产业,活跃着许多灵活而富于创新的中小企业。这些企业从创意到理念,从构思到产出往往是由少数人甚至是个人完成,不需要投入很高的成本,但对推动文化创意产业的发展起着十分重要的作用,甚至会出现小企业、大创意,拉动大产业的局面。如网络游戏是当前数字内容产业运营模式最成熟的领域,西安一家六十人左右的软件企业已经开发了一款《沧海》2D游戏,市场反响很好,最近又酝酿与台湾一家公司合作,开发大型游戏《秦时明月》,虽前景看好,但面临较大的投资压力。试想一下,如果陕西沿着历史文化这条主线,加大内容创意策划,以成熟的项目投资政策扶持一批有作为的中小软件企业共同发展网游产业,那么陕西超越盛大、第九城市等国内著名企业,成为国内一流的网游开发、运营基地也就为期不远了。小企业在创业之初往往会遇到很多困难,出台针对中小企业产业扶持政策对发展文化产业是十分必要的。英国政府为了鼓励小企业搞出大创意,采取了一系列政策措施,在资金资助、咨询建议、知识产权保护、技能培训、网络服务、场所等方面给予大力扶持,其具体措施如:设立国家科学技术和艺术基金,每年拿出两亿英镑,以推动和支持在科学、技术和艺术方面的创新;建立资助大学生创业的孵化计划项目;建立创业孵化基地;税收方面向小型企业倾斜。陕西应借鉴国内外一些好的做法,扶持中小企业健康快速发展。

九是实施"走出去,引进来"战略。首先,搭建合作交流平台,与北京、上海、深圳等地建立长期合作关系。西安有人力资源优势和研发优势,北京有信息和政府资源优势，上海有海外渠道和产业领先优势，深圳有创新和文化制造业优势，因此陕西文化产业完全有可能和这些发达省市优势互补，实现共赢。其次，西方发达国家在创意设计、动漫艺术和数字内容产业等方面处于绝对领先地位，而这些方面又是国家大力倡导的领域，几乎没有政策障碍，因此应千方百计引进外来的先进技术、理念、管理经验，以促进陕西文化产业快速发展。最后，充分挖掘民间文化和历史文化资源，积极推动走出去战略。一方面，越是民族性的东西越具有世界性，因此，应深入研究和整理陕西优秀民间文化和非物质文化遗产，积极走向海外，走向世界；另一方面，以国学大讲堂等形式，深入研究和汲取传统文化的精华，伴随国家主流价值观的宣传及孔子文化的扩张一起走向海外，为增强国家软实力做出应有的贡献。

十是构建文化产业发展的内容质量保障体系。文化产业既具有意识形态属性，又具有商品属性；意识形态属性是特殊性，商品属性是普遍性。所以在具体实践中，既要尊重市场经济客观规律，还要按照精神产品的内在要求，构建内容质量保障体系：注重文化产品的价值取向，要有品位；注重文化产品的创意策划，要有创新；注重文化产品的差异性竞争，要有特色；注重文化的娱乐消费功能，要有市场。只有正确把握文化产业的双重属性，经过长期不懈的努力，才有可能确保我省文化产业健康有序发展，最终实现繁荣文化产业，增强文化软实力的目的。

总而言之，文化无处不在，无所不包，它就像一只无形的手影响着人类社会的方方面面。文化底蕴、文化观念决定文化产业的发展，同时文化产业的发展，又会影响人们的思维，反过来提升社会的文明水平，推动文化的进步，从而产生杠杆效应，拉动整个国民经济的发展。发展文化产业具有十分重大的意义。不仅能推动实体经济的进步，而且还能推动整个社会观念的进步；不仅能促进文化产业自身的发展，而且对整个国民经济发展也会产生重要影响，从而在陕西未来的发展中担负起重要的历史使命。

陕西数字教育出版发展的初步设想

随着数字技术向各个领域不断延伸,数字出版正日益成为全球出版产业变革的"前沿阵地"。数字出版是指以互联网为流通渠道,以数字内容为流通介质,以网上支付为主要交易手段的出版和发行方式。教育出版作为出版产业链中的重要环节,作为传统出版业的重要组成部分,成为数字出版革命中当仁不让的主力军。

在教育出版当中,根据教育阶段、内容的不同,可以划分为基础教育出版和高等教育出版两大部分。基础教育出版包括学前教育出版、小学及中学教育出版,而高等教育出版主要是指大学及以上以研究性内容为主的专业性教育出版。无论是基础教育出版还是高等教育出版,通过技术手段实现教育出版的数字化,对各种用户需求的资源利用现代技术进行快速传输,建立二十四小时可提供内容查询和技术服务的数字在线资源库,等等,已经成为当前教育出版行业技术革新的推动剂。这些由技术变革而带来的出版业的全新运作方式,对于教育事业的发展大有裨益。

一、发展数字教育出版的重要意义

1. 数字出版、教育信息化已被确立为国家发展战略

按照《国家文化产业振兴纲要》《国家"十一五"规划纲要》《国家

"十一五"文化发展规划纲要》文件精神，发展数字出版已经成为国家发展战略的重要组成部分。《国家教育事业发展"十一五"规划纲要》指出：要"以教育信息化带动教育现代化"。在这一背景下，努力研发和探索数字教育出版的发展和运作模式，就显得异常重要和必要。

2. 数字教育出版在实现陕西"文化强省"进程中起着基础性作用

据统计，目前我国绝大多数的传统出版行业的核心出版机构，都是以中小学教育出版作为其最重要的出版内容和销售收入来源。在具体的出版内容方面则涵盖教学课本、辅导参考书以及相应的延伸资源等。基础教育出版承担着服务基础教学的重任，考虑到其受众的特点和数量等因素，与其他出版领域相比，该部分内容要实现数字化，面临着所需资金投入高、技术手段要求繁杂等比较严峻的问题。对此，传统教育出版机构面对资源、资金、渠道和市场运作能力等方面的不足，需要立足于内容资源，借助技术推力，实现内容资源、人才资源、品牌资源的优势在数字化环境中的延伸和发展，找到符合自身特点的数字出版盈利模式和发展方向，其未来值得期待。

另一方面，有报告显示，传统教育出版业连续四年处于徘徊状态，而数字教育出版却具有广阔的发展前景。在这种形势之下，以往依靠传统出版方式经营、运作的出版机构也需要对其企业的发展路径和方式做出必要的选择和决断。

作为新兴产业，数字出版这条富于资源和市场魅力的纽带，把内容、技术、营销等紧紧地联系在了一起，其强劲的发展势头和巨大的产业潜力不容忽视。教育出版是出版产业链中的重要环节，传统教育出版单位在数字化时代的竞争中取得优势的根本，在于寻求内容资源与新技术、新媒体的结合，创造出极具个性和高度专业化的数字产品，让教育服务延续到整个学习过程中，从而更好地、更有效地满足用户的需求，也将从这个方向上找到教育出版发展的新方向。

3. 当前是发展数字教育出版的最佳时期

数字教育出版依托传统教育出版所特有的资源内容和优势，结合当前快速发展的互联网技术,能够有效地组织起传统教育出版向数字教育出版的转化进程,同时高速发展的数字技术和网络技术又为数字教育的发展提供了可以利用的契机。数字教育出版利用互联网技术作为流通和销售渠道,能够快速、便捷而又低代价地将自己的教育产品从开发成品传送到用户手中,而用户则通过网络注册付费等方式,将相应的消费金额转交给内容提供商。这种便捷、快速的运营模式依靠互联网络的普及和高速发展,从而让传统教育的受众变成数字化教育的潜在用户,因而使得数字教育出版具有极大的发展空间。

近年来,网络技术的革新,尤其是3G技术的普及,也为数字教育出版的快速发展奠定了良好的基础。

在数字教育出版方面,国内的发达省市,如广东、上海、浙江、江苏、湖南、湖北、四川、重庆等,均启动了数字教育出版工程,取得了一定的良好效果和收益,这也为陕西数字出版教育的发展提供了一些可以参考的转化模式。

4. 数字教育出版能够极大地推动教育事业的信息化及远程教育建设

数字教育出版能够推动全省新课程建设及教育评估的步伐。国际著名的数字教育出版商麦格劳·希尔就针对中小学教育开发了一款名为Acuity的软件产品。这一软件允许学生按周或月等进行周期性的接入,并对学生进行相应的考核,从而能够让教师了解每个学生的表现及所需的指导,这也使得因材施教变得更为容易,而生成的测评报告也有助于对教师的工作进行评价。

数字教育出版同时也可以通过数字手段解决落后地区教师资源方面的不足,由于数字出版产品的便携性和传输方式的高速性,从而能在一定程度上弥补各个地区教育资源的不平衡。通过各个拥有不同教育优势资源的学校之间进行相应的优势交流、互换和共享,能够使得优秀的教育资源得到更广范围的传播和利用,从另外一方面对教育事业产生积极的影响。

数字教育出版方式的特性,使得生产出来的数字教育产品具有循环使用的优良特点,也使得无论在资源的有效传播还是在对纸张等资源的保护方面，数字教育出版都具有传统教育出版方式不可比拟的优势。

二、数字教育出版的服务特性与方式

图书到读者手里只是服务的开始。现代数字技术的发展塑造出全新的教育出版理念，教育出版服务正在向个性化、按需订制的方向发展。其特点是以读者需求为中心，集成最优质的教育内容资源，以最适当的表现形式来满足多样化的学习需求。在数字技术环境下，把图书送到读者手里并不是服务的终结，而是服务的开始。

教育类出版物的属性决定其与数字技术的结合更为便利、自然。教育类图书的读者中绝大部分是计算机和互联网用户中比例最大的青少年，如今他们的学习体验呈现全方位、多维型、多层次的特点，他们普遍认同并乐于接受数字化内容，是教育出版数字化中最稳定的受众群体。提供经过精心策划编辑的内容和相关衍生资源，是教育出版单位与生俱来的优势，而不断涌现出来的技术服务商和网络运营商，则丰富了教育产品的媒体形态和销售渠道，为教育出版数字化建设提供了强大的技术支撑。

近年来，世界出版业进入了全面转型的新时期，许多国际著名的教育出版机构主动适应产业环境，积极拓展出版新领域。他们对数字化生存保持高度的敏感，早已完成了纸质图书的数字化，并利用数字技术积极推广新媒体，为读者提供全面的增值服务。他们普遍建立了内容数据库、网络教育平台等，开发制作各类数字产品，并利用数码印刷技术提供个性化的按需印刷服务。英国培生教育集团的数字产品和服务为其创造出了巨大的销售收入，他们在数字出版的战略定位上，侧重于内容深度挖掘和高附加值增值服务，通过两千多家网站建立起世界一流的教育网络，为读者提供教材制作、教辅更新、考试和评估等全方位的服务。美国圣智教育出版集团公司则应用信息管理系统进行数字内容的发布，在热门搜索引擎、门户网站上提供其所出版图书信息的链接，并通过电子邮件经常性地向目标读者发送信息，为读者提供了方便快捷的工具书应用新模式。

目前，我国互联网和校园网的普及，社会和学校图书馆对数字教育资源投资的增长，技术提供商版权保护技术的完善，以及教育出版单位整体实力相对较强等，为教育出版数字化建设奠定了良好的基础。一些教育出版单位对于数字出版的新思维、新视野表现出浓厚的兴趣，已把数字出版作为一项重要的企业发展战略，带着先进的理念率先踏上了数字化征程。

2008年4月出炉的《我国图书出版社跨媒体出版状况调查报告》显示，我国近40%的教育出版单位成立了数字出版部门，33%以上的教育出版单位具有音像、电子或网络出版权，70%以上的教育出版单位建有自己的网站，教育出版单位与技术公司合作的电子书品种快速增长，部分实力较强的教育出版单位在数字化建设和数字化产品开发上纷纷亮出新的举措，在数字出版领域内的探索和实践已初见成效。高等教育出版社提出了"教学内容集成"的理念，建立了多媒体特色的专业数据库，并开发了创新数字出版业务流程的"内容管理平台"，推出多元化产品，形成数字化的服务方式和营销体系。清华大学出版社结合图书推出的"新时代交互英语"网络教学平台，应用语音识别、人工智能、高清晰度视频与音频传送等技术手段，已广泛应用于全国二十多个省市的一百多所高校。在新一轮基础教育课程改革中，人民教育出版社和凤凰出版传媒集团是中小学教材开发的两支劲旅，除音像制品、多媒体光盘外，他们还建立了具有实时共享、动态交互功能的分学科网站，这些数字化产品释放了资源优势，延伸了增值服务，同时也扩大了纸质教材的市场空间。

三、数字教育出版产业发展面临的问题和未来发展、运作模式

虽然我国教育出版单位在数字化建设方面已取得一些成绩，但由于受到投入资金不足、商业模式模糊、数字技术和管理人才缺乏等问题的限制，中小型单位利用数字化创新出版模式的动力不足，没有真正找到将现有内容优势转化为数字化条件下传播优势的可行方法。

目前，大多数教育出版单位介入数字出版的主要方式是与技术公司在电子书方面的合作，电子书的去向绝大部分是以B2B的形式销给各类图书馆，真正B2C的业务量还很少。面对数字技术快速发展的出版新环境，教

育出版单位要积极开辟数字出版方向，在按需印刷、手机阅读、网络教育等方面开展业务，按照总体发展和市场导向的目标，实施数字资源的集成化服务和运营。

1. 明确自身发展定位，加强数字化建设的主动性

传统教育出版单位开展数字化工作，首先要确定自身发展定位，从信息管理和内容集成两方面着手，延伸多样化的数字产品形态，探索数字出版的商业盈利模式。实力强大的单位要有长远目光抢占制高点，中小规模的单位则要选择好最佳切入点和最佳时机，加强行业联合和与技术提供商的协作。

2. 建立网络管理信息系统，奠定数字化发展基础

网络管理信息系统是教育出版单位在数字化转型中首先要解决的问题。现代出版单位应该以全方位、全过程数字化为标志，包括出版社各部门业务平台、门户网站等，实现出版社管理工作的流程、业务、数据整体化和一体化。信息化管理基础设施建设，在提高出版经营管理的效率和效益的同时，也为发展数字出版等新业务奠定了基础。

3. 开发内容资源管理平台，实现数字化资源的综合利用

教育出版单位要以数字资源整合为中心点形成自己的核心资源，分类建立单元化和标准化的课程资源数据库、数字化题库等。内容资源管理平台具有智能标记、数据挖掘、组合编辑等特征，能用于开发多样化的数字产品，促进教育资源的服务增值。

4. 开展跨媒体出版业务，延伸出版产业链

教育出版数字化可以延伸出版的产业链，使个性化、专业化的资源在形态转化中实现增值。教育出版单位要在多媒体光盘、电子书、按需印刷、网络教育等方面积极开展业务，实现与传统出版的互补、互动发展，以多元化的发展态势推进企业数字化进程。

5. 提升个性化服务，挖掘数字内容的潜力和价值

从产品跃升到服务，教育出版单位需要对内容资源进行细致整合，创新性地架构服务平台，并根据读者的个性化需求来设计产品。教育出版的

个性化服务，可以将学习资源库、学习系统、测试系统与管理系统搭建成集成化教育平台，通过跟踪和分析，掌握读者的学习特点，为读者建立具有针对性的学习资源库和数字化题库等，开创教育出版数字化服务新的盈利模式。

6. 重视人才培养，把握资源开发与技术合作的主导性

传统教育出版单位的数字化建设，要注重建立一支精业务、懂技术的高素质复合型人才队伍。在发展数字产品上，综合实力强大的教育出版单位要自主建立技术平台，开发经营内容资源，如与技术提供商合作，要注重他们的知名度、信誉、版权保护措施等，形成优势互补的合作关系。

7. 加强行业联合，实现数字化资源的聚合效应

大多教育出版单位独立发展数字出版业务面临的主要困难之一，就是自身内容资源有限，无法满足数字出版对于海量内容的要求。教育出版单位的行业联合能够实现资源的聚合效应，加快数字化建设的步伐。合作可以是专业合作型的，也可以是地域合作型的；可以是资本纽带型，也可以是松散合作型。

8. 开展外向合作，进军数字出版国际市场

以数字出版为突破口开展外向合作，不仅有助于提高出版业务水平，还能扩大企业影响力和盈利能力。随着世界汉语学习热的升温，国外一些图书馆、研究机构和学校需要大量数字化的汉语教育读物，这给汉语教育类数字产品进军国际市场带来新的市场机会。相关教育出版单位应努力适应数字出版世界发展的潮流，培育数字出版业务特色和优势，拓展国际市场。

四、陕西数字教育出版发展的初步设想

在教育行政管理部门的支持下，利用西安高新区的数字技术优势，以及陕西出版集团丰富的内容资源优势，共同推动陕西数字教育出版发展。

1. 推动教育事业的信息化建设

配合国家远程教育工程，通过数字手段，在网络培训、数字示范课、优秀动漫教材、数字实验室、青少年健康教育等方面进行大力开发，全方

位推动全省教育事业信息化、数字化建设的步伐。

2. 实施电子书包工程

电子书包工程不仅可以为广大师生提供最优质的教育资源，而且还可以促进教材循环使用的进程。以电子阅读器为载体，内容包含六个方面：在线课程（包括在线教案）；在线家庭作业管理；在线测试和在线教育；电子图书；在线辅导；在线虚拟。

针对内容资源库中的教育教学类资源，提供网上在线测试和在线教育平台；利用大量的试题资源可以建立起一个基于关系数据库的大型学习资源题库，为通过身份验证的教师与学生用户提供个性化的服务；在线题库可以为题目的保存、分类和检索提供便利，为编制试卷提供高效率和低成本的手段；通过邀请知名教师在网站上进行视频讲解，向广大学生、家长提供在线视频教育；可以邀请知名专家针对素质教育、家庭教育等进行嘉宾访谈，与广大网民通过互联网进行交流；读者可以通过网站与教师、专家等进行在线交流、提问等互动。

电子书包工程实施步骤，包括以下三个方面：

第一步，建立省内学校试点，与省内比较有名的学校合作办实验班，探索教师在教学中对电子书包的运用；建立专家、老师不断完善的学生读书库；树立教学榜样（用视频方式进行记录）；完善电子书包设备。

第二步，进行推广，针对学校进行宣传、推广；针对家长进行宣传、推广。

第三步，普及阶段，建立与学校的电子书包运营体系。

电子书包工程项目实施前的一些做法：首先，教育厅、陕西出版集团共建陕西电子书包实验室；其次，以"应用电子阅读器拓展阅读体验、提升学生阅读能力的实验研究"为科研项目，带动和推动全省电子书包工程的发展。

3. 推进教材的循环使用

首先，主要拟在音乐、美术等副科方面进行发展，开发一系列数字教育出版产品，探索教材的循环使用。其次，加快地方教材的数字化进程，如《信息技术》（光盘）、《综合实践》、《健康教育》等科目，探索地方教材数字化教育建设的途径及方法。第三，积极创造条件，在国家政策允许的情况下，以数字出版为手段，全面推行教材的循环使用。

五、需要政府部门的大力支持

以省教育厅为核心的各级政府部门的大力支持与帮助，是促进陕西数字教育出版发展的关键。当前主要体现在以下三个方面：

其一，由陕西省教育厅、陕西出版集团共同开发电子书包，并在全省逐步推广；其二，明确从《音乐》《美术》等副科教材入手，以数字出版的方式，探索推行教材的循环使用；其三，条件成熟时，将数字教材和电子书包类列入政府教材招标的范畴。

在当前数字出版快速发展，科技变革日新月异的形势下，伴随着传统出版业向数字出版业大力转化的浪潮，传统的教育出版模式也应当依靠当前日渐成熟的传统出版数字化技术进行自我变革。数字教育出版模式的发展一方面是对传统教育出版模式不足之处的重要补充，更是在新的出版形态下能够有力地拉动传统教育出版业向前迈进的有力手段。数字教育出版依靠其开放性、即时性、多媒体性等特点，结合在传统教育出版模式基础上已经培养出来的资源销售渠道和模式，一定能够有效地开拓出教育出版的一个新天地，从而实现数字教育出版和传统教育出版的共赢，推动整个数字出版业的发展，为陕西的经济文化建设事业发展做出贡献。

陕西数字出版产业发展的初步设想

数字出版是指以互联网、手机及专属阅读器为流通渠道，以数字内容为流通介质，以网上支付为主要交易手段的出版和发行方式。其中由内容提供商、数字出版商、技术提供商、通讯渠道商及读者构成数字出版产业链的主体。数字出版内容涵盖互联网出版、跨媒体出版、按需出版、数据库出版、电子出版、网络游戏动漫出版、艺术典藏数字出版、在线出版、手机出版和音像制品出版等多种形式。

数字出版的发展符合国内外出版传媒产业发展的总趋势。按照《国家"十一五"规划纲要》《国家"十一五"文化发展规划纲要》文件精神，发展数字出版已经成为国家发展战略的重要组成部分。在这一背景下，我们经过充分调研，提出建立陕西国家级数字出版产业基地，是培育陕西新的经济增长点、提高陕西文化创意产业竞争力、实现全省"文化强"发展目标的客观要求。

一、重要意义

发展数字出版业，建设陕西国家级数字出版产业基地，有利于加速推进陕西"文化强"战略目标的实现，有利于陕西雄厚的文化资源优势的产业转化，有利于传统出版业向现代传媒业的转变，有利于打造传媒产业链，引领我国数字出版业的创新和发展，有利于形成陕西新的经济增长点，提高整体竞争力。

二、产业依据

1. 国家政策鼓励发展数字出版产业

《国家"十一五"规划纲要》已经明确提出要把数字出版技术、数字化出版印刷、复制和发展新媒体作为科技创新的重点。《国家"十一五"文化发展规划纲要》要求，"加快从主要依赖传统纸介质出版物向多种介质形态出版物共存的现代出版产业转变，积极发展以数字化生产、网络化传播为主要特征的数字内容产业"。《新闻出版业"十一五"发展规划》提出：到"十一五"末，要建设4—15个数字出版基地，形成10—20个网络出版强势企业。

2. 实现陕西"文化强"战略目标需要发展数字出版

出版传媒产业是文化产业的重要组成部分。据统计，我国出版传媒产业产值已超过4500亿元，约占整个文化产业的50%以上。但传统出版业已连续四年处于徘徊状态，数字出版却具有广阔的发展前景，主导着文化产业的发展方向。因此，数字出版的发展必将在实现陕西"文化强"战略目标的过程中，肩负着重要的历史使命。

3. 优良的市场成长率决定了未来数字出版广阔的发展前景

截至2008年年底，中国网民数已经达到2.98亿，居世界第二位。截至2008年2月，我国手机用户已达56522.7万户，普及率已达41.6部/百人。

据统计，我国数字出版整体规模2006年为252亿元人民币，到2007年，其市场整体规模更飙升至360亿元人民币；到2008年年底，我国数字出版产业的整体收入规模达到530亿元，比2006年增长110.32%，比2007年增长47.22%。

2007年，我国传统的图书、期刊、报纸整体增长6.16%，而数字出版则高达96%。

2008年上半年，美国传统出版业增长率为0.5%，而以亚马逊为代表的数字出版增长率达到31%。

4. 行业发展阶段表明当前是发展数字出版的最佳时期

体现在三个方面：一是发展速度很快、发展空间很大；二是技术进步，尤其是3G技术的普及，为数字出版的快速发展奠定了良好的基础；三是在数字出版方面，大家都处于探索阶段。

5. 陕西出版集团、西安高新区各自的优势为发展数字出版奠定了良好的基础

陕西出版集团拥有一支高素质的人才队伍，具有高级专业技术职称二百一十人，中级专业技术职称一百九十六人，创意研发实力雄厚。另外，在版权的获得及书号、刊号、网络、电子出版号等方面拥有他人无法替代的天然优势，能够为我省数字出版产业的发展提供强大的业务支撑和政策支持。

高新区具备土地资源垄断优势（已确定为数字出版基地项目专门划出100亩土地），积累了丰富的招商引资经验，同时孕育了区内浓厚的产业发展氛围；还有数以千计的文化（软件）企业，经营灵活，经历了市场上长期的摸爬滚打，练就了直面市场竞争的过硬本领。

综上所述，数字出版是朝阳企业，我们应该抓住这一难得的机遇，快速启动数字出版业的发展。

三、建设重点

1. 远期规划

构建拥有网络学习、电子图书、数字会展、数字博物馆、移动阅读器、数字期刊、手机娱乐、数字视听、数字地图、数字动漫等十大板块，综合信息服务、策划创意与营销、研发与人才培训、多种媒体出版、数字出版结算等五个平台的国家级数字出版产业基地。

2. 近期工作

教育是最大的潜在市场，历史文化是陕西最具竞争力的资源优势，手机出版是数字出版产业中最具市场前景的板块，为尽可能规避风险，取得

事半功倍的效果，宜以教育、历史文化和构建手机出版平台为切入点，着力开展以下几方面的工作。

（1）网络教育板块。陕西出版集团旗下拥有陕西人民教育出版社、未来出版社两大国内教育类内容出版产业品牌，高新区现有五洲科技、英迪智能软件等企业二十一家。将纸质教育、学习内容有机地转化为网络模式，会有效做好陕西数字教育出版产业的最大蛋糕。

拟从六个方面拓展：①在线课程（包括在线教案）；②在线家庭作业管理；③在线测试；④电子图书；⑤在线辅导；⑥在线虚拟。条件许可的话，开发专用阅读器，与教育行政部门与通讯企业紧密配合，实施电子书包工程，并为教材循环使用做出应有贡献。

（2）电子图书板块，包括网络视频、有声读物等。以陕西出版集团下属陕西人民出版社、三秦出版社等所积累的优质历史文化资源为突破口，利用高新区技术优势，以天盛软件、博龙文化等企业为基础，和北大方正、中文在线等开展有效合作，建立全方位数字出版平台，衍生电子图书、资源数据库、手机图书、动漫作品、影视作品、网络游戏等多种数字产品。

（3）以陕西科学技术出版社和陕西云翔科技等手机出版企业为基础，和通讯商密切合作，以教育产业和电子图书（视频）为承载资源，尽快搭建陕西手机出版平台。

3. 实施"三步走"战略

第一步，以教育和历史文化为切入点，深入探索数字出版盈利模式，依托市场及陕西的优势资源，稳扎稳打地推进数字出版产业的发展，初步形成数字出版完善的产业链。

第二步，千方百计完善数据库建设，积累数字出版经验，抓住3G技术全面推广的有利时机，全方位开拓以"手机出版"为核心的移动媒体出版，积极占领这一领域的有利竞争地位。

第三步，向网络游戏、数字影视及其他数字出版相关产业拓展，彻底实现由传统平面出版业向现代立体传媒业的转变，构建完整数字出版产业链，形成陕西新的经济增长点。

力争三年之内，陕西数字出版产业的发展居于全国领先地位，为下一步的产业腾飞及与国际接轨打下良好的基础。

四、初步设想

1. 开放办产业

可以概括为四句话：国有经济搭台，企业公司唱戏，提供政策保障，放开产业经营。

具体措施如下：①参考上海的做法，申请由新闻出版总署和陕西省人民政府共建，成立领导小组，指导、监督基地的建设与发展；②由陕西出版集团、西安高新区管委会和外部投资机构，共同成立股份制的"陕西数字出版产业发展公司"，负责基地运营；③引进若干家技术提供商，按不同的产业方向推进专业发展；④与通讯商结成战略联盟，探索营收模式，确保可持续发展；⑤条件成熟时，与上海、广东等发达省市开展产业合作，共推中国数字出版产业的发展。总之一句话，产业链上的各环节以股份制和项目为纽带，分工协作，合作共赢，共同发展。

2. 扬长避短，创新发展模式

借鉴当前互联网产业发展的得失，发挥自身优势，闯出一条新路：一是数字出版产业要融入国家经济的方方面面，如政府数字化工程、新农村建设、远程教育等。积极主动地为政府排忧解难，使政府在数字出版产业的发展过程中真正发挥第一推动力的作用。二是注重内容资源的版权建设，注重内容产业的创新策划和专业发展，摒弃"海盗"行径和内容提供平而俗的做法。三是内容制作精益求精，要努力满足互联网及移动用户方方面面的需求，以方便、快捷、实用、交互、低成本、易支付等特点，获得市场优势。四是注重产品营销，线上线下交易同步推进，并在稳步扩大机构消费的前提下，以优秀的产品及有效的宣传，逐步引导读者需求，改变读者的阅读方式，使数字产品真正进入到广大青少年中去，进入到大众百姓中去，进入到千千万万个家庭中去。五是要有稳定快捷的结算方式，建议通讯企业在西安申请成立中国数字出版结算中心，为陕西数字出版产业的快速发展奠定坚实基础。

3. 启动复合数字出版工程，打造立体传媒概念

即传统纸质出版与数字媒介出版同期发布，分三步。首先，陕西出版集团所属八家出版社的传统出版物以纸质和数字媒介两种形式同时发布；其次，在省委宣传部、省新闻出版局的支持和协调下，以经济关系为纽带，推动全省所有出版单位图书、报纸、期刊的纸质、数字媒介形式的同时发布；第三，当运营模式成熟后，向周边省份延伸，扩大复合数字出版的范围，引领中国西部数字出版的发展，最终达到整合掌控资源、扩大产业效益、彻底实现由传统出版业向现代传媒业转型的根本目的。

4. 积极推进资本运营，为陕西数字出版产业发展保驾护航

毋庸置疑，数字出版代表了文化创意产业的发展方向，具有广阔的市场前景，但同时又是一个极富挑战性、需要高投入的产业。为此，积极推进资本运营，是发展陕西数字出版产业所必需的。

首先是整合各类资源，形成合力。既要积极申请政府投入和银行贷款，还应强调企业自身的投入，同时更加欢迎各类社会资本，尤其是风险资金的投入，大家携起手来共同发展数字出版产业，实现共赢。

其次，数字出版产业需要有一个培育期，因此有必要设立数字出版发展基金，按照市场运营规则，扶持产业的发展。

第三，数字出版产业既属于文化创意产业，又是高新技术产业，从国家和市场两个层面都是非常看好的板块，甚至也是极易与国际接轨的板块。因此，当发展到一定的时期后，应考虑充分利用西安高新区的便利条件，推动数字出版产业整体上市，大量运用社会资本，实现陕西数字出版产业的跨越式发展。

5. 创设中国西部数字出版论坛

征得陕西省人民政府和新闻出版总署的同意，在陕西省委宣传部的直接领导下，定期举办中国西部数字出版峰会。具体做法是：成立陕西数字出版产业联盟，在西安高新区辟出 3000—5000 平方米的数字出版展室，与上海、北京、广东等地大力合作，每年举办一次集研讨、产品订货、数字

版权交易为一体的数字出版盛会。

举办这样的峰会，一是汇聚数字出版产业的热心之士、有识之士，共为数字出版产业的发展献计献策，同时也为作者、内容商、软件开发商、技术提供商、渠道商、研究人员、读者提供一个交流的平台。

二是为数字出版产品的交易提供一个场所，主要邀请数字出版企业及以机构消费为核心的顾客群体，集中展示产品、看样订货，推动数字出版产业的市场化进程。

三是为作者、内容提供商与技术商、通讯商牵线搭桥，探索数字版权交易的新模式，确保数字出版产业的有序健康发展。

五、战略目标

1. 总的目标

致力于建设国内一流、西部最大，全方位、立体化的，融图书、报纸、期刊、电子音像、网络等出版功能于一体的产业架构，实现多方合作、资源共享，资源交换、互惠互利的数字出版产业基地。

2. 发展进程

（1）2009年成立股份制的陕西数字出版产业发展公司，并以中小学电子书包工程、手机出版、复合数字出版、电子图书等为切入点，启动产业的初步发展；同时，向省发改委、国家新闻出版总署申请立项，将数字出版基地列入全省文化产业重点工程，成立陕西国家级数字出版基地。

（2）启动数字出版产业园建设，在西安高新区建立占地100多亩的专业园区，分两期完成，一期建筑面积为5万平方米，二期建筑面积亦为5万平方米。聚集产业内容提供商、网络运营商、手机运营商、营销服务商等产业要素，构建十大板块、五大平台。

（3）经过三年努力，在基地内产业链条趋于完整、产业孵化功能日益强大、产业规模达到一定程度、产业地位举足轻重之时，陕西数字出版产业发展公司或整合内外部关联资金、资源，力争成为陕西首家文化创意产业上市公司，以谋求更多资金，促进更大发展。

3. 发展目标

2009—2010年,成为示范性国家数字出版基地。吸引十家国内国际知名的数字出版企业落户,形成5—7家年收入过亿元的数字出版骨干企业和一批具有自主知识产权的创业型企业。

2011—2015年,成为举足轻重的国家数字出版基地。吸引五十家国内外知名数字出版企业落户,形成十家年收入过亿元的数字媒体骨干企业和一批具有自主知识产权的创业型企业,2015年力争实现50亿—100亿元的数字出版总产值。

2015年以后,建成国际一流的数字出版基地,形成一批具有国际竞争能力的企业,产值规模达到200亿元。

陕西国家级数字出版基地的建立,预计将吸纳大学本科以上学历的各种专业人才一万人以上,由于产业具有鲜明的创新性,不仅会强力推进陕西传统出版业向现代传媒业的转型,而且在当前全球金融危机的背景下会逆势飞扬,在陕西建设文化强省的进程中带动若干产业的发展,当之无愧地成为我省文化创意产业新的经济增长点。

陕西出版集团精品出版之回顾与展望

多出精品图书，是出版工作的重中之重，也是提升出版业整体实力、增强发展后劲的迫切需要。

陕西出版集团自成立以来，在省委、省政府的大力支持下，在省委宣传部的直接领导下，在省新闻出版局的具体指导下，集团及各子公司紧抓国家深化文化体制改革、加快文化产业发展的有利形势，认真贯彻、落实中央和全省有关精品生产的精神与要求，始终坚持"三贴近"原则，以满足人民群众精神文化需求为出发点和落脚点，自觉接受读者的评判、市场的评判，勇于实践、敢于创新，精品出版取得了初步成效，并形成了一定的品牌优势、影响和竞争力。

一、基本措施

自 2008 年起，集团采取多种有效措施，将精品出版当作集团一项长期的重要工作来抓。

（1）明确了发展目标和思路。确定了"做足教育出版、做强大众出版、做精专业出版、做优数字出版"的主业发展目标，确立了"产品结构调整、精品项目带动、做强出版主业、重塑陕版形象"的发展思路，把精品图书生产作为出版工作的核心。

（2）狠抓重点项目策划论证。制定了《陕西出版集团精品图书、重大出版项目论证管理实施办法》。2010年，召开了首届重大出版项目论证会，二十多位知名专家对集团八家子公司所申报的二十二个重大出版候选项目进行了论证、评审，遴选出十四个集团重大出版项目。

（3）加大精品出版资金资助。制定了《陕西出版集团重大出版项目资助管理办法》。每年设立二百万元的精品图书资助基金，对各子公司的优质图书选题予以直接的资金资助。2010年，《红色档案——延安时期文献档案汇编》等十四个集团重大项目分别获得不少于十万元的项目资金扶持，部分项目如《天路之魂》等的出版价值和影响力开始显现。

（4）积极参加重大图书会展。在精品图书"走出去"方面，更是步伐日渐紧凑。多次组队参加了南非国际书展、美国国际书展、德国法兰克福书展、海峡两岸图书交易会、全国图书交易博览会、北京国际图书博览会、西部文化产业博览会等活动，强力进行对外宣传、推介、交流，使部分精品图书冲出省门、国门，走向世界。

（5）注重合作，提升影响力。注重加强与有关部门的交流与合作。2009年，在北京召开了包括中国作家协会，陕西省委宣传部、省新闻出版局、省作协以及集团等多家单位和媒体参加的《青木川》新闻发布会。2010年，举办了有省委宣传部、省新闻出版局、省作协、集团和数十家新闻媒体参加的"西风烈"项目启动新闻发布会，并与陈忠实等十多位知名作家签订了出版意向书；由景俊海副省长主编、省政府资金资助的陕西旅游文化丛书之《人文陕西》《山水秦岭》《红色延安》《佛都长安》也于10月份正式出版发行。

（6）精心组织重点选题申报。为配合建党九十周年和辛亥革命一百周年纪念宣传工作，组织策划了《辛亥百年来中国社会新思潮》《马克思主义中国化的百年历程》《西方人眼中的辛亥革命》等重点选题。积极组织国家出版基金、文化产业引导资金、"经典中国国际出版工程"、古籍整理项目、新闻出版项目库等的申报工作。

（7）完善考核体系、培训机制。建立单品种核算体系，将本版书研发和精品工程建设纳入子公司年度目标任务考核体系。建立以人为本的绩效体系，对有能力、能干活、肯干活、出实绩的编辑在政策上予以倾斜。邀请国际资深出版专家罗伯特·班奇教授、上海文艺出版集团总编辑何承伟，对骨干策划编辑进行业务培训。

（8）编制重点图书出版规划。组织了六场"十二五"重点图书出版规划专题调研会，包括社科、科普、历史旅游文化、文艺、艺术、青少年读物等，邀请各行业、各领域专家学者共商大计、共绘蓝图，完成了《陕西出版集团"十二五"重点图书出版规划》的编制工作。

二、取得成效

经过三年的不懈努力，陕西出版集团精品图书的品牌影响力不断提升，所获图书大奖、重大项目也不断攀升，节节走高。

1. 重大奖项

国家级三大奖方面。2008年，在首届中国出版政府奖评选中，《甘肃省博物馆文物精品图集》获得印刷复制奖，《京剧大师尚小云》获装帧设计奖提名奖。在第二届中华优秀出版物奖评选中，《芮国金玉选粹——陕西韩城春秋宝藏》《中国美术分类全集·中国陵墓雕塑全集·两晋南北朝》获图书提名奖。

2010年，在第三届中华优秀出版物奖评选中，《出版传媒产业发展与实现价值增值的研究》获全国优秀出版科研论文奖；《法门寺》（六集大型文化纪录片）获音像出版物奖；《中国法制六十年（1949—2009）》《中国美术分类全集·中国陵墓雕塑全集·3·东汉三国》获图书提名奖。

中央部委和行业协会奖项方面。2008年，《芮国金玉选粹——陕西韩城春秋宝藏》获全国优秀古籍图书一等奖，《全唐文补遗》《陕西社会经济史》获二等奖。《中国陵墓雕塑全集》(第四卷)和《中国钢笔画》获第十七届"金牛杯"优秀美术图书铜奖。

2009年，"中国西部作家"丛书获第三届中国女性文学奖，《感恩之心》和《青少年身体使用全书》获中国发行协会颁发的年度优秀畅销书奖。

2010年，《土天堂》《我的陕北》获第四届冰心散文奖。《洛阳古代铭刻文献研究》《商周金文编——宝鸡出土商周青铜器铭文汇编》分别获全国优秀古籍图书一、二等奖。《09'中国陕西》被中央对外宣传办公室、国务院新闻办公室评为全国优秀外宣图书一等奖。《客死长安》获首届"紫禁城杯"全国文化遗产最佳普及图书奖。

省级奖项方面。2008年，《东望长安》上报省委宣传部，参加全国"五个一工程"图书奖评选，《青木川》《村子》作为全国"三个一百"优秀文艺类图书入围作品向全国推荐。

2009年，获得陕西省第十一届"五个一工程"所有优秀图书奖，获奖作品是《村子》《青木川》《最美女孩熊宁》。

2010年，在首届陕西图书奖评选中，集团共有十八种作品获奖。《青木川》《村子》《青春的备忘——一个知青的往事追怀》《一地花影》等获第二届柳青文学奖。

2. 重大活动选题及基金项目

2008年，《中国经验——改革开放三十年来的社会建设实践》《时代之印——中国媒介三十年》入选国家新闻出版总署全国一百种纪念改革开放30周年重点选题。

2009年，《中国法制六十年》入选新闻出版总署庆祝新中国成立六十周年重点出版物——《辉煌历程》重点书系。《延安革命文献档案汇编》（300万元）、《光学手册》（50万元）共获得350万元国家出版基金资助。《延安迎天下》（50万元）、《大秦岭》（50万元）、《西风烈》（300万元）获得省委宣传部400万元资助。

2010年，集团精品出版项目和其他几个项目一起申报财政部文化产业发展引导资金，获得项目资助；在"经典中国国际出版工程"和古籍整理项目上均获得了国家专项基金资助。与中国台湾故宫博物院达成《中华青铜器文明》的初步合作出版协议。《看里面系列》入选新闻出版总署2010年向青少年推荐的全国百部优秀图书。

3. 产生重大社会效益和经济效益的其他精品图书

2008年，"四部文明"丛书、小学国标教材、《新农村书系》等"三农"

图书、优秀市场化助学读物、国学普及图书等的市场份额不断提升。

2009年，"可爱的陕西"系列丛书、"民族大团结"丛书、"世界文学百部名著"、《西路军》、《文人陈独秀》等在市场上引起了较好反响。

2010年，《猫武士》《校园安全应急与逃生》《农村红白喜事》《乡风食俗》《毛泽东和他的百位亲属》《薛刚反唐》《论语》（国学百部版）等图书的发行量节节攀升，单品发行量均在五万册以上。西部文博会上，举行了文化精品书籍《贾平凹文集》首发式，作者贾平凹亲临现场，和众多铁杆"贾迷"亲密接触。

三、存在不足

三年来，集团精品图书生产无论在质上，还是在量上，较以往均有所进步，但仍存在较多不足。

（1）零敲碎打，不成体系。这是历史原因。长期以来，陕西出版业缺乏整体发展规划及设想，更遑论精品出版长期发展的扶持政策及战略。各出版社依靠自我惯性各自为营、单兵作战、我行我素，在精品图书生产的效率上处于低策划、低产出、低回报。

（2）迫于生存，力所不逮。囿于教材教辅分散经营，且本版图书的研发、生产及营销工作不力，大多数出版社的经济实力有限，心有余而力不足，无力在精品出版上做出篇幅更大的文章来。

（3）重视不够，投入不足。由于观念的问题，对于本版书的投入，各出版社大多处于一种保守、观望的状态。投入大了，回报少了，经营者无法交差，更会惹上"不会经营"的恶誉，那还不如将本版书投资风险降到最低点——不投资。

（4）影响较小，规模不大。本版书的品牌影响力不强，尚未形成较大的规模效应，主要还是依靠品种数量上的粗放式增长，抵御市场风险的能力还不够大。究其原因，主要还是产业集中度不高，以教育出版为产业主体，本版图书研发能力低下，甚至缺失，更谈不上本版书的品牌影响和规模效应。

（5）偏安一隅，"双效"式微。由于长期在教材教辅生产上偏安一隅，以及生存压力的影响，陕西出版业本版书无论在数量上，还是在质量上，均差强人意，双效图书偏少，社会效益和经济效益在整体生产规模偏小的情况下也无从谈起。

（6）缺少支撑，储备过少。随着国内图书出版业"东强西弱"格局的进一步加剧，大量的优质图书选题资源和作者资源，集中在东部发达省份已是不争的现实，西部省份后备精品图书选题的储备已显不足。这对于未来精品图书的生产，有着不可估量的影响，直接的结果必然会是：强者更强、精者更精，弱者更弱、差者更差。

（7）差距明显，重点无获。与发达地区的出版集团相比较，陕西出版集团在"五个一工程"奖、中国出版政府奖、中华优秀出版物奖等三大国家级奖项及重大基金项目的评选中，均存在着较大的差距。

（8）人才缺乏，发展乏力。出版业是内容产业，是智力经济，人才建设是根本保障。目前，集团人才结构极不合理，尽管不乏高学历、高职称人员，但是真正能创新、能策划的编辑较少，从而导致精品图书生产后劲乏力。

四、有关对策

尽管存在这样那样的困难与问题，但陕西出版集团仍会以实施"十二五"发展规划为契机，一如既往地多管齐下、多措并举，狠抓精品图书生产。

（1）守土有责，坚持正确导向。在图书生产过程中，把好政治关、知识关、文字关至关重要。特别是在精品图书生产中，一定要按照有关要求，采取多种措施，使内容更完善，体例更严谨，材料更准确，语言文字更通达，逻辑更严密，消除一般技术性差错，防止出现原则性错误。对于出现问题的图书及责任人要严肃处理。

（2）准确定位，加强分类督导。各出版社要准确定位，制定好本社"十二五"重点图书出版规划，根据自己的长处来确定精品图书的生产方向，用自己的特长求精品图书的发展。同时，集团要根据《陕西出版集团"十二五"重点图书出版规划》，分类指导好、督导好各出版社的精品图书出版工作。

（3）以奖代拨，重在实际效用。尽管集团实施了《陕西出版集团重大出版项目资助管理办法》等，但"拨"款的效果并不突出，个别社在精品出版上仍旧跳着"慢三步"。集团将会进一步完善有关制度，对获得国家三大奖、入选国家出版基金项目的精品图书将以奖代拨，给予重奖，以刺激策划人员的积极性，提升"钱"的实际效用。

（4）支持鼓励，完善目标考核。在对各子公司的年度考核中，对获得国家三大奖、国家出版基金项目的出版社要适度加分。同时，建议省上在进行年度经营目标考核时，将获得"陕西图书奖"、入选"陕西省精品文艺项目""陕西金版出版项目"等的出版物，以及畅销书、常销书的经营，也给予相应的权重和系数，纳入社会效益指标考核体系，以促进精品图书出版的快速发展。

（5）建章立制，健全管理措施。要建立、健全、完善《精品图书生产管理办法》《精品图书社会效益评价办法》《精品图书社会效益激励办法》《畅销书、常销书考核办法》等，调整管理思路，改善管理模式，减少行政手段，加强经济杠杆作用，鼓励先进，力促精品生产。

（6）抱团作战，团体协调运作。按照集团"十二五"重点图书出版规划，虽然根据各社的定位和优势，将整个集团的一般图书分为社科、科普、历史旅游、文艺、青少年读物五大类，但在重大奖项、出版基金的申报上，整个集团系统一定要一盘棋，团体作战、形成合力，避免各自为战、客观浪费，以争取实现集团利益的最大化。

（7）以人为本，强化编辑培训。继续加强编辑业务基础培训，建立并完善能够激励人才脱颖而出的制度办法。通过与高校合作培训、资格考试考前辅导、高级研修班学习、对外编辑人员交流、定期业务知识考核等多种方式，全力提高集团编辑人员的业务水平，为集团精品图书生产提供人才保障。

（8）加强沟通，争取政府支持。加强与有关部门的沟通，力争在国家级三大奖、国家出版基金、文化产业发展引导资金、国家新闻出版改革发展项目库、省上重大文艺精品项目、陕西图书奖等重大项目申报、大奖的评选上，得到政府的帮助与扶持。

　　精品出版事关陕西出版业的主业发展及形象展示，任重而道远。陕西出版集团一定会进一步强化措施、夯实基础、苦练内功、完善管理，把精品图书生产搞上去，以促进我省文化产业大繁荣、大发展。

如何让人才脱颖而出

—— 陕西新华出版传媒集团员工培训的实践与思考

陕西新华出版传媒集团有限责任公司（以下简称"集团"）下辖八家专业出版社、十家市级新华书店、八十八家县级新华书店、一家数字出版基地公司以及期刊、实业公司等，共一百一十余家单位。现有在职员工3000余人，其中本科以上学历1690人，占员工总数的56%。具有高级职称者535人，占员工总数的18%；具有中级职称者882人，占员工总数的30%；初级职称456人，占员工总数的15%。分析陕西新华出版传媒集团人力资源现状，人才缺口严重，前景堪忧。众所周知，出版传媒行业是一个轻资产、重创新的行业，人力资源是推动产业发展的第一生产力。然而，集团改制以后，由于机制陈旧，干部队伍老化的现象十分明显，优秀人才极度匮乏。"530"政策的实施，不少老同志离开了岗位，大批年轻同志进入行业，员工的业务素质亟待提升。如何加快人才培养，让优秀人才早日脱颖而出，成为当前亟待研究的重大课题。

一、人力资源管理的主要内容

根据集团发展战略，集团目前实行宏观管控型人力资源管理模式。在干部人事管理、定员与薪酬管控、统一保险福利政策、建立员工培训体系等四个方面，积极构建统分结合、分级管理、各有侧重的集团化人力资源管控体系。

1. 干部人事管理

集团严格贯彻党管干部原则，根据干部管理权限，实行上级党委、集团党委、子公司党委分级管理。依据从严治党的新要求和干部管理面临的新问题，出台了干部人事管理的基本制度——《集团领导干部管理办法》。一是完善了选拔任用干部的任职条件与资格、方式与程序、干部职数设置、任职管理、考核与退出机制、后备干部管理等问题；二是对领导干部的教育培训也做了专门的要求；三是设立了非领导职务；四是按照中央和省上有关规定，明确了领导干部不得兼职的原则。

2. 定员与薪酬管控

集团根据子公司的规模、盈利能力、发展前景、人员现状等指标，对所属子公司逐年下达定员和薪酬总额。在具体的用人和薪酬办法上，给予子公司充分的自主权。

3. 统一保险福利政策

集团事转企后，所有员工实行岗位聘用制，以岗定薪、同工同酬，统一缴纳五险一金，享受同样的薪酬福利待遇。根据效益不同，各基层单位在薪酬结构和工资水平上存在较大的差异。

4. 建立员工培训体系

集团实行分工合作、各有侧重的分级培训体系。集团负责制订培训政策和培训计划，负责领导班子和骨干人员的培训；基层单位负责统计培训需求，组织常规性培训。

二、培训工作的主要思路

根据集团人力资源现状、产业发展特点及总体发展战略，明确了以支撑出版主业发展为主要特点的员工培训思路。

1. 上下齐心协力，实现员工培训的全覆盖

经过几年来的实践探索，逐步形成了分工负责的多元化培训体系：集团负责制订总体培训规划，整合培训讲师和优质课程资源，培训对象主要

是领导班子和业务骨干；基层单位负责分析培训需求，组织对员工基本技能、基本业务规范的培训，实现员工培训全覆盖。

2. 通过实施重大项目，培训和发现优秀人才

依照做强主业的根本方略，逐步形成了"精品引领出版，项目带动发展"的工作思路。为此，集团于2010年出台了《陕西新华出版传媒集团重大出版项目论证、资助管理办法》，明确了项目的人员构成、评审论证、资金扶持、推进实施和激励表彰等事项，通过项目实施发现人才、培养人才。

3. 推行"编辑导师制"，打造青年员工快速成长的绿色通道

集团转企改制后，一大批老同志离开了岗位，许多年轻同志进入了行业，出现了业务断层，人才青黄不接，员工整体素质下降的情况。为此，集团出台了《陕西新华出版传媒集团编辑导师制指导意见》，各出版社均制定了相应的实施办法，努力为青年员工的快速成长打通绿色通道。

4. 重视定向培养，构筑支撑产业发展的人才摇篮

当前，集团干部队伍严重老化，优秀人才十分缺乏，与产业发展极不适应。为此，我们策划制订了《陕西新华全媒体出版创新孵化基地建设规划方案》，拟与有关高校联合，以后备人才为主体，实施定向中长期培训，建立陕西新华出版传媒集团的"黄埔军校"，为实现良性可持续发展奠定坚实基础。

三、培训工作的基本做法

1. 基础培训

（1）入职培训。由基层用人单位在新员工入职前开展。培训内容主要包括：公司企业文化、内部规章制度、劳动纪律和安全生产教育、沟通和礼仪规范等。

（2）岗前培训。分为领导干部任前培训和员工岗前培训。领导干部任前培训，根据干部管理权限由集团党委和基层党组织分级负责，主要内容包括：党员干部理想信念教育、廉政从业教育（考试）等。员工岗前培训

在员工调换新岗位或晋升职务时进行，主要内容包括：新岗位任职资格、主要职责、工作规范等。

（3）资质培训。根据岗位说明书，对在编辑、发行、财务等有从业准入要求的岗位工作的员工，建立人才档案，定期组织专项培训，帮助并督促其提升职称，取得相应从业资质。

（4）继续教育培训。对取得职称或从业资格的员工，每年组织参加七十二学时的网络和面授继续教育培训，帮助其不断更新知识，更好地履行岗位职责。

（5）编辑导师制。去年7月，集团下发指导意见，开始实施编辑导师制。指导意见明确了导师资格条件、辅导对象、辅导期限、辅导内容、考核评价、奖惩措施等，具有较强的操作性。各出版社结合自身实际，制定配套办法，积极推广实施。试行一年多来，这种师傅带徒弟、以言传身教为主的培训方式，取得了较好的效果，受到广泛的好评，为解决集团编辑力量薄弱、年轻编辑成长缓慢的问题，提供了一种现实的选择。

2. 高级培训

（1）领导班子培训。2015年，中共中央全文印发了《干部教育培训工作条例》（中发[2015]29号），按照《条例》精神，集团全面自查、梳理了现有干部培训的规章制度，重点完善了集团领导班子上讲台制度、干部调训制度等。在培训内容方面，结合企业实际，邀请高校、培训机构的专家，针对国有企业党组织建设、集团管控模式与战略规划、文化产业市场分析、领导干部综合素质提升等方面问题开展专题培训。

（2）业务骨干培训。采取校企联合培养、内部讲师培训、外部专家讲座等多种方式，开展业务培训，努力培养一支能够随时掌握行业动向、不断更新知识技能、积极拓展视野人脉、大胆探索创新求变的高素质业务骨干人才队伍。

上个月，集团邀请韬奋基金会理事长聂震宁、果麦文化传媒公司董事长路金波、书店营销策划专家三石等业内资深专家，围绕出版创新、选题策划与编辑实务、社会化媒体营销、实体书店转型升级、版权输出与引进、数字出版等主题，对集团所属出版社、新华书店一百四十余名业务骨干，举办了为期三天的业务培训。培训突出实务操作，贴近出版发行工作一线实际，取得了良好的反响。

（3）行业培训。鼓励员工积极参与行业培训，与业内专家和优秀同行保持良好的沟通，通过学习培训，了解行业发展动态，拓展人脉资源，提升格局视野。

（4）定向培训。对新媒体等紧缺人才和有培养潜力的后备干部，采取定向培养的方式，从学历教育、职业资格培训、专门素质技能培训等方面量身定做，个性化培养。

3. 专项培训

对人力资源、党务、纪检、财务、办公室等管理岗位人员，开展以提升业务技能为核心，以专业化、标准化为方向的专项培训。

4. 项目培训

通过重大出版项目培养人才。集团每年拿出三百万元资助重大项目出版。依托国家和省级重大出版项目，组建结构合理的策划执行团队，采用扁平化管理模式，以老带新，实时跟踪，精准推进。既带动了精品项目的出版，又加速了人才的培养与成长。如我集团三秦出版社的《中国蜀道》国家出版基金项目，陕西科学技术出版社的《航天育种简史》项目，陕西人民教育出版社的"空间科学发展与展望"丛书项目，都是规模大、耗时长、要求高的重点项目，通过项目人才培养机制，催生出一批优秀的编辑人才。这些项目顺利完成，在收获大奖的同时，也为专业人才培养积累了宝贵的经验。

5. 竞赛培训

集团每两年举办一届职工技能大赛。通过赛前集中培训、优秀人才入库培养等"赛""训"结合的方式培养人才。以此为基础，推荐优秀选手，积极参加"韬奋杯"全国出版社青年编校大赛。通过比赛，在集团上下形成"比学习、比业务"的良好风气，并通过大赛发现了一批有潜力的业务骨干。

四、培训工作重点及注意事项

1. 培训工作要服务大局

当前,国有文化企业改革逐渐进入深水区,集团面临着图书市场结构调整、数字出版转型升级等严峻的发展形势,如何实现"成为省属国有文化企业集团领跑者"和"打造西部一流出版传媒集团"的战略目标,关键在人。培训工作要始终以加强人才队伍建设,支撑集团发展战略为根本出发点。在培训内容设计、培训对象选择、培训结果运用等各环节,都以是否有利于实现集团战略为判断标准和决策依据,通过价值传导,服务大局。

2. 培训工作要突出重点

培训在一定的时空条件下,是一种稀缺资源。培训工作不能撒胡椒面,要突出重点,追求边际效用最大化。要系统研究单位人才结构现状,扎实做好培训需求分析,找准短板持续发力,把有限的培训经费和时间精力投入到最紧要的培训项目中。通过典型项目的成功样板,形成示范引领,以点带面,最终推动培训工作全面开花。

3. 培训工作要与时俱进

培训工作,既要强调传统的技能与规范,也要与现代科技发展与市场需求相合拍。当前应针对行业的转型升级,聚焦于知识经济、互联网经济,乃至未来的物联网经济、智能化经济,结合行业特点,未雨绸缪,迅速培养一批与新经济发展相适应的优秀复合型人才,力争在未来的市场竞争中抢占先机。

4. 培训工作要形成长效机制

培训对象是人,而人才培养又是一项长期的系统工程,所以,培训工作要取得实效,就必须形成制度化长效机制。归结起来,首先要有明确的人才发展战略;第二要有健全的培训规章制度;第三要有系统的培训工作计划;第四要有合理的培训经费保障;第五要有一支专业、高效的培训管理者队伍。

五、今后培训工作的思考

1. 实现由传统人事管理向人力资源管理的转变

首先，应高度重视人才培训，切实把人力资源当作企业的核心竞争力来对待，培训机构的建立、经费的保障、机制的完善都应落到实处。其次，应不断推进集团的企业化进程，增强企业活力，畅通人才上升通道，努力使"职务能升能降、薪酬能高能低、人员能进能出"形成制度，成为常态。第三，通过机制创新，培育"能者上、差者下、庸者让"的发展氛围，逐步形成昂扬向上的员工价值观和企业文化。

2. 打造人才脱颖而出的优良机制

人才是企业发展的核心竞争力，人才兴则企业兴。要确保企业的可持续发展，就必须下大力气建立促进人才脱颖而出的优良机制。一是，以绩效考核为主要手段，坚定不移地推行干部任期制，畅通员工职务升降的渠道。二是，强化人才的培训与引进，为产业的发展提供丰富的后备人才支撑与强大的智力保障。三是，形成人才培训的激励机制，培训的结果与薪酬挂钩，增强员工终身学习和主动培训的内在动力；培训结果与职务晋升挂钩，员工的任用，既要强调民主评议的干部选拔程序，还应重视岗位业务技能和素质要求，逐步走出一条企业员工职务晋升的新路子。

3. 建立与产业发展相适应的员工培训体系

首先，培训工作要日常化。要让培训成为人才培养的重要抓手，让参加培训成为一种习惯、一种常态。点滴积累，最终实现质变。其次，培训工作要制度化。正所谓无规矩不成方圆，只有完善、合理的制度安排，才能保证培训的高效稳定开展，才能形成对培训效果的长期预期。第三，培训工作要机构化。专业的事要由专门的人来做。要学习先进行业企业的经验，探索成立企业大学或培训事业部，赋予其相应的责权利，由其统一协调培训资源，打通上下游节点，最大化地实现培训价值。第四，培训工作要模块化。依据岗位设置描述岗位技能要求，按照初、中、高三个档次编制若干技能模块，实行标准统一的模块技能培训考级制度。

第五,培训工作要社会化。要解决培训资源短缺和培训投入不足的问题,就要与社会接轨,通过内部培训资源的市场化、外部培训资源的内部化,进一步整合资源、压缩成本,实现培训工作的可持续发展。

综上所述,人才建设,培训是基础,机制是关键。只有依托机制创新,逐步形成优良的企业文化,才有可能营造人才脱颖而出的良好局面。

论地方出版集团的产品结构优化

——以陕西出版集团为例[①]

优化产品结构是出版业永恒的主题。1988年，中宣部、新闻出版署明确提出，"优化选题，调整完善图书结构，是提高图书质量、多出好书的关键。"经过二十余年的发展，应该说出版业在优化产品结构、繁荣图书市场方面取得了巨大成就。但从满足广大人民群众日益增长的精神文化需求的角度考量，仍存在很大差距。十七届六中全会吹响了文化大发展、大繁荣的号角，那么今天进一步强调优化产品结构，就具有了十分重要的现实意义。优化产品结构是实现可持续发展的必然要求，是满足广大人民群众日益增长的精神文化需求的必然要求，是增强国家文化软实力的必然要求。

产品结构优化是指在满足社会需要和国家要求的基础上，在各种相关因素(技术装备、生产能力、企业资源、市场销售等)约束的条件下，寻求企业各种不同产品之间的最佳组合。产品结构优化的整个过程也是企业产品战略决策的过程。它是指企业遵循一定的优化原则，考虑多方面的有利条件和制约因素，运用科学的决策方法和手段，对多种产品组合的方案进行论证、比较，直至最终找出不同产品的最佳组合。产品结构优化需要通

---

① 本文原载《出版发行研究》2012年第1期，与李桂珍同志合作完成。

过不断开发新产品、改进或淘汰老产品，适时调整企业产品战略来实现。本文以陕西出版集团为例，对地方出版集团如何优化产品结构进行探讨。

一、地方出版集团的产品结构现状

据国家每年公布的出版统计数据来看，目前我国地方出版集团的产品结构大多具有相似性，呈现出以下特点：教育出版在出版主业中占绝对优势，一般达到总码洋和总销售额的70%以上；大众出版、专业出版等市场化产品板块则表现贫弱、乏力，品种少、盈利性差，且多头出击，产品方向性和市场定位不明朗。因此，不难得出以下结论：由于受多年计划经济体制影响，大多数地方出版集团产品结构不尽合理，依赖教材、教辅生存，出版实力和竞争力不强，抗击市场风险能力差。

地方出版集团所能掌控的资源有限，必须根据企业自身的战略定位，依据区域资源优势坚持专业发展及产品的深度开发。尤其未来教育出版的变数极大，这将直接威胁到当前许多地方出版集团的生存与发展。因此，优化产品结构，形成品牌特色，就显得非常迫切和重要。特别像陕西出版集团这样规模和实力都不够强大的地方出版集团，只有重视企业和产品的市场定位，坚定不移地优化产品结构，才能在激烈的市场竞争中谋求一席之地，实现发展、壮大的目标。

二、优化产品结构的主要方向

对每一个地方出版集团来讲，优化产品结构首要的任务就是要明确出版主业的战略发展方向。近年来，陕西出版集团以定位理论为依据，结合企业自身的实际和区域资源优势，逐步确立了优化产品结构的主要方向，并进行了一些有益探索：（1）历史文化板块，编辑、策划了《四部文明》《法门寺》《中国陵墓雕塑全集》《西安城墙》《中国蜀道》等重大出版项目；（2）红色文化板块，编辑、策划了《延安时期红色档案汇编》《延安文艺档案》《陕甘宁边区史纲》《来自红色老区的绿色报告》《西路军》《高岗传》等优秀选题；（3）当代文艺精品板块，编辑、出版了《陕西文艺三十年》

《西风烈——陕西百名作家集体出征》《梦跟颜色一样轻》《天路之魂》等精品图书；（4）西部特色文化板块，编辑、策划了《西部文化经典》《生态文化》《西北农牧史》《灾害地理学》《人文陕西》等重点项目。许多产品面世后，不仅产生了广泛的社会影响，还取得了较好的经济回报，从总体上提升了陕西出版集团的出版实力以及在读者心目中的地位。

三、优化产品结构的路径

首先，以品种调整为切入点，追求规模效应，逐步形成陕西出版特色，培育陕版图书品牌。目前在图书市场上最受欢迎的是三类选题：一是经典类选题，二是名人类选题，三是通俗类选题。而对地方出版集团而言，最具开发价值的应该是经典类选题。以优化产品结构为目的的品种调整，一方面要找准切入点，那些既在陕西有影响，又在全国乃至全世界都有重大影响的文化资源，就是经典类选题的开发方向。另一方面要实施方向性选题开发策略，充分满足不同层次的读者需求。如《中国蜀道》开发完成后，还可继续开发"蜀道游"丛书，甚至蜀道专题电视片以及"蜀道文化艺术节"等，做到对文化资源的全方位、立体式开发。

其次，以改变陕版图书品种效益贡献率为目标，确保集团出版主业的良性、可持续发展。目前，集团教材、教辅的效益贡献率占到总产值的70%以上，个别子公司甚至高达90%，这种产品结构的市场高危性是显而易见的。通过优化产品结构，集团力图构建起教育出版与一般图书各占50%左右的图书品种效益贡献率体系，降低因过度依赖教育出版所带来的市场风险性，确保集团出版主业良性、可持续发展。

最后，以探索立体出版、一元内容多元开发为突破口，扩展图书产品的范围经济效应。围绕已确定的出版定位和产品线，实施立体出版、一元内容多元开发，也是优化产品结构、提高市场占有率的有效手段。集团尝试开展的以经典类选题带动通俗类选题，纸质、有声、数字立体出版，图书、影视、多媒体同步开发的产品开发模式，已取得了初步的成绩和效果。

四、优化产品结构的实现方式

集团自成立之初,就明确了以重大精品项目为引擎,带动优化产品结构目标的实现这一思路,并制定了相应的项目策略和实施办法。

(1)逐步探索形成重大精品项目的科学评价机制。集团成立重大出版项目论证委员会,建立专家评委库,对每年度集团重大出版项目进行评审、论证,对重大精品项目起到了良好的推动作用。通过对国家出版基金等项目机制的借鉴、学习,今后还要在项目的价值性、可行性、成熟性等方面进一步完善。

(2)逐步探索形成重大精品项目的操作运行机制。目前集团的重大精品项目多是自下而上产生的,虽有其自主性、合理性,但往往缺乏整体性和统筹、协调性。今后,集团将尝试建立精品出版规划体系,精品项目可自上而下和自下而上双向产生,最终服从和统筹于规划体系之下,克服以往操作运行中的盲目性和重复性等问题和缺陷。另外,还应强化精品生产的过程管理,如选题提出、策划报告的产生、体例的确定、样稿的提交、成稿的审读、编辑加工、质量控制等,应明确标准、精益求精。

(3)逐步探索形成重大精品项目的资助扶持机制。主要构建出版集团、省委宣传部、国家基金三级精品扶持机制。首先,陕西出版集团推出了《陕西出版集团重大出版项目资助、管理办法》,每年拨付几百万元对重大精品项目进行资助、扶持。其次,围绕政府倡导的出版物和优秀文艺作品的开发,形成成熟的评估、推荐体系,积极争取省委宣传部对精品出版的支持。第三,立足于传承文化、传播文明,下大力气组织开发陕西最具竞争优势的文化资源,力争列入国家重点选题规划,积极争取国家基金的支持,从而推出并积累一大批精品力作奉献社会。

(4)逐步探索形成重大精品项目的考核监督机制。为了促进子公司精品出版和优化产品结构的积极性和主动性,集团将重大精品项目和优化产品结构列入子公司年度目标任务考核体系,将子公司经营业绩与精品研发紧密结合起来,有效推动了精品出版效率的提高。

（5）逐步探索形成重大精品项目的表彰激励机制。除对重大精品项目进行有效的资金投入、扶持外，集团还修订、完善项目管理体系，从充分发挥人才的积极性和主观能动性出发，从人才回报和人才培养两个方面对重大精品项目策划人予以激励。一句话，要使那些出好书、出精品、出效益的员工在经济上得到重奖，在职称评定上得到优先，在使用上得到破格提拔。

五、构建优化产品结构与资本运营的良性驱动机制

长期以来，出版主业的发展是以产品经营为主要形式的，优化产品结构是其核心环节。进入资本时代，资本运营与产品经营是密不可分、普遍存在的，因为产品经营是基于企业与企业之间、产业与产业之间的竞争与合作关系开展的。离开了资本运营，产品经营就会"只见树木，不见森林"；而离开了产品经营，资本运营也就无法体现其优势。[①] 所以，产品经营与资本运营是两种相辅相成的经营模式。其中直接体现主业经营特征的产品经营是资本运营的出发点和归宿点。

优化产品结构的终极目标就是要做强出版主业，实现出版企业的效益最大化。产品优化了，主业做强了，就会使上市公司的产业增长率和盈利能力得以提升，从而得到股民的认可；反之，强大、有效的资本运营又可为产品结构不断优化、主业持续发展提供更好的资金支持，最终形成不可或缺、相辅相成、相互促进的良性驱动机制。

优化产品结构在繁荣出版业的进程中发挥着日益重要的作用。无论是出版企业要步入良性可持续发展的快车道，还是要增强国家文化软实力，实现由新闻出版大国向新闻出版强国的跨越，优化产品结构都是实现这一宏伟目标的基础和关键。

---

① 要力石. 实用图书策划学[M]. 北京：中国书籍出版社，2007.

精品绝不是应景之作①

陕西出版集团去年列入国家出版基金的项目有《延安文艺档案》。今年是《在延安文艺座谈会上的讲话》发表七十周年,国家对《延安文艺档案》的扶持力度达到五百万元;还有就是古籍项目《十三经辞典:左传卷·周易卷·仪礼卷》,人文地理学术著作《中国蜀道》,铭文集成项目《陕西金文集成》,还有一个就是大文化项目《西部经典文化》。"十二五"规划项目中由我牵头策划的有五个,即《西安城墙》《西北三农问题研究》《中国蜀道》《西部经典文化》《天路之魂》(讲青藏铁路的,已经出版了)。这五个项目里面,《西安城墙》《中国蜀道》《西部经典文化》三个获得了国家出版基金的支持。《天路之魂》是列入陕西省"五个一"推荐工程的项目,今年还将推荐参评中宣部"五个一工程"一本好书奖。目前正在抓的是:《西安城墙》《中国蜀道》和《西部经典文化》三个项目。百道网在第四期关于"重大出版工程项目"的访谈中,特别邀请我参加,分享陕西出版集团的经验,以及我个人的思考。

陕西出版集团的项目主要有三个层面:一种是集团的重大项目,一种

---

① 本文以百道网频道主编杨云艳的采访内容整理而成。

是申报国家"十二五"规划的项目，还有一种是列入国家出版基金的重大项目，当然还有一些重大出版活动的项目。今年立项的出版项目还没有落实。去年集团的重大项目是十四个，列入国家"十二五"规划的有十五个，最突出的就是列入国家出版基金项目有五个，陕西省共七个。按数额来算，最多的是北京，第二是上海，接下来是江苏，然后是陕西。这是陕西出版集团近几年来在重大出版项目上取得的一个进步，也体现了集团出版能力的提升。

现阶段，集团的重大出版项目主要侧重于经典类出版物，实际上主要偏重于具有文化传承作用的学术著作。我认为，首先要把文化基础奠定了，才能在这个基础上去开发更加通俗的衍生产品，文化基础工作做不好，产品是没有底蕴的。陕西出版集团的重大出版项目是依托陕西具有竞争优势的文化资源来开发的，主要有历史文化类、红色文化类、文艺创作类、西部特色类四个类型。历史文化类的项目非常多；红色文化类有国家出版基金支持的《延安革命文献档案》《延安文艺档案》；文艺创作类有"西风烈"项目，百名作家集体出征，在三年之内出一百部小说，这个在省委宣传部已立项；西部特色类有《西部文化经典》，还有一个关于干旱气候研究的。

集团逐渐构建了一个三级扶持资金：集团、省委宣传部、国家。集团扶持一部分，省委宣传部扶持一部分，国家扶持一部分。在这方面，集团得到了很大支持，精品出版也有后劲。陕西出版集团成立不到五年，前两年在摸索，从第三年开始，集团拿出几百万资金支持精品出版，并得到了省委宣传部、新闻出版总署的大力支持，先后获得两千万元的资金支持。今年集团确立的重大项目有十七八种，还向新闻出版总署申报了"十二五"规划的补充规划四十种选题。在精品出版方面，集团比以往有很大进步，与兄弟集团比也有了一定的优势，得到了总署领导的肯定，让我们很受鼓舞。今年集团在项目激励上力度加大，比如说，项目完成了马上奖励，和职称评定挂钩，对人事任用也有影响，大家都很积极、踊跃。陕西出版集团的规模和实力，跟成立时间长的大集团比是有差距的，但是我们也希望在精品出版上，能够形成自己的特色和优势。

我认为，申请立项主要有五个环节。

第一个环节是创意策划。创意策划要有针对性，申报的项目应该既是陕西省的，又是全中国的，甚至是在全世界都有影响力的内容资源，这样的资源就是我们应该开发的资源。比如说《中国蜀道》，这是举世无双的，比如说《西安城墙》，这是独一无二的。创意要到位，绝不能把内容资源本身分量不足的或者受区域限制的产品拿出来申报。当然，地区特色明显的，在国内、国际都有影响力的是可以的，也是我们开发的方向。

第二环节就是寻找作者资源。作者的阵容和实力很关键，搞精品、搞文化传承项目来不得半点虚假，作者的研究成果、学术功底、社会影响力、对待作品的认真程度，都要到位。如果这个方面出现问题，你有再好的想法，也是不行的。

第三个环节是体例与样稿。申请国家出版基金的项目，体例必须是完整的，书名、主编、副主编、章节等要清晰确认。申请国家出版基金的项目要尽量提供全稿，样稿的质量越高，越容易得到专家的认可。

第四个环节是填表。填表首先要突出产品的特色，必须能抓住人的眼球。如果鲜活的东西没写出来，抓不住人的眼球，就很难达到目的。光抓住人的眼球还不行，还要有一定的学术规范，不要说过头话。产品能够达到的程度，专家一眼就看得出来。如《中国蜀道》在填表的时候，就改了七稿。另外还要实事求是。成本核算的原则是优质优价，不要漫天要价。

第五个环节就是要有一个具有执行力的编辑团队。虽然我是策划人，但是靠我一个人不行，必须有一个项目组，项目组有组长，由社领导负责，还有编辑、加工、校对、宣传等，这一系列工作，必须靠团队来运作。

总体来说关键环节就这几方面：一流的创意策划，优秀的作者队伍，完整的体例样稿，符合规范的申请表，有执行力的编辑团队。这些方面具备了，项目能够立项的可能性就比较大了。

对重大项目进行高效优质的管理，实际上主要是这么几个方面：质量管控，进度管控，财务管控，廉政管控。对此，集团出台了《陕西出版集团重大项目管理办法》，总结各个方面的经验教训，来保证项目保质按时完成，达到国家级水平。做重大出版项目必须依据相关的管理制度来进行，同时要有一定的激励措施。

重大项目的推广和营销主要有这样几方面：

第一，确定方向。从做选题开始就要有意识地做好一些工作，比如要争取得到国家的支持，或者得到省委宣传部的支持，或者得到集团的支持。项目倡导国家文化发展，有利于文化传承，这就很容易得到政府的支持，所以首先要把这个点找好。

第二，深度开发。我做选题，首先做经典选题，其次是通俗选题。经典选题，比如《中国蜀道》做完了，联合地方政府做《蜀道之旅》，服务于地方经济。我认为旅游最有意思的是文化旅游，你懂得这个地方的文化去旅游才有滋有味。这方面也有一定消费群体的支持。通俗选题做完了，就是做衍生产品了，比如《蜀道之旅》的电视专题片。蜀道的历史就相当于中国的大半部历史，在某种意义上也是服务于地方经济的。然后，还想做《蜀道动漫》。现在国家支持民族动漫，中华民族五千年的历史，可以做蜀道穿越动漫。衍生产品之后就是做文化创意产业，比如"蜀道文化艺术节"。日本有一个概念叫"区域活化"，当你把一个值得开发的文化资源打通以后，会带动一大批项目的发展，就是"区域活化"。比如陕西榆林，原先是不毛之地，自从发现了石油以后，有了石油产业，有了石油城，有了服务业，带动了区域的发展。

第三，专题的推广、宣传和营销。我认为，产品有影响力了，这个营销推广的效果就表现出来了，然后根据所产生的影响力进行有针对性的推广和营销。营销不仅仅是图书产品的营销，还要带动相关项目发展的营销，这样才会对文化产业的发展起到事半功倍的效果。

我举个例子，关于蜀道研究方面的。首先国家会给予一定的支持，国家级的各大图书馆也会争相订购，但是精品绝不能做成应景之作，不能部头很大，而实际上没有内涵、没有创意，读者就不会买账。真正的有创意、有新意的书，一定会引起社会反响。不要过分强调宣传和推广，重大出版项目的质量是第一位的，当然也要进行一些专题的、专项的宣传活动，比方说从政府这块我还可以做成礼品书，可以向一些大学图书馆推荐，可以向一些精品书店推荐，可以相应地向一些我们认为还不错的地方去推荐，这些工作做好了，该有的效益就有了。我认为，重大精品项目肯定会实现经济效益和社会效益双丰收，当然这不能和教材教辅相比。重大出版项目重在突出文化传承作用，在不亏损的前提下有所收益就可以了。当然接下来还会有"文化走出去"，以产品的深度开发，形成产业链，最终取得较好的经济效益和社会效益。

精品出版理论与实践探析
——以陕西新华出版传媒集团为例

综观人类出版史,精品出版一直是出版的潮流和大势所趋。2015年9月,中办、国办印发的《关于推动国有文化企业把社会效益放在首位、实现社会效益和经济效益相统一的指导意见》指出:"树立精品意识,完善引导激励机制,加强原创和现实题材创作,努力创作生产更多传播当代中国价值观念、体现中华文化精神、弘扬中华优秀传统文化、反映中国人民奋斗追求的优秀文化产品。"在社会主义文化大发展大繁荣的今天,人民群众对精品的需求日益多元和迫切,编辑出版行业人员应该牢记使命,将精品出版的理念贯穿于出版活动的始终,向广大读者奉献更多的精品力作,以先进文化引领和促进社会的进步与发展。

一、精品的概念和内涵

1. 精品的定义

按照《现代汉语词典》和《辞海》的解释,精品是指物质中最纯粹的部分。如精良的物品,上乘的作品。精品出版物,通常的理解是去粗取精,大浪淘沙,经过时间检验、读者检验而沉淀下来的出版物。这些出版物能够传承优秀文化，弘扬时代精神，体现国家水准，群众喜闻乐见。①

2. 精品的界定标准

通常按照两个标准分类。一个标准是图书的规模，精品既可以是集大成的"鸿篇巨制"，如清乾隆时期由纪昀（纪晓岚）主编的《四库全书》，规模之大，前无古人；近期由陕西人民出版社出版的《红色档案——延安时期文献档案汇编》，洋洋五千余万字，卷帙颇丰。精品也可以是短小精悍的单册图书，如20世纪30年代由艾思奇编著的《大众哲学》和近年来于丹编著的《于丹论语心得》等，都引起了读者的广泛好评。另一个标准是图书的功效，既有传承文化，填补空白的"学术精品"，也有读者口口相传的"大众化精品"。而在现实中，人们往往按出版物的体量和学术价值判定精品，这存在一定的片面性。国家新闻出版广电总局副局长吴尚之曾说："精品力作，不一定要搞大制作、大工程，是不是精品，关键是看内容水准，而不是作品的大小。"所以界定精品主要看其内容水准，无论社会科学，还是自然科学，无论学术作品，还是普及性读物，是否具有原创性，是判定精品的根本标准。

3. 当前精品出版的主要方向

不同时代的精品，都有其特定的内涵和鲜明的时代特征。原国家新闻出版广电总局副局长邬书林指出，当前出版业要在六个方面做好精品出版工作。第一，精心规划一批阐述社会主义核心价值体系的出版物，占领思想和理论制高点，占领文化制高点。要总结纪念改革开放三十年主题出版的经验，能够把中国道路、中国模式讲清楚。第二，精心规划一批反映我国经济发展成就并能推动经济社会进步发展、使经济社会发展离不开的重要出版物，把出版内容与经济发展结合起来，大力拓展新的出版内容。第三，精心规划一批跟踪世界科技前沿的精品出版物，开拓国际市场。第四，精心规划一批服务于我国教育工作的精品力作，为人才培养和科教兴国服务。第五，精心规划一批满足人民群众精神文化需求的精品力作，用文学艺术

---

① 周百义. 出版企业实施精品战略的若干策略[J]. 出版发行研究，2012（05）：11-13.

等形式净化人们的心灵。第六,精心规划一批推动中华文化走向世界的出版精品,通过出版物能够真正讲好中国故事,建立鼓励外国人介绍中国的有效机制。就陕西而言,既要弘扬主旋律,强调主题出版;还要注重内容创新,促进文艺原创和学术文化积累;同时也要彰显红色文化、历史文化、区域文化的鲜明特色。

二、精品出版的理论初探

中国出版业转型已历二十余载,取得了巨大成就,出版业企业化进程提速,产业规模大幅提升,产品数量日益丰富,中国成为全球当之无愧的出版大国。然而在发展过程中也暴露出许多亟待解决的问题:出版主业活力不足,教辅材料泛滥,图书品种不断增多,但真正有学术含量、文化价值、创新精神的作品太少;重复出版、跟风现象、注重实用而缺少文化含量的同质化图书大量充斥市场。[①]这些问题的根源在于冲破了计划经济桎梏的出版业,还没有形成一套能够正确指导出版业实践的理论。而脱胎于精品出版战略的精品出版理论,正是为了弥补这一不足而具有了存在的价值。

1. 精品出版理论概述

精品出版理论反映了人们对于"文化精粹"的推崇和极端信赖。从美学角度看,最美的东西往往最符合客观发展规律,对人最有价值。而所谓"文化精粹",也就是一种效力最大化的知识集合体,这种集合体是对无限丰富的信息的一种凝练和萃取,是对社会平稳进步、行业良性发展及人民思想道德素质和科学文化水平的快速促进。

精品出版理论可以简单归纳为:在尊重编辑出版规律的前提下最大限度地发挥编辑出版人员的主观能动性,推崇和追求文化精粹,鼓励内容创新和制度创新的出版观念和操作方法。这个定义反映了精品出版理论的实质:是理念和方法的统一;点明了核心:创新;体现了目的:推崇和追求文化精粹,鼓励内容创新和制度创新,通过提供更多读者乐意、社会满意、

---

① 崔元和. 警惕中国出版的误区 [J]. 编辑之友,2009(08):20-22,25.

市场中意的好产品，达到提高社会文明程度的目标；表明了主体：编辑出版人员；提出了路径：尊重编辑出版规律，最大限度地发挥主观能动性。

2. 精品出版理论的基本观点

精品理论的提出是为了修正和完善出版业的现有做法，是一种具有极强接纳性的理论体系。精品出版的理论本质是内容创新和制度创新的高度统一。内容创新是精品出版理论的核心，制度创新则有助于保证和推动内容创新。

（1）精品出版理论是社会、出版社和读者三者合理协商所产生的最优结果的反映。当今社会，物质文明极大地丰富、刺激和促进了广大人民群众日益增长的精神文化需求，出版社作为市场经济条件下文化产业市场的主体，势必要生产出更多能够满足受众需求的产品，以赚取利润进行扩大再生产。社会和读者对出版社的要求使得出版社不能仅仅作为一个赚钱的工具，而是要不断开发有利于读者身心健康和社会良性进步的文化产品。出版社内部也有传承文明的使命感和强烈愿望。这样一来，读者的需要，出版社的使命和社会的需求，三者在动态中达成一致，精品出版理论因此得以脱胎。

（2）精品出版理论是贯穿出版活动始末的理念和操作方法，涵盖精品出版意识和精品出版方法。完整、系统、全面，这是精品出版理论不同于其他一些理论和研究之处。精品出版理论应该也可以贯彻于整个出版活动。在每一家成功的出版社、每一部优秀作品的出版和每一批兢兢业业的编辑出版从业人员的身上，我们都能够看到精品出版理论的影子。从出版社的整体战略规划到单个项目的选题策划，从组稿到审读，从编辑到校对，从装帧设计到纸张选用，精品出版的理念和操作方法应该且必须得到提倡和发扬。

（3）精品出版理论不仅要反映人类文明精粹和各种社会思潮，同时还要弘扬社会文明的目标和主流价值观。每一个从事编辑出版的人都能体会到书籍中所蕴含的改变社会进程和人类命运的力量。以往许多理论的不足之处就在于，只注重如何满足读者的需求，忽视了社会中的其他声音（这些声音很有可能是十分明智的），也忽视了对读者和社会的引导，这样做的直接后果就是出版产品种类单一，低水平同质化严重，出版市场虚假繁荣，文化格调和质量下滑，以及优秀文化逐步丧失。为了扭转这种不良局面，我们需要在精品出版理论的指引下，在实际业务工作中提升自己敏锐的观察力和文化选择能力，汇集人类文明精粹，反映当下社会思潮，打造多元化的出版文化市场。出版行业除了要完成传承人类文明的使命之外，还应发挥自己强大的舆论导向功能，在日益多元的文化中，为政府和公众指明前进的道路，更加主动地参与到社会精神文明的建设中来。

（4）精品出版理论之所以能够贯彻下去，是因为作为社会文明传承的有效载体——出版企业，因其社会责任和编辑人员的职业担当，也有实现自身社会价值的强烈主观愿望以及全社会对其的客观监督和期许。

3. 践行精品出版理论的必要性

（1）精品出版理论有助于克服以往编辑出版实践的误区，为出版企业的良性发展指明道路。在以往的编辑出版实践中，由于缺乏一套行之有效的指导理论，出版工作常常陷入"重数量，轻质量；重效率，轻公益；重迎合，轻引导；重策划，轻审读"等误区，其结果就是出版业长期处于"有数量，缺质量；有高原，缺高峰"的状态。精品出版理论秉承推进社会发展和构建精神文明的理念，以"人本位""书本位"的原则来指导战略方向、选题策划、资源配置、编辑、校对、装帧设计、深度开发，从而形成一套完整的图书制作与加工系统。

（2）精品出版理论是对旧有体制的冲击、改革与创新。出版体制改革一直是这些年贯穿中国出版行业发展的主线，通过改革解放和发展生产力，释放产业活力，壮大出版产业。精品出版理论鼓励挑战和创新，从思想观念、技术制度、产业发展方面对编辑出版机构和从业人员提出新的要求。如今，以产权改革为主要内容的出版体制改革进展顺利，可以预见的是下一步将围绕调整生产关系，促进出版的供给侧改革，推动产业升级等内容展开。这将对出版物的内容和品质提出较高的要求，也是对出版核心竞争力的一种衡量和重塑。能否在继续深化改革的浪潮中站稳脚跟，关键就是看能否积极秉承和践行精品出版理论。

（3）践行精品出版理论是出版行业振兴和保护自身的最有效方法。首先，秉承精品出版理论，从思想上和行动上贯彻精品出版理念和操作方法，这样生产出来的产品就会明显区别于其他粗制滥造的出版物，如果说质量是产品的生命，那么这种精品出版孕育出来的图书一经面市就拥有了蓬勃的生命力，就可以在市场上长盛不衰，出版行业也得以兴旺发达。其次，产品特色是各个出版企业相互区别的重要标志，同样地，精品出版理论指导下开发的产品，被深深地打上了母社的烙印，这正是品牌战略的原初思想和操作方法。再次，中国特色社会主义法律体系不断完善，为我国社会主义市场经济的良性发展奠定了法律基础，同时也规范了出版企业的行业行为，秉承精品出版理论的出版社将生产出一系列高质量的、不可替代和复制的产品，从而有效地避免图书产品同质化的尴尬和法律纠纷。最后，从人才培养的视野来看，精品出版理论强调制度创新，重视操作流程，是一套简便通俗的理念和行为方法，实践中会通过项目引领很大程度上降低人才培养的成本。此外，对先进文化的孜孜追求，"以人为本，以书为本"的管理理念，"工匠精神"在出版行业的弘扬与光大，也会极大地激发广大编辑出版人员的职业理想、人生追求，从而营造人才脱颖而出的局面。

三、构建精品出版体系的思考

精品出版理论本质上是一种文化理念、一种创新、一套操作制度系统。所谓构建精品出版体系，就是要遵循精品出版理论，经过长期不懈的努力，营造精品出版的优良环境，逐步建立独具特色的内容资源系统，行之有效的操作制度系统，富有活力的人力资源系统，科学合理的产品决策及投入机制等等。结合陕西出版集团近年来的实践，笔者认为宜从以下几个方面开展工作。

1. 重视精品出版的战略规划

作为地方出版集团，精品出版规划的制订首先要与区域资源优势相结合，以陕西为例，历史文化、文艺作品、考古文献、红色文化、人文地理当是精品出版的重中之重。其次,要依据所辖出版单位的专业方向、作者资源、编辑力量、出版传统,规划精品图书。规划的实施要持之以恒,矢志不移,不能一蹴而就,更不能朝三暮四,只有经过长期不懈的努力和辛勤耕耘,才能形成规模,逐步扩大产品的社会影响力,形成自己的出版特色。

精品规划的制订要量力而行,循序渐进,要在确保生存的基础上树特色、求发展。具体讲就是要以国家基金项目和国家重大出版规划与活动为指针,干一个,抓一个,想一个,活水长流,源源不断。开发顺序上,应以资源优势明显、成熟度高的学术精品和普及性的原创大众化精品优先,通过"政府支持、市场认可"的路径,增强精品出版的活力和自信心。

精品出版规划制订还应与当前的出版能力相适应。其一,切忌贪大求多,超越自身实力。一味追求精品的数量和规模,不但无助于出版主业的发展,久而久之,还会使精品出版走入歧途。其二,精品出版应有阶段性侧重。精品出版追求的根本目标是实现社会效益和经济效益的统一,近年来,陕西出版集团挖掘区域优势的潜能,借助文化产业政策,在各级政府的支持下,推出了一大批社会影响力较好的学术精品。然而在读者中引起巨大反响的作品却是凤毛麟角,未来需要不断提高出版能力和素质,精益求精,努力推出一批影响巨大的学术精品和广大读者喜闻乐见的普及性原创大众化精品。

2. 探究精品出版的科学路径与方法

精品出版也有其内在规律可循,具体讲,就是要把现代营销理论应用到图书出版工作中去,结合当前出版业的实际,研究探索图书产品结构、选题策划、产品开发的科学方法,逐步形成一套优化结构、精化选题、良化产品开发的规范流程,以规避决策失误,开发出越来越多质量上乘、市场欢迎的精品力作。

(1)优化产品结构。优化产品结构是出版业永恒的主题。按照现代营销理论,明晰优化产品结构的内涵,明确地方出版集团优化产品结构的主要方向、路径及实现方式,构建优化产品结构的效益保障体系、人才培养与孵化机制及资本运营的良性驱动机制,这是保证优化产品结构取得实效

的根本与关键,也是地方出版集团做强出版主业、实现可持续发展的必由之路。主要内容可以归纳为如下操作模型(见图1):

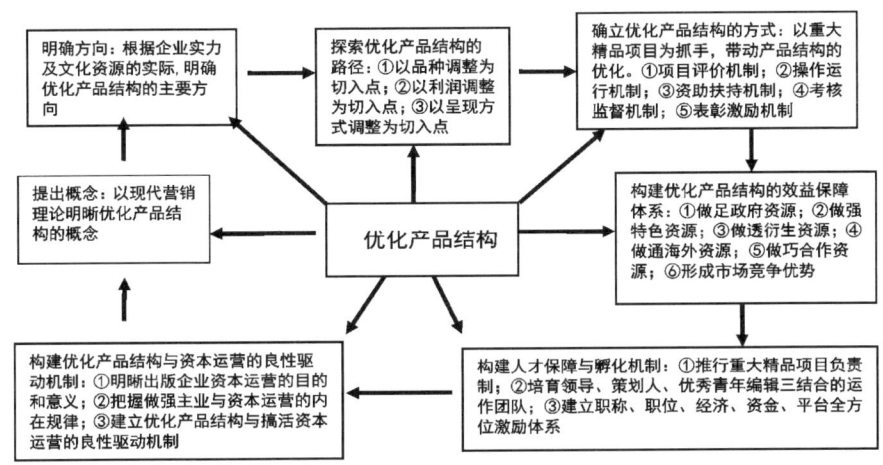

图1 优化产品结构操作模型图

(2)精品出版的选题策划与产品开发。图书具有产品的二重属性,除意识形态属性外,它和其他普通产品没有本质的区别。首先,我们应遵循产品的基本内涵(核心利益、基础产品、期望产品、附加产品、潜在产品),树立强烈的精品意识,从立意、特色、制作等不同维度力求开发越来越多的思想精深、艺术精湛、制作精良的优秀文化精品,以满足广大读者日益增长的文化需求。其次,还要引入市场细分(market segmentation)、目标市场选择(targeting)、市场定位(positioning)现代营销STP理论来规范精品图书的选题策划与开发,可以归纳为五大步骤:一是筛选选题信息,选择选题方向;二是进行定量和定性分析,预测选题的目标市场;三是破译读者需求,确立产品定位;四是注重编辑创新,优化选题策划与产品编辑开发;五是统筹市场策划,实现图书产品的市场及社会价值。当然,考虑到图书的意识形态属性及延续文脉的出版使命,精品图书的开发还应高度重视图书产品的时代特色和厚重的文化传承价值。

3. 建立内容资源系统

主要从作者资源及版权资源入手，而与此相匹配的技术系统在此暂不做讨论。

（1）作者资源系统的建立。品牌的积累和围绕精品出版方向吸引一大批优秀的作者，是现代出版企业核心竞争力的根本所在。在出版业迅速发展的今天，属于稀缺资源的重要作者的竞争日益激烈，地方出版集团若想在精品出版方面有所建树，必须下大力气构建作者资源系统。

其一，彻底摒弃"等米下锅"的思想观念，树立"作者是上帝"的服务意识，主动出击，孜孜以求，努力培育和发现优秀作者。

其二，深入挖潜区域作者资源，陕西高校云集，广大学者素有严谨的治学之风，是优秀作者资源的富矿。如何通过政策、服务及感情沟通减少重要作者的外流，确保他们的优秀作品为陕西出版增光添彩，是搞好精品出版的关键所在。

其三，走出潼关，面向全国选择优秀作者，主要是吸引、挖掘北京、上海及其他地区的优秀作者服务于陕西的出版业，促进陕西的精品出版迈上新的台阶。近年来陕西出版集团推出的《延安缔造》《鼎立南极》《百年钟声——香港沉思录》《高岗传》《绝秦书》等图书，以及一批获得国家出版基金资助的重大项目，均由外地作者编写，这些书出版后受到读者的热烈欢迎，极大地提升了陕西出版集团的社会影响力。这一事实表明，跨越区域限制，以开阔的眼界去选择优秀的作者，既能弥补当地作者的一些缺陷，也会增强精品出版的活力。

其四，通过编辑队伍建设，促进作者队伍建设。出版行业的特殊性，决定了编辑的主观能动性对企业发展拥有不可替代的作用，作者队伍的维护和建设，归根结底，主要依靠广大编辑人员的努力工作来完成，可以说编辑队伍的敬业意识和素质水平决定了出版企业作者资源的优劣。所以快速提升编辑队伍的敬业意识和素质水平，不仅是出版业发展的内在需求，也是建立和维护一支优秀的作者队伍的重要前提和基础。

（2）版权资源系统的建立。优质版权资源的掌控，是一个出版企业核心竞争力的重要标志。陕西是当之无愧的文化资源大省，却远非文化企业强省。究其原因，根源在于文化服务水平较差，资源转换能力较弱，而体现在出版方面，就是对优质版权资源的把握和掌控能力严重滞后。为此，我们必须在以下几个方面进行长期不懈的努力。

其一，对已有版权资源进行系统整合。陕西有十八家图书出版单位，数量位居全国第四，几十年来，也有许多著名作家和学界名流奉献了不少优秀著作。但是，由于我们的版权及品牌意识淡漠，这些资源有的已经流失了，有的由于没有进行持续的培育开发，并未获得相应的品牌效应。按照经济学规律，维护培育一个老品牌所耗费的资源，只相当于开发一个新品牌的五分之一，所以如何对已有资源进行系统而有效的整合，不仅是丰富优质版权资源的便捷途径，而且对快速提升陕西出版的能力会起到事半功倍的作用。

其二，对优秀文化资源进行重点开发。我们应该汇集方方面面的力量，对陕西的文化资源进行全面普查与评估，对那些既是陕西的，又是全国的，甚至是世界性的优秀文化资源，迅速组织精兵强将，配置优质资源，实施重点开发。近年来，我们先后对延安红色文化、丝路文化、蜀道文化、关学文化、青铜文化等进行了初步开发，取得了较好的效果。相信未来在省委、省政府的大力支持下，出版企业主动作为，还会取得更大的成绩。长此以往，必将形成以区域优秀文化资源支撑的陕西出版特色，甚至，也会助力区域经济，为陕西文化旅游的发展添砖加瓦。

其三，积极引进优秀版权资源。包括国内及国外两个途径。无疑，近年来省外作者对陕西出版的发展发挥了重要作用，但相比之下，陕西优秀文化资源的流失更为严重。在长篇小说、考古文化、红色资源方面表现尤甚，如陕西一流作家的重要作品基本都在北京、上海出版，巴蜀书社出版的《周原出土青铜器全集》获中国出版政府奖，湖南文艺出版社出版的《延安文艺大系》取得重大社会效益，先后由河南文艺、上海文艺出版社出版的《大秦帝国》读者反响巨大。而要改变这一现状，怨天尤人毫无作用，我们只有从提升出版企业的品牌影响力，提高文化服务水平，出台区域文化激励政策方面，扎实开展工作，方有可能吸引区域优秀文化资源留在陕西，从而逐步为陕西由文化资源大省向文化产业强省的转变发挥重要作用。从国外引进优秀版权方面，陕西就更处于弱势了。这些年，北京、上海及一些发达地区的出版企业通过版权的输出与引进，取得了巨大的规模效益，尤其异军突起的中信出版集团表现尤为突出。而陕西只是有一些零星的亮点，对产业的发展基本没有起到大的作用。那么如何走出这一困境呢？唯一的办法就是实事求是，科学定位，结合国家"一带一路"倡议和"走出去"战略，发挥自身资源优势，实施沿中国周边及丝路沿线国家版权输出与引进策略，经过艰苦不懈的努力，也许会逐步走出一条适合陕西发展的版权经营之路，从而为中外文化交流，传播中华优秀文化发挥应有的作用。

4. 推行以岗位管理为核心的策划编辑制度

回顾近年来的出版改革，以明晰产权、促进资本运营的改革如火如荼，而调整生产关系，激发内在活力的创新却相对滞后，这就是为什么中国出版业产业规模发展很快，而精品出版物较少、品质质量不高的一个重要原因。精品出版理论强调"以人为本""以书为本"，通过调整生产关系，解放生产力，从而推动精品的出版。因此，践行精品出版理论，不仅是实施精品出版战略的前提和保证，某种程度上也是出版改革的继续和深化。结合当前的出版实际，以岗位管理为核心，体现整体性集约化操作方式，创新性现代化的出版理念和对资源优化配置功能的策划编辑制度[①]，则是实现这一目标的抓手和最佳选择路径。

（1）出版业的灵魂是创新，唯有形成"尊重人才、尊重知识"的企业文化，创新才有可能在出版企业得以生根、延续和发扬光大。而以岗位管理为核心的策划编辑制度，本质上是要实现出版企业"官本位、行政化"向"人本位，书本位"的转型，无论是职称评定、提拔任用，还是薪酬激励，多出好书、多出精品是最重要的依据。所以，策划编辑制度的推行将为精品战略的实施营造良好的企业氛围。

---

① 杨立国. 创立策划编辑制度实施精品出版战略[J]. 宁夏大学学报（人文社会科学版），2000（02）：95-97.

（2）策划编辑制度适应现代出版业的发展方向，代表了一种新型的出版生产关系，符合出版生产力发展水平。策划编辑制度追求出版活动的一体化、整体化，强化了系统的可操作性和团队合作意识，细化了业务的分工，强调了专业化的发展。有利于推出更多的内容一流、质量上乘的精品力作，有利于人才的培养与成长，有利于出版企业集约化经营机制的形成。

（3）以岗位管理为核心的策划编辑制度引入了竞争激励机制，竞争上岗，庸者下，能者上，充分尊重编辑工作的智力劳动和创造性特点，鼓励创新和进取，重视编辑的主观能动性，通过激励和示范效应，将会形成一个人才辈出的局面，从而为精品出版奠定坚实的人才基础。

当然这一制度的有效推进还有赖于营造精品出版的良好环境。一是要大力弘扬工匠精神，养成全行业对职业敬畏，对工作执着，对产品负责的优秀习惯，勇攀质量高峰，让追求卓越，崇尚精品成为全行业的价值导向和精神追求。二是要不拘一格降人才，逐步探索形成重大精品项目的表彰激励机制，充分调动人才的主观能动性，从人才回报和人才培养两方面对精品项目策划人予以激励，使他们在精神上得到尊重，在物质上得到实惠，在任用上得到提拔。

5. 强化精品出版的质量保障体系

这是一个老生常谈的问题，结合当前出版业的现状，主要应从以下几个方面构建精品出版的质量保障体系。

（1）强化责任意识。首先是社会责任，编辑人员要以弘扬先进文化为己任，守土有责、守土负责、守土尽责，坚持正确的出版导向，弘扬真、善、美，鞭笞假、丑、恶，绝不向社会推出内容低俗、影响恶劣的出版物；另外，在日常工作中，心中要有读者，质量为重，精益求精，杜绝质量低劣、粗制滥造的出版物，不断向广大读者奉献优秀的精神食粮。

（2）重视产品的整体质量，图书质量分为三个层次。第一层次：印制质量，包括图书的纸张、装订、印刷等，为图书的外在质量。第二层次：审鉴及设计质量，包括图书的编校质量、版面设计、封面设计、内文设计等，是图书的外在的浅层次的内容质量。第三层次：图书的内容质量，是图书内容在文化选择和传播方面的质量，包括选题质量、学术质量、文化内涵等，是图书的深层次的精神内容质量。对任何一部优秀作品，其质量的构成核心，当然首先是深层次的精神内容质量，然后是审鉴及设计质量等浅层次的内容质量，最后才是印制质量。需要注意的是，这三个层次的质量互相交织，相互作用，构成了质量的统一体，任何一个方面的质量出现问题，都会影响精品出版的整体质量。

（3）加强质量的过程管理。一是选题质量管理，包括选题质量规划、选题质量设计、选题质量论证、选题申报管理等，是精品出版的前提和基础。二是组稿与审稿质量管理，组稿包括组稿准备、选择作者、约稿质量控制、约稿后续服务四部分；审稿主要可归纳为政治思想内容把关、知识内容审查把关、出版要求审查把关、知识产权审查把关四个方面，这是提高出版物内容质量的关键环节。三是编校装帧质量，包括编辑加工、校对、装帧设计等环节，每一个环节都有相应的标准与要求，核心是管控以编校质量为核心的浅层内容质量。四是印制质量，这是质量管理的最后一道程序，就是要向读者提供纸张精良、外观精美的精品出版物。图书质量过程管理，是编辑工作非常重要的环节，在具体实践中，首先要遵章守制，严格按程序办事；其次要明确每一环节的要求、标准及质量衔接及责任；最后，还应将质量事故的惩戒管理制度化、日常化。这样，图书质量的过程管理才能落到实处，收到实效，也才能为精品出版工作提供质量支撑。

（4）注重编辑的资质管理。伴随着改革的步伐，出版业进入新老更替的阶段，出版企业由于输入大量新鲜血液而增添了活力，同时也由于一大批经验丰富的老同志相继离开了工作岗位，面临着产品质量的巨大压力。因此，加强对青年员工的培训，注重编辑人员的资质管理就上升为当前出版工作的重要方面，主要包括三个方面：

其一，岗位资质管理，就是要明确各类编辑岗位的上岗条件、要求、责任及工作标准等，并制订相应的管理规范，如责任编辑、编辑部主任、复审、终审等。

其二，从业资质管理，就是对出版行业新进人员，按照国家有关规定，坚持上岗要求，未经培训不得上岗，未取得相应的资质，不得直接从事编辑工作。

其三，注册资质管理，国家自 2008 年起推行责任编辑注册登记制度，突出了编辑人员的岗位意识，明确了编辑岗位的责任主体，强调了编辑的继续教育、知识更新和业务充实，是提高出版物质量的重大举措，必须在实际工作中不折不扣地推广执行。值得一提的是，为了使编辑资质管理收到实效，还必须相应搞好编辑工作定量管理。总的目标是摒弃数量规模型产业模式，使质量管控能力与企业发展水平相匹配，积极探索质量效益型发展之路。

6. 优化精品出版的投入保障机制

精品代表着出版企业的形象，随着精品工程的实施，日益扩大的社会影响力必将给出版企业带来巨大的品牌效应。同时精品在出版企业所处的分量、相关的资源配置和资金投入，也意味着精品开发是出版企业经营管理最重要的方面。为此，建立精品出版的投入保障机制就显得尤为重要。

（1）随着改革的深入，出版企业现代企业制度建设日益完善，如何建立科学合理的产品开发投入机制，应成为出版企业成为独立市场竞争主体的重要环节。

（2）借力国家政策，繁荣精品出版，陕西新华出版传媒集团成立以来，先后有一百六十一种图书入选了国家及省上重点出版基金项目，共获得约八千万元项目资助，有一百〇二种图书选题入选国家级重大出版活动及出版规划，有二十一种图书获得国家级三大图书奖。一个重要的原因，就是逐步探索形成了精品开发的三级扶持机制，首先，陕西出版集团推出了《陕西出版集团重大出版项目资助、管理办法》，每年拨付几百万元对重大精品项目进行资助、扶持。其次，围绕政府倡导的出版物和优秀文艺作品的开发，形成成熟的评估、推荐体系，积极争取省委宣传部、省新闻出版局对精品出版的支持。第三，立足于传播文化、传承文明，下大力气组织开发陕西最具竞争优势的文化资源，力争列入国家重点选题规划，积极争取国家基金的支持，从而推出并积累一大批精品力作奉献社会。

（3）利用社会资本推动精品图书的出版，已经上市的出版集团，通过资本运营，募集了大量资金。本着提升企业社会形象，形成企业品牌效益的宗旨，应义不容辞地投入巨资开发更多、更有分量、更有影响力的精品力作，来回馈股民和读者。目前陕西出版集团的股改工作也进入到辅导上市阶段，我们通过募投的形式对精品出版项目进行了一定的尝试，力争创出一条新路。

7. 重视精品深度开发，追求精品出版的最大效应

（1）聚焦核心文化资源开发精品，就像"文化富矿"一样，只有这样的文化资源才有较大的后续开发潜力。而那些既在陕西有影响，又在全国乃至全世界都有重大影响的文化资源以及处于学科前沿的研究成果，就是符合这一要求的精品开发方向。近年来陕西出版集团先后推出了《西安城墙》《延安文艺档案》《中国蜀道》《中国秦腔大百科》、"丝绸之路（中国段）文化遗产"丛书等重大项目，就是这样的选题。

（2）实施方向性选题开发策略，充分满足不同层次的读者需求，如《中国蜀道》开发完成后，还可继续开发"图说蜀道"丛书，甚至蜀道电视专题片，以及蜀道文化艺术节等，做到对核心文化资源的全方位、立体式开发。

（3）一元内容多元开发，扩展精品图书的范围经济效应。第一步是学术精品的开发，第二步是普及性读物的开发，第三步是数字出版及影视传媒的开发，第四步是文化创意产品的开发，最后是文化旅游项目的开发，从而最终通过精品出版带动区域经济的发展。

教育图书出版如何突出重围？
——来自陕西人民教育出版社的市场调查分析

陕西作为我国西部地区的一个大省，其政治、经济、文化、教育等在西部地区有着重要的影响力。仅就教育图书市场来看，其市场总定价需求就达数亿元，以陕西中等城市、县镇及较为富裕的农村地区为例，其国标教材市场总定价需求约为四亿元，地方教材总定价需求约为一亿元，职业教育教材总定价约为六千万元。因为陕西在西北几省区具有重要的影响力，所以，商家历来把陕西作为争夺西北市场的重要阵地。

一、群雄争霸，硝烟四起

从区域经济角度考察，陕西教育图书市场可细分为两个市场层面：第一层为陕西市场；第二层是西北市场，包括甘肃、青海、宁夏、新疆市场。对于这样一个守可保住一省，进能占领西北甚至波及四川、山西、河南等地的相对广大的市场，无怪乎各家教育图书出版社倾力搏杀于陕西市场。

自 2000 年教育部实施新课程改革以来，在这一地区进行比拼的教材分别为：人教、北师大、江苏教育、湖南教育、华东师大、教科社、广东教育、河北教育等版本，其中人教社、北师大社、江苏教育社的教材处于领先地位。这些出版社及其合作伙伴，各自采用不同的竞争策略，又自然而然地分为三类竞争主体。

其一，人教社由一统天下到一股独大。新课标教材出版竞争快速启动，人教社几乎在一夜之间成了所有新进入者的竞争对手，其市场份额的减少难以避免，但是人教社在长期的发展过程中，积累了雄厚的专家资源、人才资源，拥有新进入者望尘莫及的品牌基础。另外，人教社改善了服务培训意识，加强了对教材的宣传，建立了内容丰富、资源强大的教研网，以强大的经济实力频频组织各种科研活动和高质量的培训活动。除此之外，人教社还充分利用租型权和市场份额调节杠杆，使长期形成的遍布全国的区域联盟网在稳固教材市场的过程中发挥了巨大的作用。所以人教社的市场地位显然是不可以轻易撼动的，在西北市场上，除初中数学及副科教材外，在大多数省份的主科教材市场上，人教版的占有率都在50%以上。

其二，中央俱乐部资源优势明显。在西北市场竞争的主要是北京师范大学出版社、教育科学出版社、人民美术出版社、人民音乐出版社。尤其是北师大出版社背靠着有强大中小学基础教育研究资源的高校（教育部新课标教材总编委会就设在该校），同时，它身处专家云集的首都，信息灵通且教育资源丰富，再加之又是思想上、行动上、经济上最早涉足课程改革的出版社，因此在新课标教材开发上占有得天独厚的优势。在教材市场的营销方面，该社长期致力于系统教辅读物的开发，与西北各省区教育部门建立了千丝万缕的联系，这为北师大新课标教材快捷进入市场奠定了良好的基础。另外，从2003年开始，北师大出版社以"租型买断"的方式发展了十余个战略伙伴，建立区域联盟，发挥地方优势，从而推进了北师大版教材销量的稳定增长。目前，该社通过审定并投入实验的教材科目仅仅落后于人教社，成为产品数量的第二大户，其明显的资源优势，加之相应的营销手段，其教材市场份额在西北市场也稳居第二。

第三，地方军团异军突起。驰骋在西北教材市场的主要是江苏教育出版社、河北教育出版社、广东教育出版社、湖南教育出版社、湖南师大出版社等。地方军团在西北市场推广的过程中，善于合纵连横，采取多种营销方式拓展市场。例如江苏教育出版社始终坚持教材质量和服务培训并重的原则，在市场推广中祭起两大法宝：一是与陕西人民教育出版社建立了稳定协调的区域联盟关系，两社强强联合，优势互补，使苏教版教材在西北市场扎牢了根，稳居市场份额第三位；二是全力打造营销服务品牌、立体培训服务网络体系，全国培训、区域培训、省级培训、地县培训、网络培训、教研考察、评课比赛、实验区回访等，环环相扣，加之众多苏版教材专家不辞辛苦，足迹遍布西北的山山水水，给西北地区教育系统留下了良好的印象。苏教版教材因而以其强势品牌在大西北落地生根、稳步推进。

教辅读物市场同教材市场一样，竞争也是异常残酷，教育类出版社、师大类出版社、非专业出版社、民营书业这四股强大竞争主体在这一市场上同样展开了激烈竞争。如陕西师范大学出版社全面进入助学读物市场，近年来，该社的"黄冈兵法""金牌之路""新作文"系列赢得了良好的社会声誉。在市场开拓方面，该社坚持了市场发行与系统销售并重的原则，一方面注重了面向全国大市场的学生助学读物的开发，长期致力于销售渠道的建设与管理，并在全国成立了十大分销公司，确保了图书物流的畅通；另一方面，借助社会力量，利用陕西师范大学在陕西乃至西北的资源优势，在学生助学读物的系统销售方面也发挥了重要的作用。在营销上该社采取以教育系统为主、新华书店为辅的策略，长期倾力打造学生系统读物，目前已经取得了显著成效。

二、四面楚歌，陕教社何以突围？

（一）知己知彼，摆正位置

目前，全国出版中小学文教图书的专业教育出版社有三十四家，按照出版单位的年出书总定价、所拥有的中小学教材课本资源、一般图书影响力及所在区域，可将它们分为三类：人民教育出版社、江苏教育出版社、浙江教育出版社、广东教育出版社、重庆教育出版社实力最强，列为第一类；陕西人民教育出版社等二十二家出版社实力居中，列为第二类，这其中又以教育科学出版社、山东教育出版社、湖南教育出版社、河北教育出版社等名列前茅；其余出版社列为实力较弱的第三类出版社。

1. 陕教社细分市场选择

首先是细分市场。陕教社中小学文教读物分为教材和教辅两大类。中小学教材市场是一个十分复杂的市场，购买决策区别于一般消费商品，各类教材用途不一，用户需求也有很大差别，如何细分市场，就需要一个比较科学和明确的依据。根据教材市场的特点和陕教社现在和未来教材产品的控制幅面，可以将教材产品的最终用途、客户地理位置及客户购买行为作为细分市场的变量。

中小学教材市场的特殊性体现在两个方面：一是非企业团体购买者，国标教材及省编地方教材以县、区为最小单位购买；校本教材和职业教育教材以学校为最小单位购买。二是购买决策区别于普通的消费商品，决策模型如图 1 所示。

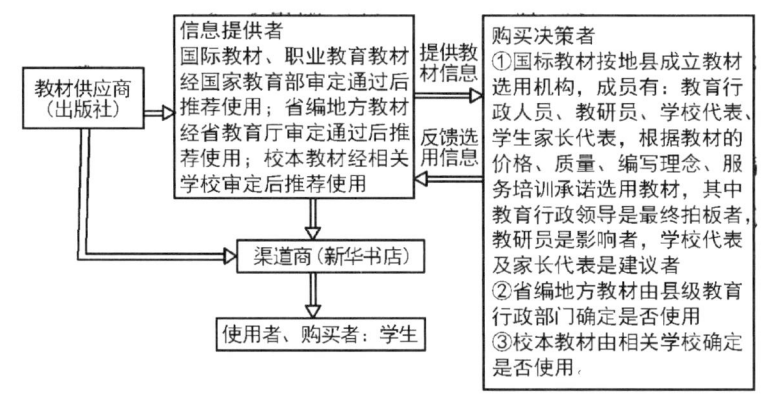

图 1　决策模型图

显然，教材是否被选用主要取决于教材选用机构，假设该机构的决策者均为理性的消费者，则教材是否被选用取决于五个方面：价格、培训服务、教材理念、教材出版单位品牌、教材质量，处于不同经济区域，对这五个方面的要求不同。按照上述内容分析变量并结合陕西的实际情况，可将教材市场划分为三个有实际研究价值的细分市场（表1）。

表1　教材市场细分表

省会城市教材市场 （经济发达、选用机制优秀） （A）	县镇以上及相对富裕农村地区教材市场 （经济中度发达、选用机制良好） （B）
	贫困县农村地区教材市场 （选用机制落后） （C）

按照上述细分方式，结合陕教社文教读物产品结构和营销能力，也可将教辅读物归纳为如表2所列的有价值的细分市场。

表2　教辅读物细分市场表

陕西课外读物市场	西北地区课外读物市场	全国课外读物市场
陕西同步教铺读物市场	西北地区同步教辅读物市场	全国同步教辅读物市场
陕西应试教铺读物市场	西北地区应试教辅读物市场	全国应试教辅读物市场

首先，从区域经济角度考察教材教辅读物细分市场，陕教社面临三个市场层面：第一层为陕西市场；第二层是西北市场，包括甘肃、青海、宁夏、新疆市场；第三层是全国市场，主要包括四川、河南、北京、广东、江苏、浙江、山东、湖北、东三省等陕教社有市场发展潜力的地区，而陕教社教材只涉及前两个层面。

其次，细分市场评估。在陕西区域，涉及A、B、C三类区域教材市场，五类教辅细分市场（与课堂同步的教辅市场，与教材同步的教辅市场，应试教辅市场，学生课外阅读市场，学生能力拓展读物市场）。下面以B类区域教材市场、应试教辅市场为例，对陕教社文教读物细分市场作一个分析评估。

（1）B类区域教材市场。该区域指陕西中等城市、县镇及相对富裕的农村地区。这一区域经济中度发达，重视教育且具有一定购买力，其教材市场需求特点为：强调素质教育理念与地方教育现状相结合，重视教材的培训与服务，重视教材的内在质量。这一区域的教材需求在陕西分量最重，国标教材市场总定价需求约为四亿元，地方教材的总定价需求约为四亿元，职业教育教材需求约为六千万元。

该区域为陕西的核心腹地，其市场份额超过陕西总需求的60%，因此各种版本的教材均在此区域竞逐。陕教社地方教材的主要市场份额也在此区域，但是由于陕西民营书业涉足的地方教材品种之多、范围之广、力度之大、获利之丰在全国都十分罕见，因此陕教社未来面临的竞争也将是十分惨烈的，只有通过品种、政策、机制体制和营销手段的综合支持，经过长期艰苦的鏖战，才有可能赢得竞争优势。该区域职业教育教材这块蛋糕依然被人教社与高教社所共享。

（2）应试教辅读物市场。此类读物，一般分为总复习和试卷两类，读者对象分别为高中、初中、小学毕业班学生。由于这类书读者面广，与同步教辅比较投资相对较小，而且作者队伍也比较大，所以行业壁垒较低，是所有图书中重复最为严重的一块，竞争十分激烈。另外，随着高考分省命题，中、小考分地区命题的推进，这类读物按区域出版和销售的趋势将越来越明显。

这类读物在陕西的市场容量大致如下：小考，约三十五万册；中考，约三十万册；高考，约十五万册。这一市场内的主要竞争者为陕教社、陕师大社和未来出版社及陕西省内的民营书业。品种有未来出版社的"学、练、考系列"、陕西师大出版社的"黄冈高考兵法"及陕教社的中、小考系列图书等，目前主流品种还未形成。陕教社在这一领域的出版实力较强，也积累了丰富的经验，缺陷是品种重复严重，大多数品种在市场上虽然有一定的影响，但规模效应始终未能取得，所以今后如何整合现有资源，优化产品结构，提升产品质量，精心培育应试教辅品牌读物将是一个重大课题。

2. 陕教社的目标市场选择

下面我们运用GE矩阵分析方法，选择陕教社文教读物目标市场。GE矩阵全称为行业吸引力——业务实力矩阵，它是由美国通用公司与麦肯锡咨询公司共同发展起来的，它通过分析企业所进入的行业的吸引力以及对企业在此行业中的业务实力的综合情况,预测企业业务的发展前景,并决定对业务组合进行战略调整的有效办法。该分析方法为:①将企业产品市场进行细分;②计算每个细分市场的吸引力;③计算企业在该细分市场的业务实力;④用 GE 矩阵确定企业在各细分市场中的地位;⑤分析 GE 矩阵,选择目标市场。

(1)根据市场和陕教社实际情况,设置参数并以 B 类区域教材市场为例,计算其市场吸引力和陕教社在该市场的业务实力(见表3、表4)。

由表3计算可知,对陕教社来说,B 类区域教材市场吸引力为 3.4。

由表4计算可知,陕教社在 B 类区域教材市场业务实力得分为 3.74。

表3 B 类区域教材市场吸引力

市场吸引力要素	①要素权重	②表现得分	③加权分=①×②
市场规模	0.25	4	1
市场的增长速度	0.15	4	0.60
市场竞争强度	0.15	3	0.45
利润率	0.20	3	0.60
行业壁垒	0.15	3	0.45
用户对价格的敏感度	0.05	3	0.15
替代品市场	0.05	3	0.15
政治、法律环境	OK	4	—
经济环境	OK	4	—
社会环境	OK	3	—
合计	1		3.4
B 类区域教材市场得分	3.40		

图 4　B 类区域教材市场业务实力

业务实力要素	①要素权重	②表现得分	③加权分 = ①×②
市场占有率	0.25	4	1
市场占有率的速度	0.1	4	0.4
企业预期利润	0.15	3	0.45
产品质量	0.05	4	0.2
品牌知名度	0.05	3	0.15
价格优势	0.05	4	0.2
研发能力	0.04	2	0.08
生产能力	0.06	5	0.3
营销能力	0.15	4	0.6
财务状况	0.04	3	0.12
管理能力	0.06	4	0.24
合计	1		3.74
B 类区域教材市场得分		3.74	

用上述同样的方法，我们可以分别计算出 A、C 类区域教材、课外读物、能力拓展读物、同步教辅读物、应试教辅读物的 GE 矩阵市场吸引力和业务实力。需要注意的是，对不同的细分市场，市场吸引力和业务实力影响因素的权重分配是不同的。

（2）根据各细分市场的吸引力和业务实力，建立陕教社文教读物 GE 矩阵模型（图 2）。

	强	中	弱
市场吸引力 强 3.0	领导Ⅰ ①B类区域教材市场 ②能力拓展类读物	努力 ①A类区域教材市场 ②课外阅读 ③课堂同步辅导 ④教材同步辅导	问号
中 1.5	领导Ⅱ 应试辅导读物	监管 C类区域教材	衰落Ⅱ
弱	现金供应者	衰落Ⅰ	无希望
	强　　3.0　　中　　1.5　　弱　业务实力		

图2　陕教社文教读物GE矩阵模型图

（3）选择目标市场。从上述分析可以看出，陕教社文教读物的细分市场中，属于领导Ⅰ型的业务有B类区域教材和能力拓展类读物，应列为第一目标市场；属于领导Ⅱ型的业务为应试辅导读物，应作为第二目标市场；属于努力型的业务有A类区域教材、课外阅读、同步课堂辅导、同步教材辅导，应作为第三目标市场；而C类区域教材为监督型业务，在市场吸引力和业务实力两方面都不具备任何特殊的优势，因此不宜将C类区域教材作为陕教社的目标市场。

（二）定位分析

在营销实践中，企业定位包含"产品定位""竞争定位""品牌定位"三个互为关联的部分。

1. 陕教社文教读物产品定位

我们采用定位图法来分析产品定位。以应试教辅读物为例，陕西区域的应试辅导读物的主要竞争者为未来出版社和陕教社，目前未来出版社的中、小考"一本全"系列在这一市场占居主导地位，陕教社的中、小考系列在市场上有一定影响，高考应试辅导读物只是刚刚起步。如何整合发展现有品种，培育拳头品种，进而获取品牌效应，将是陕教社应试辅导读物产品定位的方向。

（1）拓展产品范围（见表5）。

表5 拓展产品范围

目前已有产品	扩展产品	
	按版本	按区域
①人教版大纲本小考系列 ②人教版大纲本中考系列 ③人教版大纲本高考系列	①新课标人教版中、小考系列 ②新课标北师大版中、小考系列 ③新课标苏教版中、小考系列	①大城市为目标市场的高、中、小考系列 ②以县镇以下农村地区为目标市场的中、小考系列

（2）质量为先。应试教辅读物的质量高低取决于两个方面：一是作者水平的高低，在命题应试方面影响力的大小；二是编选的题型是否新颖，符合命题的方向，对下年度高、中、小考试题型是否具有较强的前瞻性和一定比例题型的类同性。陕教社长期从事教辅读物的出版，积累了丰富的作者资源和编辑经验，完全具备出版高质量应试辅导读物的基础。

（3）培育区域市场。陕教社在陕西区域的营销实力是一流的，长期以来和全省各地的新华书店建立了紧密的业务关系。因此，如何利用这一优势，培育陕西大城市和县城以下农村两大区域市场，也将是决定陕教版应试辅导读物能否成为陕西主流教辅的一大关键。

通过以上分析，陕教版应试辅导读物产品可以在质量、产品组合上取得优势，定位应锁定：区域化、全品种、高质量，这样陕教社在陕西市场的竞争优势就将长期确立。

按照上述分析方法，也可以描述陕教社所选的其他目标市场文教读物的产品定位：教材——出版发行服务最优秀、最能体现陕西教育实际的教材；能力拓展读物——以大城市中小学生为潜在读者，出版成规模、高质量、精品化图书。

2. 陕教社文教读物竞争定位

对陕教版产品的市场地位及产品和市场组合矩阵分析，可以确定陕教社市场竞争策略。

（1）国标教材首先要解决占有产品资源问题：以市场为纽带，与教材出版强社建立稳固的区域联盟关系。在提高市场份额方面，以渗透策略提高现有市场上现有教材的占有率，通过开发策略，为现有教材和新开发的教材找到新市场，目前市场发展空间为陕、甘、宁、青四省区。

（2）省编地方教材要解决的核心问题是不断改进和扩展自己的产品组合，以保持其竞争力的长盛不衰。在市场扩展方面，进攻性战略和防御性战略并用，努力扩大陕教版教材的市场份额，确保陕教版教材在陕西区域的主导地位。至于职业教育教材，有良好的发展前景，也可以伺机开发，快速进入市场。

（3）能力拓展读物、应试辅导读物主要采取两大策略：①选择性瞄准，即在目标市场上盯准特定的竞争对手（如陕师大社、开明社、未来社等），经过长期持续的直接挑战逐渐侵占竞争对手的市场份额，最终成为市场的领导者；②防御跟随者，主要采取提升营销水平，运用价格杠杆和产品生命周期规律、设置产品壁垒等策略，尽量减少跟风出版带来的市场压力。

（4）同步教辅和课外阅读这两类读物有较强的市场吸引力，陕教社应该在市场上赢得应有的地位，采取的策略为：①选择与陕教社企业实力相匹配的细分目标切入市场，当前应稳固西北市场，逐步向全国拓展；②"效仿"市场领导者，即悉心研究品牌化产品（如山西教育出版社的课外阅读类，龙门书局、陕西师大社及一些民营书业的同步辅导读物），甚至是其包装和促销方式，探究其产品或服务的缺陷，推出改进型产品，迅速占有相应的市场份额。

3. 陕教社文教读物品牌定位

对于实力并不雄厚的陕教社来讲，要形成自己的品牌，更需要艰苦而漫长的努力，具体策略如下。

（1）全力打造企业品牌。陕教社在文教读物出版竞争中，奉行教材、教辅两条腿走路的竞争策略，那么相应的形象宣传、产品开发、营销策略、资源组合都要相互匹配，这样经过长期不懈的努力，读者才有可能对陕教社了解、认可、偏爱、忠诚，最终落实在对陕教版图书的喜爱上，实现企业与单个产品连用的品牌效应。

（2）合作品牌战略。在国标教材的出版中，陕教社和苏教社是战略合作伙伴，处于特许出版的地位，实施合作品牌战略，就是要在区域市场中，培育许可出版产品的品牌。做法如下：①运用市场调研、信息反馈等方法，配合苏教社不断提高许可出版产品质量，并在条件许可的前提下，尽量满足西北市场读者需求；②编织教材销售网络，形成陕教社独特的培训服务体系，培育许可出版产品的市场品牌；③提升合作水平，许可出版向股份合作的方向发展，建立持久、稳固、法定的战略关系。

（3）混合品牌战略。主要体现在教辅读物的出版过程中：在非同类教辅读物中，如同步教辅、应试教辅、课外阅读、能力拓展读物，采用多品牌策略，力争在每类教辅读物中都有陕教社品牌产品；在同类教辅读物的不同目标市场，如应试教辅读物的城市和农村版，可采用系列品牌策略；在同一目标市场中的教辅，如面向大城市的"举一反三"系列，小学、初中、高中系列等，可采用共同品牌策略。

参考文献

［1］张先立.中国出版业竞争趋势分析及对策［J］.中国出版，2000（8）：14-15

［2］国家信息中心中国经济信息网.CEI中国行业发展报告2003图书出版发行业［M］.北京：中国经济出版社，2004.

［3］陈旷，王东.新课标教材市场：几大利益集团相生相克［J］.出版动态.

［4］张桁，陈信康.市场营销管理［M］.上海：上海财经大学出版社,1996.

［5］邹昭晞.企业战略分析［M］.北京：经济管理出版社，2001.

［6］艾·里斯，杰克·特劳特.定位［M］.王恩冕，于少蔚，译.北京：中国财政经济出版社，2002.

［7］格雷姆·德吕莫，约翰·恩索尔.战略营销规划与控制［M］.2版.张继焦，田永波，译.北京：中国市场出版社，2004.

关于建设"陕西文化传媒产业园"项目的思考

《中共陕西省委关于坚定文化自信的意见》指出,要"从中华优秀传统文化、革命文化、社会主义先进文化中寻找文化自信根脉,深入挖掘利用陕西丰厚的文化资源"。基于此,笔者结合陕西新华出版传媒集团的实际,就建设"陕西文化传媒产业园"项目做一点探讨。

一、陕西新华出版传媒集团的基本状况

陕西新华出版传媒集团,是根据省政府2014年第六次常务会议精神,在原出版集团、发行集团基础上,融合组建而成,下辖一百一十余家成员单位,拥有五千余名员工。

融合以来,集团以"集团强大、单位富裕、员工幸福"和"陕西领先、西部一流"为目标,全面提升综合实力。2016年,共出版图书6117种,实现营业收入32.2亿元,实现利润总额2.22亿元,总资产和净资产分别达到54.73亿元和19.02亿元。在七家省属文化企业集团中,销售占到了30%,利润占到了50%。

集团始终坚持以"双效统一"为发展方向。2016年,四十三个项目入选"十三五"国家重点图书出版规划,位列全国第四;在第六届中华优秀出版物奖评选中,两个项目获奖。最近公示的2017年度国家出版基金资助

项目，十五个项目入选，位列全国第三；另据可靠消息，在第四届中国出版政府奖评选中，陕西共入选五个，集团五占其四，名列全国前茅。

从企业规模、经营数据、社会影响等来看，集团已成为我省文化产业的领先企业，具有建设好文化产业园区项目的充分实力。

二、集团在文化产业发展中坚持的基本原则

集团认为：国有文化企业是发展文化产业的重要力量，必须在推动两个效益相统一中走在前列；同时，要以文化产业园区的建设为载体，切实提高发展的规模化、集约化、专业化水平。

1. 以国家发展文化产业的大局为依托，发展文化产业

近年来，习近平总书记、李克强总理等党和国家领导人，在不同场合对文化发展做出重要指示。国家、我省层面也持续加大相关投入，出台相应文件。前不久，颁布了《关于实施中华优秀传统文化传承发展工程的意见》。总局年度会也提出，要加大对老少边穷地区的政策、项目和资金倾斜力度。这些强烈信号，告诉我们文化产业正处在一个极其有利的发展当口。

2. 以陕西厚重的文化为底蕴，发展文化产业

我省具有以周秦汉唐为代表的历史文化，以圣地延安为代表的红色文化，以秦岭山水为代表的自然生态文化，以大雁塔、楼观台和法门寺为代表的宗教文化等等，这些丰富、厚重的文化资源是我省文化产业发展及园区建设差异化、特色化发展的重要资源和内容。

3. 以先进的体制机制为基础，发展文化产业

去年，我省出台了"激励、容错、能上能下"三项机制，激发了干部干事创业的积极性，营造了争先创优的好氛围，凝聚了追赶超越的精气神。集团为推进深度融合、实现"一体化"发展，设立了分公司，出台了《集团化管控办法》。从体制机制层面，这增强了集团的集团化项目运作能力。

4. 以建设"大西安"为契机，发展文化产业

2017年，是"大西安"的元年。1月22日，西安代管西咸新区。由此，许多产业政策、产业环境将发生重大改变，并将深刻影响文化产业园区的

建设。在"大西安"规划中,"传承历史文化,彰显华夏文明,打造世界东方历史文化之都"位居战略举措之首。西安要建设具有历史文化特色的生态宜居型国际化大都市,是集团建设文化产业园区独一无二的有利契机。

5. 以未来产业发展走势为方向,发展文化产业

近年来,文化创意、媒体融合已经成为文化产业发展的趋势。推进文化与相关产业融合,形成了"文化+科技""文化+金融""文化+制造"等产业发展新模式、新业态。构建一种全新"文创+"产业发展模式,打造出一个融合产业、文化、旅游等功能的创新创业发展平台,将成为文化产业园区建设的新支撑。

三、集团发展文化产业园区的初步设想

经初步论证,2017年及未来的几年中,集团将聚焦"追赶超越",围绕"大西安"战略,打造集出版发行、图书零售、印刷包装、物资供应、文化创意、媒体融合等为一体的"陕西文化传媒产业园"。项目拟建地点位于西咸新区沣东新城,拟投资6亿—7亿元,拟规划园区面积120—150亩(8—10公顷),划分为五大板块。

1. 现代出版传媒板块

充分发挥集团资源优势,努力打造、建设一家集综合书城、策划咨询、编辑出版、物流配送、版权运营为一体的现代化出版传媒基地。

2. 新媒体板块

助力产业转型升级,建设集数字传媒、智能化、物联网、大数据为一体的新型数字化产业。

3. 丝路文化板块

建设丝绸之路文化传播中心。要以丝绸之路文化经典出版物、丝绸之路文化周刊、丝路文化普及读物为核心,开发丝绸之路MPR音视频读物、丝绸之路探险攻略网游、丝绸之路专业数据库、丝绸之路版权交易平台、丝路英雄动漫、丝绸之路电视专题片六大产品,涵盖舞蹈、戏剧、电视剧、数字地图、网站、服务平台等内容,通过举办、建立、开展丝路书画(摄影展)、

丝路高峰论坛、丝绸之路博物馆、丝绸之路文化研究院、丝路图书博览会、丝路电影节、丝路艺术节、丝绸之路精品旅游等方式，传播丝绸文化。

4. 中华传统文化板块

首先，打造一家中国优秀传统文化数字博物馆。先确保各个板块拿出具体的运营方案，由集团牵头，多方面、多渠道引进文化资源，以混合经济的发展模式和市场经济运行规则，促进文化传媒产业园的整体发展，打造中国西部亮丽的文化风景线。

其次，打造陕西青少年传统文化教育培训基地。要借力中央、我省的有关政策，依托我省丰厚的传统文化资源，推进传统文化普及活动，内容主要涉及汉字文化、诗词歌赋、非物质文化遗产、区域文化、民间文化、红色文化、文物考古等方面。

5. 待时机成熟，依托集团沉淀多年的文化内容资源，向影视传媒、文化旅游、现代艺术等领域拓展

（1）影视文化领域。建设一个影视文化传媒中心，从三个方面着手：一是在影视作品的内容生产、加工、制作上；二是在影视爱好者对影视作品的视觉体验上；三是在影视作品的版权交易上。

（2）文化旅游领域。以区域文化出版为基础，以陕西雄厚的文化资源为内涵，由集团牵头谋划、各市县级新华书店参与配合，组建、打造、建设一家彰显我省地方特色的旅游产业平台。

（3）现代艺术领域。打造以书法绘画、音乐、行为艺术为基础，以创作、展览、拍卖交流为一体的现代艺术传播交易中心，建设"西部作家艺术家创作艺术品交易基地"。

四、思考与建议

1. 项目必须以陕西雄厚的文化内容资源为依托

党的十六大、十七大特别是十八大以来，实施项目带动、促进园区建设成为推动陕西文化产业加快发展的重要途径。陕西有着优厚的文化底蕴，集团更是拥有多年累积的文化内容资源，这些都是做好"陕西文化传媒产

业园"建设的必要条件。

截至目前，集团在"红色文化"出版方面，推出了《红色档案——延安时期文献档案汇编》《延安文艺档案》等力作；在传统文化方面，出版了《全唐五代笔记》《陕西金石集成》等经典；在区域文化方面，《西安城墙》《中国蜀道》等国家项目相继面世；在科技文化方面，《空间科学发展与展望》《中国果树科学与实践》等更是接连获得国家级大奖。

文化产业发展的过程，实质上是文化资源"内容为王"的价值实现的过程，对于文化产业园区建设更是如此。因而，"陕西文化传媒产业园"的建设，必须以陕西雄厚的文化内容资源为依托，最终实现社会效益和经济效益相统一。

2. 项目需要获得各级党委、政府的支持

文化产业园区是提高文化产业规模化、集约化、专业化水平的重要抓手，在促进经济转型升级、推动文化产业跨越发展等方面有着重要作用。政府的大力支持是这些产业园成功发展的重要保障，如武汉光谷的诞生和成功，一个很重要的原因，就是得益于政府的大力支持和推动。

建议对符合规划的文化产业园区，在基础设施建设、土地使用、税收优惠、工商登记等方面按规定给予支持。

融合发展与出版企业人才结构再造三人谈[①]

王勇安：陕西师范大学新闻与传播学院教授
刘东风：陕西师范大学出版总社董事长兼社长
张　炜：陕西新华出版传媒集团总编辑

人才资源是出版企业重要的核心竞争力，在出版业发展中具有举足轻重的地位。传统出版与新兴出版的融合，在为出版业发展提供更大发展空间的同时，也对其从业者提出了更新更高的要求，适应融合发展的出版人才问题也因此成为出版业界和学界关注的焦点。但是，纵观学界和业界对出版融合发展人才问题的讨论，多集中于人才的知识能力结构和培养方式，忽略了出版企业人力资源的结构问题。为此，陕西师范大学新闻与传播学院教授王勇安、陕西新华出版传媒集团总编辑张炜、陕西师范大学出版总社董事长兼社长刘东风，以笔谈的方式就这一问题进行了初步探究。

一、当前出版社人才结构的基本情况：三多三少

王勇安：出版人才是具有出版价值创造能力、为出版企业创造各种价值的人，是出版企业价值创造能力的载体。这些具有不同价值创造能力的人才之间的组合关系，就是我们通常所说的出版人才结构。出版企业人才结构能否适应传统出版与新兴出版融合趋势，是出版产业发展的关键性因

---

① 本文为应《编辑之友》杂志相邀，与刘东风社长和王勇安教授的笔谈记录。

素。陕西新华出版传媒集团和陕西师范大学出版总社是西部规模较大的知名出版企业，人才结构问题具有一定的代表性。张炜总编和刘东风社长在出版人才建设上都做了很多探索性工作，对人才资源结构问题有许多独到的见解。研究的基础是对研究对象的深入了解，为了深入探讨分析，还需要对当前出版社人力资源结构问题有比较具体的认识。

张炜：我们陕西新华出版传媒集团，是 2014 年 4 月 28 日由陕西出版传媒集团、陕西新华发行集团融合组建而成的。集团下辖陕西人民出版社有限责任公司、陕西人民教育出版社有限责任公司、陕西未来出版社有限责任公司、陕西科学技术出版社有限责任公司、陕西人民美术出版社有限责任公司、陕西三秦出版社有限责任公司、陕西太白文艺出版社有限责任公司和陕西旅游出版社有限责任公司八家专业出版社；十家市级新华书店、八十八家县级新华书店、一家数字出版基地公司以及多家金融期刊、实业公司等一百一十余家单位，经营范围包括图书、报纸、期刊的出版和总发行；音像制品、电子出版物、多媒体、网络出版物的出版和总发行；仓储；版权服务；国内外文化交流与合作等。集团现有职工 5000 余人，本科以上学历 1690 人，占职工总数的 34%。其中正高职称 78 人、副高职称 457 人、中级职称 882 人、初级职称 456 人。本科以上学历和高级职称员工主要集中于各出版社，各出版社本科及以上学历占比为 70%，35 岁以下的年轻员工占 60%。各出版社 70% 员工从事编辑工作，15% 员工从事发行工作，15% 员工从事出版复制和管理工作。除人民出版社外，各出版专业子公司都为专业出版社，因此编辑人员的专业背景多为与出版社专业分工相同或相似。如三秦出版社主要以古籍出版为主，编辑人员大多毕业于历史和中文等专业。集团所属各出版社都设有专门的数字出版科部门，基本上由编辑人员和技术人员组成，从事数字产品的研发制作，管理出版社网络运营，协调全社的数字出版活动。各社数字出版工作机构中，有计算机等信息技术专业背景的编辑人员不是很多，占比大约为 20%。作为一个知识密集型的大型传媒集团，保持人才优势、优化人才结构是陕西新华出版传媒集团一项重要的工作。尽管我们做了很多工作，但面对出版融合发展的新环境，人才结构还不够理想，需要继续优化。

刘东风：陕西师范大学出版总社由原陕西师范大学出版社、陕西师范大学杂志社、陕西师范大学电子音像出版社合并转企改制组建而成，是集图书、期刊、电子音像出版和数字出版一体化的综合出版企业。因此，在人才结构方面与地方大型出版传媒集团有较大区别。目前总社共有员工321人，35岁以下的年轻员工占52%。高级职称员工约占员工总数的20%，本科及其以上学历员工占员工总数的89%，其中硕士学历员工占员工总数的34%。76%的员工从事编辑工作，7%的员工从事发行工作，17%的员工从事管理、复制和服务工作。总社主办的期刊主要面向基础教育，指向性极强，图书出版专业分工细，因此，员工的学科专业背景以学科教育为主。由于今年数字出版发展较快，计算机等信息技术专业背景的员工已增加到17人。总社单独设立了数字出版中心，在各出版中心设立了数字出版编辑，有29名员工从事数字出版工作，其中8名具有计算机等信息技术专业背景，2名具有编辑出版学背景，其余19人为其他学科专业背景。此外，为了应对出版融合发展的新局面，我们还有意引进了7名既有学科专业背景，又有编辑出版学背景的员工（本科是中文、数学等专业毕业，硕士为编辑出版学专业，或本科为编辑出版学专业，硕士为中文、历史等专业），有意识地为出版人才结构的变革做些尝试。

王勇安：根据我们对不同省市五十多家出版社调查掌握的情况，这些出版机构人才结构与两位所在的出版集团基本相同，具有"三多三少"的特点：编辑人员多，营销人员少；年轻编辑多，资深编辑少；一般文字加工编辑多，能够策划重大选题、驾驭重点书稿、组织大型营销活动的编辑少。这样的人才结构，显然难以适应出版业的历史使命和发展战略。但是，什么是合理的人才结构，需要我们在系统分析的基础上统一认识。

二、理想的人才结构：分工合作还是全能型人才聚集

王勇安：学界和业界普遍认为，传统出版与新兴出版融合发展已经成为出版业发展的必由之路。技术的进步，载体形态的变革，媒介的融合，

读者阅读方式的变化，对出版内容的组织、产品形态设计、业务流程再造、产品营销与传播、项目管理与团队协作等问题都提出了新的更高的要求。因此，人才素质和出版企业人才结构能否融合发展的新环境，是当前出版企业生存和发展的重大问题。

张炜：我们集团各子公司高学历员工不断提高，45岁以下年轻编辑中，硕士及以上学历占大多数，而且各个专业都有。这些年轻同志各方面条件都不错，但距离优秀出版人才的标准还是有一定距离。因此，各集团下属各出版社普遍反映缺少以下几类优秀人才：首先是策划编辑人才，目前集团下属各出版社优秀策划编辑占全体员工的比例不到三十分之一，选题策划成功率很低；其次是优秀的市场营销人才，占所有发行人员的比例也不到三十分之一，以至于出版社营销活动难以全方位展开；第三是优秀的经营管理人才，各出版社普遍反映管理人才难以适应对出版流程、图书质量和营销活动进行精细化管理；第四是懂传统出版，又懂多媒体出版的复合型人才，其在员工中占比极少。这些优秀人才的稀缺，本身就反映了当前出版社的人才结构很不合理，对当今出版业的生存和未来出版业的发展极为不利。实事求是地讲，在中央和地方政府的政策支持下，在以中小学教材为核心的计划产品的支撑下，目前这支队伍还能适应。但是，2014年8月，中央全面深化改革领导小组审议通过《关于推动传统媒体和新兴媒体融合发展的指导意见》，以及2015年3月，国家新闻出版广电总局、财政部印发《关于推动传统出版和新兴出版融合发展的指导意见》，标志着传统出版与新兴出版融合发展的政策体系已经形成，国家将在确保导向的基础上，将政策支持从传统出版向网络空间延伸，全面推动传统出版和新兴出版的融合发展。这一新的政策体系，不仅会影响国家对出版企业的政策支持方向和力度，也会影响到出版社计划产品的出版发行，当前出版社的人员素质和人才结构就难以适应了。

王勇安：这的确是一个严峻的现实情况，根据我们的调查了解，全国许多出版社也普遍存在着这一问题。

刘东风：张总说的情况的确是个普遍问题，我们总社的人才结构面对融合发展的局面也出现了许多的不适应。由于我们背靠学校，一定程度上缓解了策划编辑不足的问题。但是，针对具体的出版项目，学者的思维和出版者的思维还是有较大区别的。学者的思考、思想、研究成果如何转化为出版形态，这其中，策划编辑和营销人员都是不可或缺的。

还有一个问题，就是出版人才的年龄结构问题。我们总社重大项目目前基本上是60后担当，这些老编辑的学术功底扎实，规范意识强，也有较强的组织能力，但对新媒体的理解，掌握新技术的能力无法和年轻员工相比。年轻员工虽然能够适应各自的工作，但组织能力、市场意识和规范意识亟待提高。以老带新，相互学习，是优化出版人才结构必须考虑的重大问题。

王勇安： 还有一个很重要的问题，那就是如何解决出版社数字出版（或新兴出版）人才与传统出版人才的比例问题。是以内容为主锻造出版人才队伍，还是内容和技术并重打造新一代出版人，肯定会对出版融合发展产生不同的影响和作用。

刘东风： 我们总社数字出版中心员工和各出版中心的数字出版编辑，多是编辑出身，因此项目开发从内容角度考虑的较多，特别是善于从学校各相关专业的科研课题中寻找数字出版项目，如《汉籍数字图书馆》项目等。但是，工作中也发现这样一个问题，就是技术出身的员工对内容开发不够敏感，编辑出身的员工又不善于从技术角度考虑内容开发，因此目前数字出版和传统出版融合度不是很高。

张炜： 陕西新华出版传媒集团所属各出版社都设有专门的数字出版部，员工来源有两部分，有招聘的技术人才，也有出自本企业对数字技术有兴趣的编辑人员。这些人员在员工中占比不到10%，主要是年轻的80后和90后。另外，我们还有一个集团控股的数字出版基地有限公司，主要做转码、阅读网站等数字出版基础工作，员工都是技术人员出身。各出版社技术出身的员工提出的选题和开发项目，主要从技术角度考虑，往往得不到大家响应。他们在员工中占比很少，在内容开发方面基本没有话语权。同时，大多数员工对数字出版的理解也比较肤浅，再加上传统出版做得还不错，因此几年下来，数字出版的工作虽有起色，但离真正的"融合"还有较大距离。

王勇安：出版的融合发展，对出版人才的基本素质提出了新的更高的要求。看来"策划编辑＋内容编辑＋数字技术人员"的结构模式，与策划、内容和技术全能型编辑简单汇聚的结构模式，单方面都难以适应出版融合发展，是出版业界当前面对的重要课题。

三、人才结构与组织结构：协调是根本

王勇安："才"是人具备的才能。出版企业重视人才，其实就是重视员工能够为企业创造价值的才能。对出版企业来说，不同的员工具有不同的才能。以此角度观察出版企业，我们会发现，出版企业的价值创造能力，是由这些具有这些本领各异的员工价值创造能力的有机组成，出版企业的人才结构就是其创造能力的组合。为了实现战略目标，出版企业需要以组织结构形式建立分工协作体系，在责、权、利方面形成动态的结构体系，使人才结构有效地为企业的战略目标或特定的任务服务。面对急剧变化的出版物市场和媒介生态环境，近十多年来，我国出版业界在组织结构建设上进行了大胆的探索，出版社的组织结构已经从传统的编辑部出版部发行部制，发展成为事业部制、社—分社制等多种组织结构。

张炜：目前我们集团下属各子公司仍然采用传统的直线职能制组织结构。所谓直线职能制组织结构，是根据专业化、标准化的要求，将一项工作按先后顺序分解成单项的任务，形成许多职能部门，由这些职能部门进行具体管理的一种组织结构。[①] 围绕编辑部，设有编辑室、校对科、设计制作部、印务部和发行部等多个相对独立的职能部门。前几年各出版社也曾经探索过事业部制，取得了一些成效，但也出现了一些问题。事业部制激发了编辑出版人员的活力，但管理容易失控。所以在转企改制后，各社相继恢复了原来的组织结构。

集团下属各出版社领导班子采用年薪制，调动了各出版社领导班子的

---

① 刘益. 出版社经营管理[M]. 北京：中国书籍出版社，2009：288.

积极性，但也产生了一些新问题。实行领导班子年薪制，先规定社长总编的年薪，其他副职领导成员按比例递减年薪。因此，对出版社各项工作的考核实际上就是对社长和总编的考核。社长对产品经营负责，总编辑对质量和社会效益负责。但是，由于出版社采取的传统的编辑部、出版部和发行部的金字塔管理模式，领导班子每个成员各自都要负责多个部门，是这些部门的实际最高领导人。这种组织结构，管理层级太多，市场反应和决策迟钝，同时也使绩效考核集中于出版社主要领导，各部门实际最高领导人的收入与部门工作完成情况分离，不利于调动部门员工的积极性。因此，经过几年实践，我们认为集团下属出版子公司实行分社制比较合适。我们希望各出版社根据专业分工和经营情况，采取不同类型的分社制组织结构。出版社领导班子成员，尽量兼任分社负责人，赋予其相应的权力，保证领导班子成员有职有权有责。过去我们试行过的事业部制，尽管实现了出版社的扁平化管理，但没有领导班子成员参与实际运营管理，再加上规模太小，权责不对等，因此管理难以到位。而有领导班子副职参与实际管理的分社，规模较为适中，各项管理也能落实。分社应当是由领导班子副职、策划编辑、文案编辑和复制营销人员组成的精干组织。分社制组织结构下，社长负责资源优化组合和重大经营决策，总编辑负责选题和质量控制，领导班子全体成员的责权利都能落实，运营的效率和产出效益肯定有所提升。

刘东风：陕西师范大学出版总社是以出版中心模式架构。总社下辖基础教育出版中心、高等教育出版中心、人文学术出版中心、大众文化出版中心、数字出版中心等，另外还有八个期刊编辑部。为更好地发挥中心职能和中层作用，责权分明，我们的社领导不兼任中心主任。采用这样的组织结构，是要进一步落实部门在经营管理中的主体作用，形成总社主导、部门协同推进、上下各负其责、全员共同参与的工作新格局。虽然与总社由原来的陕西师范大学出版社、杂志社、电子音像出版社合并转企改制组建有一定关系，但各中心人员配备是在总社范围内进行优化组合的。

总社根据专业方向、业务特色，配备相关人员，设立中心。各中心具有相对自主的人员支配权，并进行选题策划、编辑管理和市场营销等业务，真正做到以市场为中心,以编辑业务为主体,责权利相统一的授权经营实体。总社根据发展战略制订经营目标,中心依据经营目标制订自己的出版计划按期完成。这种组织结构的变革,在总社保留决策权的情况下,给予各中心最大限度的管理权,充分调动中心的积极性和能动性。中心各司其职,进一步细分市场,充分发挥人才优势,优化出版活动。为了有效地实施管理,总社还设立人力资源、财务、编务、印务等职能部门。

中心制的组织变革,让总社管理层从日常行政事务中解脱出来,能够集中精力解决战略性问题。各中心以市场为导向,努力提升竞争力,准确把握市场动态,不断增强市场预知能力,实现社会效益和经济效益同步增长,进而形成规模经济和品牌效应。特别是各中心建立以业绩为中心的绩效考核体系,有效地激发了人才的潜力,充分发挥了各类人才的综合优势,促进人才结构有效地为总社的战略目标服务。这种方式的改变并未造成各中心管理成本上升问题。当然,由于各中心相互独立,在一些需要总社通力合作的重大出版项目上,还需要做好协调工作。

四、人才结构再造:实事求是,不断探索

王勇安:由此可见,明确出版人才的素质构成,深入探索出版社合理的人才结构,努力实现组织结构与人才结构的合理匹配,在此基础上进一步进行人才结构的再造,是当前出版融合发展亟待解决的问题。

张炜:提升出版社人员综合素质,再造人才结构,的确都是亟待解决的重要问题。关于提升出版人才的综合素质,无论是政府层面还是企业层面,都给予了高度重视,我们做的工作不可谓不扎实,但实际效果还不尽人意。多年实践证明,创新激励机制、改善人才环境,对提升出版人才素质所起的作用超过单纯培训。没有催人奋进的激励机制,没有尊重包容的人才环境,优秀的人才也会变得平庸。因此,出版企业再造人才结构,应当站在发展的高度,全面规划自己的人才激励机制,营造良好的人才环境。

地方出版集团所辖的出版社,基本都为专业出版社,都有鲜明的专业特征。因此我们要求各出版社子公司从三个方面抓人才素质提升。首先,

狠抓全员素质提升。我们要求各出版社在全面落实国家出版职业继续教育的基础上，根据各自专业特征，结合业务需求，努力抓出版业务培训，确保每一位员工达到国家规定的基本素质要求。第二，通过重大出版项目培养人才。各出版社根据国家出版基金项目、省出版基金项目、集团扶持的重大出版项目的申报、策划、组稿和编校活动，组建具有结构合理的项目策划执行团队，采用扁平化管理模式，以老带新，共同学习，实时淘汰补充，在完成项目的同时，提升人员素质，努力使组织结构与人才结构相契合，奠定结构合理的人才队伍的基础。集团下属各出版社都进行了大胆探索，取得了一定成效。如三秦出版社的《中国蜀道》国家出版基金项目，科技出版社的《航天育种简史》项目，陕西人民教育出版社"空间科学发展与展望"丛书项目，都催生出了一批优秀的编辑人才，在收获大奖的同时，也在出版人才结构再造方面积累了宝贵的经验。下一步，这些出版社都计划根据项目的全媒体化发展的要求，对融合发展环境下的出版人才结构和组织结构进行系统的探索。第三，通过机制创新，激励人才脱颖而出。对人才的激励重在机制创新，更离不开制度创新。2017年是我们集团在重大出版项目方面的丰收年，先后有多个出版项目获得国家大奖，各出版社也从人才培育和结构再造上尝到了甜头，积极主动地制定人才激励制度，不断促进人才脱颖而出。在此基础上，根据专业分工和产品特点，通过组织结构的变革，着手进行人才结构再造。例如，专业分工明确、产品类型相对简单的教育出版社，专门成立了策划部门和审读部门，形成了策划部—编辑部—发行部三级策划营销结构，通过重大重点出版项目的策划营销，不断提升编辑和发行人员的策划营销能力，改变人才结构"三多三少"的局面。而产品类型相对复杂、计划产品少的陕西人民出版社、三秦出版社和太白文艺出版社，则尝试打破原来的科室界限，围绕重大重点项目，以策划编辑为核心进行组织结构的创新，同样实现了人才结构再造的目的。当然，这些努力没有涉及数字出版领域，如何在融合发展环境下再造人才结构，还需进一步探索。

刘东风：我同意张炜总编关于提升出版人才素质和再造出版人才结构

的看法，我们基本上也是这么做的。优秀的出版人才要在具体工作中培养，我一直强调，人才要在项目中成长，好项目也造就好人才，合理的出版人才结构也要从实际出发，在出版融合发展的大环境下努力探索。我们再造人才结构需要有整体规划和总社推动，以项目为基础，以项目策划人为核心，通过全程策划和营销，依据创新扩散原理，不断提升全员素质。在一个中心里，每一位编辑都可能身兼几任，既策划并全程负责一个出版项目，也参与其他出版项目的各项工作。在制度创新配合下，通过一个个具体的出版项目，优秀人才脱颖而出，继而影响周围的编辑。为了推进传统出版与新兴出版的融合，我们抽调资深的数字出版人才到中心担任数字出版编辑，这种做法，既是组织结构的变革，也是人才结构再造的尝试，收到了较好的效果。不仅数字出版编辑在中心相关编辑的帮助下，策划并主持完成了数字出版或融合出版项目，中心的编辑人员也在数字出版编辑的带动下，积极研究新媒体，深刻认识新媒体技术带来的知识生产和传播方式的巨大变革，从而自觉地实践融合出版。例如，大众文化出版中心就通过这种方式，充分利用新媒体进行选题策划、组稿和营销，完成了《〈西游记〉原来可以这样读》等一批优秀畅销书出版项目。

王勇安：由此看来，出版人才结构再造必须与机制、体制和制度创新同步，必须与组织结构变革协调。但是有一点是可以肯定的，那就是，"合适的就是最好的"，这同样适应出版人才培养和出版人才结构的再造。因此，实事求是，一切从实际出发，不断探索，是当前解决出版人才结构问题的基础和原则。

出版传媒产业发展与实现价值增值的研究

——以陕西出版集团为例[①]

以传统出版媒体,包括图书、报纸、期刊等为基础,以内容策划为创意方式,借助一定的技术手段向网络、音像、影视等辐射而形成的立体传媒体系即为出版传媒。出版传媒业涵盖了信息生产、加工、传播等领域,具有典型的信息服务业的特征;同时,出版传媒的信源(各媒体所传播的内容)具有强烈的意识形态特征,使得出版传媒业又属于文化事业的一部分。长期以来,中国出版传媒业,尤其是电台、电视台和报刊,都充当着"喉舌"角色,行政职能远甚于市场职能。在这个意义上,出版传媒业没有参与过真正的市场竞争。中国出版传媒产业起步虽晚,但发展迅猛。近年来在民营力量及加入WTO的冲击下,出版传媒业市场化的进程也开始加速,其经济地位迅速上升。现阶段中国传媒行业利税总额已超过烟草业,成为国家第四支柱产业。

一、市场经济体系下出版传媒产业发展的一般模式

(一)图书的本质

图书是一种知识、文化与信息的载体,人们把文字、作品通过图书的

[①] 本文系与陆三强同志合作完成。

形式加以保存。有了书，人类的历史与文化传统得以保存，后人通过阅读和学习传承了前人的智慧进而创造了新的文明。图书的功能首先在于文化积累与保存知识。但随着市场的发育，这种单一功能渐渐转化，人们还因为工作的需要而阅读，因为休闲娱乐的需要而阅读，因为心灵慰藉的需要而阅读。阅读越来越大众化、商品化、消费化。

作为商品的图书是有形的，即按照一定开本和规格印刷的纸质标准化产品；但它同时又具有文化、人文特征，其本质上，是通过这种纸质的印刷品提供了能满足读者需求的内容。所谓内容，是指通过文字、图像等形式表达出某种思想、观念，并具备准确性、科学性、实用性、娱乐性等特点，这些构成了图书的本质。

（二）出版业的实质

出版是出版单位将作者提供的内容进行编辑加工后，批量印制成传媒产品向公众发行的过程，有纸质载体也有非纸质载体。生产出版传媒产品的这些社会生产部门组成出版业。

出版业在中国属于较为特殊的文化产品生产销售行业，与一般的工商业相比，出版业同时又属于意识形态的范畴，正是由于这一属性，出版业一直是政府控制最为严格的行业之一。至今，出版单位仍然全部由国有独资经营。由于出版发行业所具有的特殊性质，使得出版发行业目前仍然保留着较强的行业垄断色彩，市场化程度较低，进入的政策性壁垒较高，社会资本无法轻易进入。目前，国家加快了文化体制改革的步伐，逐步将出版单位改制为国有企业。虽然随着出版产业化进程的加快，在 WTO 进程中我国已经做出对国外开放出版物发行市场的承诺，但是出版依然由政府控制审批。所以，我国的出版业即指所有国有出版单位的总和。

（三）市场经济体系下出版传媒产业发展模式

图书是单个品种消费数量有限、品种个数消费量无限的商品。可以说，有多少种内容，就会有多少种图书；有多少种需求，就会有多少种图书；不同的民族、文化、语言、文字、风俗习惯，不同的科学技术发达程度，不同的喜好，都会有不同的市场需求，但每种图书的需求量却不一样，这一特点，对于出版业发展道路的选择尤其重要。

美国学者提出出版业的发展有四种模式：第一种是在现有的市场发展现有的产品，第二种是把现有的产品推向新的市场，第三种是在现有市场发展新产品，第四种是到新市场去开发新产品。从这四种模式中，我们可以把出版业的发展归纳成不同的发展道路。

第一、第二种模式是立足于相对单一的市场和产品进行深度开发，靠专业化发展，称之为做强的道路。

第三、第四种模式是立足于出版业作为内容提供商的实质，进行与内容相关的互补产品的开发和跨媒体的经营，称之为做大的道路。

而做强与做大的有机结合，资源优化配置，完善产业链，实施产业扩张，即为当前众多出版集团所追求的跨越式发展模式。

出版业做强容易，做大却不易。原因是图书产品的单一性，其单一品种消费量的有限性，虽然能保证你有足够的赢利，却并不能保证有很大的规模。出版业的做大最终要靠跨媒体经营才能做到，单纯靠出版图书很难做大。所以，探究出版传媒产业发展问题有着非常重大的现实意义。

二、陕西出版产业发展机会分析

（一）陕西图书出版的现状

陕西图书出版业以出版教育、大众、专业类图书及租型印制中小学教材为主要业务。共有从业人员 1600 余人，资产总额 10 亿元，年出书近 5000 种，租型教材近 400 种，发行码洋 9 亿元，利润总额近 8000 万元，其中中小学教材及大中专课本类图书约占整个利润的 70%。全省整体出版实力位居全国中下。

陕西的图书出版结构中，教育类图书占据 50% 以上，利润占 70% 以上，产品结构极不合理。尤其是多数出版社的销售收入、利润构成，严重依赖租型教材及教辅读物，抗风险能力差，一旦教材政策有变，将面临十分严峻的局面。例如，近年来义务教育教材招投标的实行及教材循环使用，使得陕西图书出版业利润大幅度减少，直接影响到个别出版单位的正常经营。

更为严重的是,对租型教材的长期依赖,导致出版单位原创能力弱化甚至缺失,这使得陕西图书出版业的市场化进程及竞争力明显衰退。原创能力的缺乏,使得出版单位的图书库存直线上升,市场影响及品牌影响几近于无,并导致流动资金严重不足,坏账风险逐步加大。加之管理体制运营机制的计划经济性弊端,非教材类图书利润持续低迷,陕西图书出版业进入了发展的关键时期。如何认真分析现状,合理整合资源,加快发展,成为陕西图书出版业的首要任务。

(二)陕西出版业的主要特点

陕西出版业即指陕西境内列入陕西经济统计的所有国有出版单位的总和。对其进行综合观察,呈现出三个方面的特点。

1. 出版社数量多,门类齐全

陕西图书出版业由十八家图书出版单位组成,分别为陕西人民出版社、陕西人民教育出版社、未来出版社、陕西人民美术出版社、陕西科学技术出版社、三秦出版社、太白文艺出版社、陕西旅游出版社、西安出版社、西安地图出版社、西安交通大学出版社、西北大学出版社、西安电子科技大学出版社、陕西师范大学出版社、西北工业大学出版社、西北农林科技大学出版社、第四军医大学出版社、世界图书出版西安公司。这十八家单位均为独立法人单位,分别隶属于陕西出版集团、陕西省旅游局、西安市新闻出版局、陕西测绘局等行政单位及各大学。从总体上看,陕西出版社数量位居全国地方省市前茅,门类一应俱全。年出书近五千种,位居全国第九位。但这只是一种局部的静态展示,并不能真正反映陕西图书出版业的国内综合位置。

2. 资源大省,产业弱省

陕西虽然拥有优厚的历史文化和科教资源、门类齐全的各类媒体资源、训练有素的出版专业队伍资源和数以万计的优秀版权资源,称得上是出版资源大省。但从全国范围看,陕西出版传媒业还面临着十分严峻的形势:资源分布零散,产业规模偏小,产业链不完整;一些体制机制性障碍还没从根本上解决;产品结构不合理,缺乏优良品牌,市场影响力和竞争力不强,产业化程度较弱，没有形成强有力的市场竞争主体等。要想实现从出版资源大省向出版产业大省的转变，我们面临的困难、机遇和挑战并存，还需要经过艰苦的努力。

3. 市场意识差，创新滞后

陕西图书出版业由于租型教材利润的保障，养成了远离市场、市场意识薄弱的弊端。使得职工的市场意识、风险意识不强，经营观念滞后，缺乏市场经济条件下的运作能力。内部经营管理、现代企业制度不健全。干部群众的思想不解放，观念比较落后，缺乏创新意识，动力不足。创新投入不够，自主研发能力不强，使得企业无法形成核心竞争力。选题的局部过量开发或开发不够，出版资源的效能难以体现，资源严重浪费。市场意识差，眼界狭小，创新滞后，导致没有原创能力，选题大量重复，且多为跟风之作，同质化倾向明显，库存居高不下，市场化进程及竞争力明显衰弱。

（三）陕西出版业的发展前景

随着文化体制改革的不断深入，陕西出版业也将呈现出多方面的发展前景。

1. 出版社改制转企

在计划经济时期形成的图书出版社"事业单位，企业化管理"的制度已经无法适应市场经济的发展需求，出版社企业化改革成为大势所趋。新闻出版总署已正式发文，确定了我国图书出版单位企业化改革的日程，规定在三年时间内，除个别负有政治宣传及弘扬民族文化使命的图书出版单位外，其余均将按照企业制度进行体制转换。陕西图书出版单位也将随之转变为经营性企业单位。这一改革将使图书出版单位真正实现政企分开、产权明晰、自主经营。现代企业管理制度也将被引入，出版社将逐步成为真正拥有自主经营权、人事管理权、利润支配权的独立的经营性企业。业外资本也将随着改革的进一步深入，逐渐进入，将会给出版行业注入新的活力。

2. 出版产业集团化

中国加入 WTO 后，外国强势出版集团纷纷以各种形式逐步进入觊觎已久的中国图书出版市场。为了顺应世界经济竞争趋势，做大做强自身实力，确保国内图书市场份额不流失，也为了适应我国经济结构调整与出版业改革发展的要求，同时也是我国出版业本身同期发展的必然选择，从21世纪初，组建出版集团被提上了出版产业的发展日程，开始成为出版业发展的一种趋势。至今，已陆续组建了二十五家出版集团。经过多年的发展，这些集团经历了事业性质管委会、转制为集团有限责任公司、完成股份制改造、借壳或经营部分上市、跨地区和部门兼并重组等几个阶段。辽宁集团已将编、印、发整体在香港成功上市；江西出版集团控股并与中国宋庆龄基金会在北京联合重组了中国和平出版社有限责任公司，第一次真正意义上实现了跨区域、跨部门兼并重组，由地方出版集团控股重组了中央出版单位；凤凰出版传媒集团的江苏省新华书店集团公司控股海南省新华书店集团有限公司，组建了海南凤凰新华发行有限公司，实现了发行业首家跨省重组。陕西出版集团也已于2007年12月28日成立，很快进入转企改制阶段。

3. 经营范围多媒体化

面对蓬勃的消费市场，在计划经济时期有了一定积累的出版单位已不满足于单一的图书生产业务，将经营领域已逐步扩展到相近的报纸、刊物、音像等出版领域，甚至也开始向教育、影视等相关领域发展，多媒体经营已开始成为实力较强出版单位的投资方向。这些跨媒体经营已显现出了良好势头，多媒体优势逐步显现。实践证明，多媒体经营不仅可以在内容资源的利用上实现媒体间优势互补，而且还可因共享、共同推广等而形成较大规模效应，促进主业乃至整个内容产业的长足发展。可以预见，多媒体经营将愈加明显。

4. 民营书业迅猛发展

民营书业出现于20世纪80年代，已有二十多年的发展历史。近年来随着出版体制改革的加快，图书发行向民营资本完全开放，民营书业迅速发展，在整个出版物发行业的总体经营规模已超过了新华书店系统。虽然民营书店的总体格局仍然以个体零售书店为主，但随着经营的积累，陕西已出现了一批具有较大规模的民营书业。目前，全国至少有二三十家年经营图书码洋上亿元的民营书业企业。陕西的几家民营书业实力也相当可观，不再局限于图书零售这一个环节，而是在零售、批发、连锁经营、选题策划、装帧设计、咨询服务等各个环节都有涉及。而且，随着国家图书出版管理政策的逐步宽松，这种趋势将更为激烈。如果在产业政策上对他们进行正确引导，这股力量必将在我省出版传媒产业发展过程中发挥重要的作用。

5. 数字出版风生水起

近年，随着互联网的普及以及数字化阅读产品的不断涌现，网络出版这一新的出版技术开始逐步走进出版业界的视野。目前，全国近七十万家网站中涉及互联网出版的网站已达三万五千家，虽然只有五十家网站获得了新闻出版总署颁发的互联网出版许可证，但网络出版的大势已成为传统图书出版单位不得不正视的事实。网络出版由于其产品的数字化与多媒体化、流通的网络化、出版流程的简约化、出版形成的交互性、识读的多元化、技术的高科技化等显著优势，已开始显示出强大的生命力。随着数字阅读器技术的不断完善及价格的逐步下降，以及网民数量的不断攀升等，出版成本较低、流程简约的网络出版的优势将会进一步显现，传统图书出版业一览天下的局面将会逐步被打破，二者共同发展的态势将会长期存在。

（四）陕西出版业的发展路径选择——设立出版传媒产业基地，做强做大陕西出版传媒产业

国家《"十一五"时期文化发展规划纲要》提出，要"培育文化创意群体和内容提供商"，"促进文化创意企业发展"。我国创意产业的增长速度已经超越 GDP 的平均增长速度，成为国民经济的新增长点。当前，出版传媒产业的发展也呈现五大趋势：①集约化发展。目前新闻出版总署对全国二十四家出版集团作了调查统计，十七家完成转企改制的出版集团公司，平均总资产增长 66.2%，利润总额增长 25.3%，最多的翻了三番；而七家未改制的出版集团，平均负增长 43%。②传统出版总体趋稳。随着网络、影视等新兴媒体的发展，传统出版受到冲击，2008 年总产值与上年相比增长 18.58%，发展平稳。③出版业赖以生存的教材呈下降趋势。随着教材招标和下一步教材循环使用的推广，2006 年教材总印数下降 0.63%，定价总金额下降 3.21%。总量将有所下降。④大众读物图书种数 2006 年比上年增长 5.55%，定价总金额增长 7.1%；2007 年全国广播影视总收入为 1383.66 亿元，比上一年增长了 19.65%。随着国民经济的不断发展，人民生活水平不断提高，社会对大众读物和影视的需求量将稳步增长，仍有很大的空间可供发展，这为我们的出版传媒产业发展提供了机遇。⑤数字出版飞速发展，进入高速增长期。2005 年网络出版业务总收入 50 多亿元，2006 年就猛增至 252 亿元，2007 年又飞跃至 360 亿元。产业链日趋完善，出版形态日益丰富，数字出版对各行业的内容支撑明显加强，产业规模逐渐扩大，呈快速上升趋势。

而陕西出版集团成立较晚，观念滞后，实力较弱，这些都决定了陕西出版传媒产业的发展肯定有别于其他省份。陕西出版传媒产业因中小学教材难以统一经营而基础不稳，且发展环境也较差。要做强做大，必须依赖主业，借鉴其他省份的经验教训，按照当前产业发展的趋势，走立体传媒发展的道路，这应是陕西出版产业发展的必然选择。

为此，陕西出版集团提出了在西安高新区设立陕西出版传媒产业基地的创意。目前，该项目已通过高新区立项。可以预期，随着该项目的建立和完善，必将带动产业结构的优化和升级，实现由传统出版业向现代出版传媒业的转型，有效推进陕西出版传媒业的良性发展。

三、陕西出版传媒产业基地项目分析

（一）项目简介

陕西出版传媒产业基地项目是由陕西出版集团和西安高新技术产业开发区联合在西安高新区投资 5 亿元，建立的一个占地面积 50 亩（约 3.34 公顷）、建筑面积 5 万平方米，以出版传媒业为主的大型策划、研发、创作、生产、营销与培训的产业基地。以陕西出版集团有限责任公司下属单位为核心，结合集团的经营范围，广泛吸收相关产业链上的企业组成，形成多媒体、综合性、立体化出版传媒产业链。该基地是西部第一家出版传媒产业基地，对推动陕西文化产业发展、提升陕西形象，加快陕西文化建设都将起到不可低估的积极作用。

本项目具体包括十二大业务板块，分别为六大出版传媒和六大出版传媒配套服务项目。具体是：图书传媒、报纸传媒、期刊传媒、数字传媒、音像传媒、影视传媒，营销与物流配送、平面设计与数码印务、出版传媒策划、版权贸易与文化交流、媒体审校服务、翻译服务、多媒体广告。基地将内容创意产业与工业化和信息化相结合，集中资源、集中优势、集中力量，为相关企业提供整体文化平台，每个板块由若干社和公司等实体支撑，集中资源、扩大合作、节约投资、发挥优势、相互配合、互利共赢。

（二）产业背景

出版传媒产业发展的政策环境：①文化产业的提出和文化体制改革的推进。加入WTO，客观上把中国出版传媒产业推向了世界出版传媒市场，外资的进入使得各出版传媒单位的分销业务受到直接冲击，竞争对手越来越多，且实力强劲。党的十六届三中全会提出了要进一步深化文化体制改革，大力发展社会主义文化产业的要求。十七大全面吹响了推动社会主义文化大发展、大繁荣的进军号角。以十七大报告为指引，出版传媒业改革和发展的步伐继续加快。②新闻出版总署部署了新闻出版改革的步骤和措施。柳斌杰署长提出，要深入贯彻落实科学发展观，积极调整产业结构、企业结构、产品结构，大力转变发展模式。第一，要推动体制机制改革，通过集团化、股份制改造、企业重组等方式，培育更多的出版传媒方面的集团公司。出版发行单位的集团化建设，自1999年年底起到目前已建成四十九家报业集团、二十五家出版集团公司、二十四家发行集团公司、两家期刊集团公司。第二，深化改革，既有路线图，也有时间表。从今年起，三年内要完成一百五十八家中央在京出版社、一百○三家高校出版社以及七家地方出版集团的改革。第三，为确保出版单位改制转企顺利完成，制定了一系列扶持产业发展的优惠政策。包括人员分流、社会保险、税收返还等。③数字出版前景广阔。随着新兴技术的发展，数字出版已经渗透到出版业的方方面面，改变了传统出版的生产方式和消费理念。《国家"十一五"规划纲要》《国家中长期科学和技术发展规划纲要》和《国家"十一五"时期文化发展规划纲要》都提出要大力发展以数字化内容、数字化生产和网络化传播为主要特征的新型文化产业。大力发展数字出版产业，实现传统出版业向数字化的转变，已经成为一种国家战略。④陕西确立文化强省的战略目标。陕西省第十一次党代会和《陕西省文化产业发展纲要》提出要把陕西建成西部强省，主要体现在经济强、科教强和文化强三个方面。为此，要建立起与经济社会发展水平相适应的文化发展格局，使文化资源得到有效整合，形成具有核心竞争力的文化产业集团，打造一批具有陕西特色的优势文化品牌，文化产业实力和竞争力显著增强且处于西部前列，成为我省经济新的增长点和重要支撑。

所有这些都为我省出版传媒产业发展提供了宽松的政策环境。

出版传媒产业发展的经济环境：我国目前宏观经济形势基本稳定，2007年到2008年国民经济仍继续保持较快增长，GDP增长率将保持在较高水平上。2007年GDP增长率达到11.6%。在科技发展水平方面，有关专家预测，2010年中国的研究与开发投入占GDP比重要从当前的1.35%提高到1.5%以上。就陕西省而言，2007年实现生产总值5369.85亿元，比上年增长14.4%，高于全国平均水平；人均生产总值14350元，城乡居民消费水平持续以两位数增长。这些宏观经济指标均表明一个巨大的图书潜在市场亟待开发，对于陕西出版传媒业来说，这是发展的有利时机。

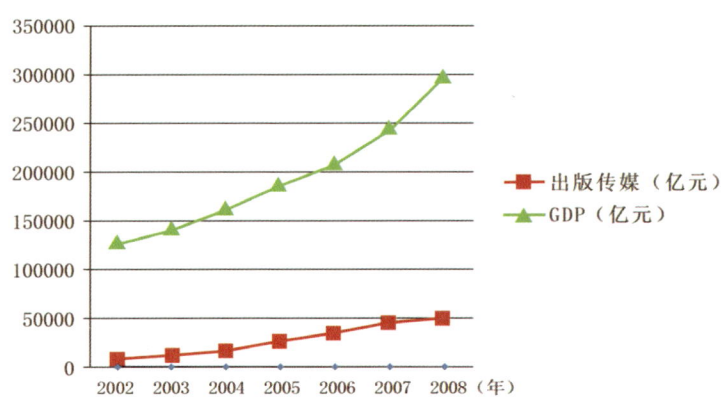

图1 2002—2008年国内生产总值（GDP）与出版传媒总产值比较

〔注〕为使国内生产总值（GDP）与出版传媒总产值具有可视化效果，已将出版传媒总产值扩大10倍。随着国民经济的增长，出版传媒的市场需求也随之增长，呈上升趋势。

改革开放以来，我国经济连续以 8% 以上的速度递增，货币与财政政策稳健，利汇率与经济发展互相促进，消费与投资不断加大，国民经济持续快速健康发展，这一切将对出版传媒业起到拉伸作用。随着国民经济的快速发展，居民收入的增加和就业问题的缓解，大众对出版传媒产品的需求将会持续增长。文化大发展大繁荣、全面建设和谐社会需要一个能够提供强大精神动力和充分智力支持的出版传媒业。社会大众的思想意识、道德情操、文明修养、科学精神和知识水准对于建设和谐社会有着决定性作用。这些需求绝大部分要通过出版传媒产品提供的知识信息来满足，并随着和谐社会建设的进程，推动出版传媒业的发展。

出版传媒产业发展的技术环境：高新技术和互联网为出版传媒业带来了革命性的变化。高新技术引入出版传媒业，尤其是企业内部 Internet 网的发展，也使得出版传媒企业可以同自己的内容提供者、制作厂家、分销商、媒体受众等建立起快捷有效的信息交流渠道，使其管理和生产的手段发生了巨变，管理水平得到很大的提升，效率得到极大的提高，管理成本大幅度下降，竞争实力也进一步加强。

高新技术和互联网的发展，改变了出版传媒业的发展方向，产生了许多新兴业态，给出版传媒业带来了许多新的增长点。网络的发展使得出版无纸化成为可能，许多出版传媒单位都在纷纷组建自己的网络出版、电子商务、网上书店、BTOB、BTOC 等。从电子出版物生产到终端的阅读器、显示器等一整套的技术装备生产能力已经在我国形成，数字印刷技术日臻完善。出版传媒生产的流程、工艺、技术不断地创新，海量存储的磁、光、电等新的介质，扩大了出版的领域，创造性的高新技术、网络技术、3G 手段、信息通信技术等给出版传媒业注入了新的活力和新的理念，为立体的、多媒体的现代出版传媒业的兴起提供了技术基础。

（三）市场分析

出版传媒产业的发展现状以 2006 年统计数据为例，中国传媒产业总产值约为 4236.56 亿元，市场细分情况如图 2、图 3 所示。

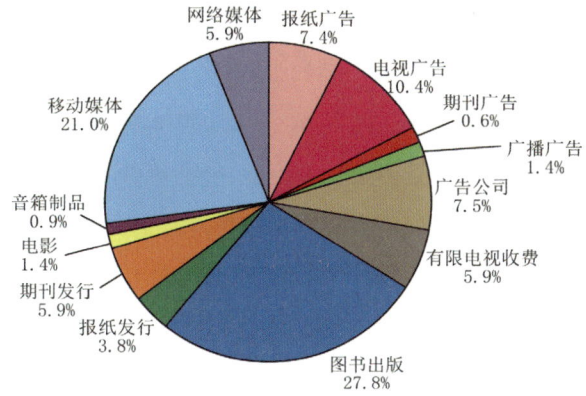

图 2 中国传媒产业总产值市场细分情况图

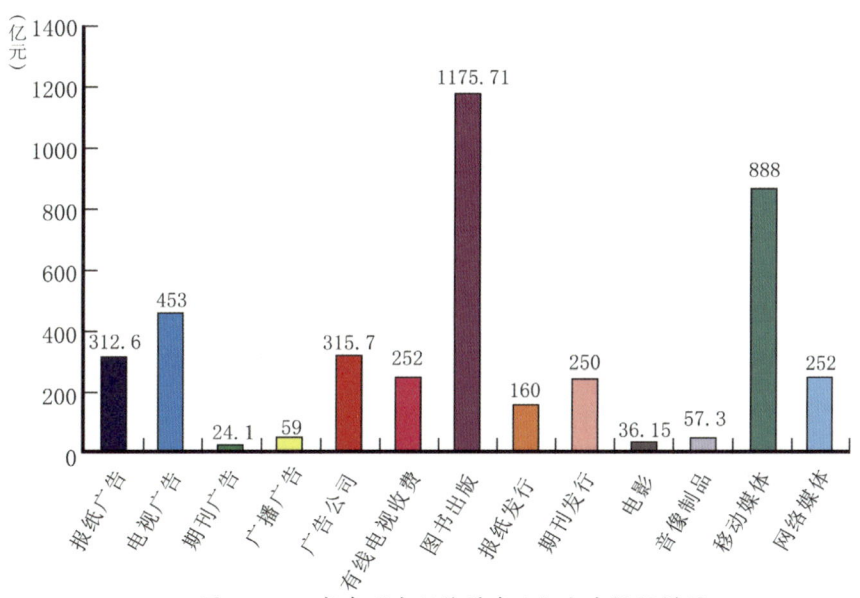

图 3 2006 年中国出版传媒产业细分市场规模图

[说明] ①考虑到重复统计问题,"广告公司"经营额据国家工商总局《2006年中国广告业统计数据报告》中的相关数据对折后计算;②"有线电视收费"收入包括了有线电视基本收视维护费;③"图书出版"收入包括了二渠道等销售收入;④"移动媒体"收入包括手机电视、手机广播、手机短信、手机游戏、移动电视等收入;⑤"网络媒体"收入包括网络游戏、网络广告、网络视频、博客、各种下载业务等收入。(资料来源:清华大学媒介经营与管理研究中心)

从出版传媒产业各行业的产值规模看,图书出版是产值规模最大的门类,从2005到2007连续三年产值规模都超过1100亿元。另外,电视广告、报纸广告、期刊发行等都是产值超过200亿的门类。移动媒体和网络媒体均实现较快增长,2006年移动媒体总收入达到888亿元,包括手机电视、手机广播、手机短信、手机游戏、移动电视等;网络媒体总收入为252亿元,包括网络游戏、网络广告、网络视频、博客、各种下载业务等。从传媒产业内部各行业的增幅看,除报纸发行和期刊发行两个行业外,其他各行业的产值均有不同程度的增长。2005年产值增幅最大的是电影票房,增幅接近90%。其他几个增幅较大的行业是电视广告、期刊广告、广播广告、有线电视收费等,它们的增幅均在20%以上。2006年产值增幅最大的是有线电视收费,增幅超过70%。广播广告增幅也很高,达到55%。报纸广告增幅比2005年有了很大提高,超过20%。电影票房和音像制品的产值增幅也超过了20%。

全国新闻出版业实现增加值1900多亿元,约占当年全国GDP的1%,占第三产业增加值的2.6%,已经成为重要的产业部门。

从2002年至2006年,随着国民生产总值(GDP)逐年增长,出版传媒总产值也稳步增长,呈良性发展态势。今后一段时间内,出版传媒业仍有很大的发展空间,会随着国民经济的快速发展而不断向前发展。

1. 平面传媒

2007年全国共出版图书248283种,总印数达到69.93亿册(张),定价总金额676.72亿元。与上年相比图书品种增长6.12%,定价总金额增长4.25%。一般图书种数比上年增长6.59%,定价总金额增长7.91%。

2007年全国共出版报纸1938种,平均期印数20545.37万份,总印数437.99亿份,定价总金额306.53亿元。与上年相比,种数持平,平均期印数增长4.27%,总印数增长3.17%,定价总金额增长11.03%。

2007年全国共出版期刊9468种,平均期印数16697万册,总印数30.41亿册,定价总金额170.93亿元。与上年相比种数持平,平均期印数增长1.59%,总印数增长6.62%,定价总金额增长12.28%。

从图3可以看出,2002年到2007年,平面传媒产品的生产和需求平稳发展、稳步上升，产能总量巨大。随着国民经济的不断发展，人民生活水平的不断提高，社会对平面出版传媒产品的需求量在稳步增长，并未饱和，仍有很大的空间可供发展，这为我们的出版传媒产业发展提供了机遇。

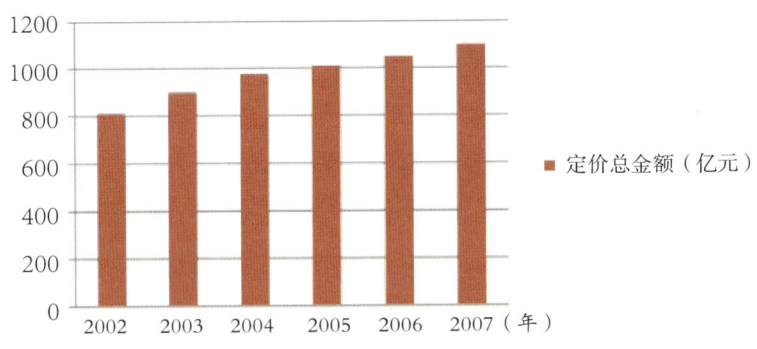

图4 2002—2007年平面媒体定价总金额变化情况

2. 数字传媒

截至2007年底，全国共有五百多家出版社开展电子书出版业务，累计出版电子书40万种，是全球单一语种最大的电子书库。2007年电子书销售的总册数较2006年增加了25%，达到1500万册。图书馆等企事业单位用户依然是电子书市场的主流消费群体，机构用户的采购规模较2006年呈现稳步增长的格局。国内三十九家报业集团，已实现数字出版的有三十三家，占整体比重的85%。全国共出版电子出版物7207种、16035.72万张。与上年相比，品种增长了17.15%，数量增长了14.47%。

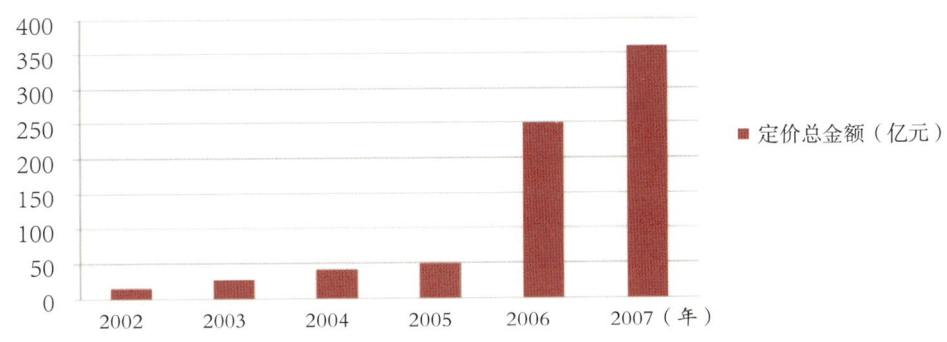

图5 2002—2007年数字出版定价总金额变化情况

从 2002 年至 2007 年，以电子出版物，如 E-BOOK 为主的所有数字、网络出版这几年呈井喷状态。2002 年到 2005 年发展平稳，逐步上升；2005 年到 2007 年随着数字技术水平的提高和互联网的飞速发展，数字出版产值和需求飞速提高，未来产能发展蔚为壮观。因此，有关专家预测，未来五年将有：超过 30% 的手机用户通过手机阅读电子书和数字报；70% 的出版社将实现同步出版，跨媒体出版成为主流；80% 的出版社将通过 POD 系统为读者提供图书的按需印刷服务；90% 的报社将推出数字报；正版电子书出版总量将突破 100 万；由图书馆等机构用户采购带来的电子书、数字报的销售规模将达到 20 亿；由网民和手机用户带动的电子书、数字报等内容销售及广告收入将达到 50 亿。我国数字出版产业发展趋势极好。

3. 音像、影视传媒

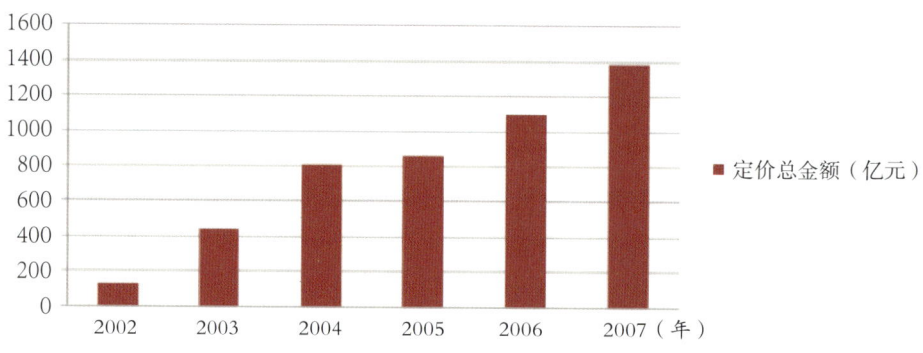

图 6　2002—2007 年音像、影视定价总金额变化情况

2007 年全国共出版音像制品 40607 种，出版数量 6.27 亿盒（张），发行总金额 36.81 亿元。2007 年全国广播影视总收入 1383.66 亿元，比上一年增长 19.65%。电影国内市场票房达到 33.27 亿元，比 2006 年增长 26.98%，连续五年保持了 20% 以上的增长率。国产电影的海外销售（含票房收入）达到 20.2 亿元人民币。全国各电影频道播放电影的收入 13.79 亿元。三项收入相加，电影综合效益达到 67.26 亿元，比 2006 年增长 17.38%，再创历史新高。

音像、影视传媒是产值增幅较大的门类，从 2003 年跨越式发展后，近几年仍稳步上升。随着高新技术的不断发展，制作方式的不断提高，传播方式和传播渠道的不断扩展，将会极大地满足广大人民群众的观赏需求，市场需求会有较大的空间，将成为出版传媒产业新的增长点和进军领域。

（四）项目优势

陕西出版传媒产业基地以陕西出版集团为核心，采取多种方式整合资源，推动国家级出版传媒创意基地的建设。项目完成后将包括图书、报纸、期刊、数字、音像、影视六大传媒及版权贸易、营销物流、媒体审校、创意策划、设计制作、媒体广告六类传媒服务业务。以内容创新为核心，打造立体传媒的概念，构建完备实用的传媒产业链；以崭新的运营模式和经济增长方式，培育以陕西出版集团为主导的陕西出版传媒产业核心竞争力，最终实现做大做强陕西出版传媒产业的战略目标。按此思路推进实施的项目，与行业内外的竞争对手相比，将会逐步显现五大优势。

1. 政策优势

该项目由陕西出版集团与西安高新产业技术开发区共建，它既有一般文化企业所不具备的版权资源和书号、刊号、版号等政府垄断资源，也具有书刊出版单位所欠缺的办公土地资源和招商引资渠道；另外，现在又处于国家鼓励发展传媒产业的重要时期。这些政策资源优势将确保陕西出版传媒产业有一个和谐良好的发展环境。

2. 体制优势

该项目将探索出一条"国有经济搭台，企业公司唱戏，坚持内容把关，放开产业经营"的发展道路，能够同时克服国有出版传媒单位体制方面的僵化性和普通文化（软件）企业经营上的功利性，最大限度地释放生产力，形成其独特的竞争优势。

3. 产业优势

该项目以内容创意策划为基础，涉及所有媒体，构建了传媒策划、版权提供、（软件）设计制作、编辑加工、产品制作（发布）、广告代理、营销推广、实现销售（网上结算）等完备的产业链，资源共享，媒体互动，其运营模式为国内之首创。项目正常运转后，相较于单一媒体的经营，将产生强大的协同效应和竞争优势。

4. 定位优势

网络通信、3G 技术和数字信息等高新科技的迅猛发展，推动数字传媒业快速升温。综合性门户网站启动较早，得市场之先机，形成了一定的产业规模，但同时存在大而全、内容雷同、创意策划含量低、专业特色欠缺等不足。另一方面，绝大多数出版集团在多媒体发展方面基本处于概念炒作和形象宣传阶段，并未形成实质意义上的产业规模及优势。陕西出版集团审时度势，把发展出版传媒业作为战略重点，倾力打造立体传媒概念，稳步推进专业化、特色化、精品化等产品差异化策略，以众多的单一密集市场形成巨大的产业规模，必将为陕西出版传媒产业带来难得的发展机遇。

5. 区域优势

陕西地理位置优越，拥有浓厚的历史文化和科技教育资源；陕西出版业多年积累了门类齐全的各类媒体资源，培养了一支训练有素的出版专业人才队伍，掌控着数以万计的优秀版权资源；西安高新产业开发区为国家级高新技术产业开发区，具备土地资源垄断优势，积累了丰富的招商引资经验，同时孕育了区内浓厚的产业发展氛围；陕西还有数以千计的文化（软件）企业，经营灵活，经历了市场上长期的摸爬滚打，练就了直面市场竞争的过硬本领。这些资源的有机整合，将为陕西出版传媒产业的发展奠定坚实的基础。

四、陕西出版传媒产业基地发展思路、前景及目标

（一）发展思路

陕西出版传媒业基地的发展，一要立足于转变增长方式，从主要依赖数量、规模增长的粗放模式向大力提高质量、效益的集约型发展模式转变，推动产业走上持续健康发展的良性轨道；二要立足于优化结构，把优化产业结构、产品结构和布局结构作为主线，积极推进以资产、资源为纽带，跨地区、跨部门、跨媒体的多种联合，实现产业优化升级；三要立足于增强自主创新能力，在巩固传统传媒出版优势的基础上，大力推进数字出版，打造现代内容产业，由传统出版业向现代出版传媒业转变，实现跨越式发展。

1. 产品定位策略

充分利用出版传媒业目前的垄断特性，借政策保护和资源优势，使陕西出版传媒产业充分壮大起来，为陕西出版集团的发展打下良好的基础。

利用陕西的文化资源优势，大力研发双效出版传媒产品，贴近实际、贴近生活、贴近群众。从受众需要、受众困难出发，极大地满足他们的精神需要。对广大受众需求了解得透彻，能贴近民心，产品定位就会准确，受众占有率就高，就能赢得受众忠诚度。

走专业化、特色化的道路。不盲目追求扩大规模，而是走中而强、少而特、小而精的道路，增强核心竞争力，以专业特色赢得特定受众的青睐。

以版权内容为支撑，带动各媒体全面发展。充分利用丰富的版权内容资源，书、报、刊、电子出版物、网络、手机等多元互动，资源共享，发展全方位、立体化的新型出版传媒产业。

2. 营销竞争策略

出版集团和高新区共同搭建出版传媒产业基地发展的平台，整合各方面的资源，联合各种媒体，形成完整的产业链。发挥多媒体互动的优势，资源共享、降低成本，实现跨媒体经营。充分利用政策优势，积极申请国家级出版传媒产业基地或园区称号，由中宣部、国家新闻出版总署授牌，争取政策支持与扶持。

以改革为先导，以创新体制、机制为契机，打破经济所有制的界限，打破人事制度的界限，增强企业的发展活力和核心竞争力。强化制度建设，使企业可持续发展。

按不同的产品特点，实施品牌化建设。坚持科学的产品开发策略，形成产品的影响和地位，打造优势品牌。平面媒体有较强的实力，在原有的基础上，走精品化的道路。网络媒体扬长避短，不搞大而全和综合性的全面开花，走专业化、特色化的道路。移动媒体、手机报、游戏等，立足时尚，走娱乐化、大众化的道路。同时还要积极探索影视、音像媒体的发展规律，适时、稳步启动。

结合市场经济规律，根据各媒体的不同特点，构建多媒体营销渠道。

打通互联网和移动媒体的交易结算渠道、网上书店的销售与结算渠道、版权贸易的渠道，强化营销渠道建设。

3. 投融资策略

陕西出版传媒产业基地的投融资工作计划分三步走：

第一阶段，多渠道、多方位筹集资金。以自有资金为基础，用于基本建设和初期投入；吸引众多的战略合作伙伴和参与者，大力引进战略投资，吸收行业内外的风险投资作为重要的部分；用足用活政策资源，积极争取政府投资和补贴作为必要的补充。为集团整合资源、调整产业结构、扩大产业规模，奠定坚实的基础。

第二阶段，积极推进企业深化改革、创新发展，重点培养、扶持有特色、有实力的企业先走一步，条件成熟的单个媒体按板块，在创业板分别上市融资，逐步扩大产业规模。

第三阶段，陕西出版集团全面完成转企、改制后，通过联合、兼并、重组等方式，形成完整的产业链条，走股份制的发展道路，在全国形成有重大影响的传媒产业。条件成熟时，推进陕西出版传媒产业A股整体上市融资，实现集团跨越式发展。

（二）前景分析

1. 打造完整的陕西出版传媒产业链

以陕西出版集团有限责任公司现有成员单位为基础，经过努力，积极引进战略合作者，整合各方面的资源，联合各种媒体，在六大媒体和六大相关服务领域，建立起完整的产业链。在研发、设计、编辑、审校、制作、销售、服务等各环节建立起现代出版传媒企业大运营、大营销体系后，还可实施向相关联的文化产业的扩张。如：文化用品、学具、艺术品交易、旅游文化业（古文化工艺品、民间艺术）等，条件成熟后可向教育产业延伸，形成产业的新的经济增长点。

2. 实现由传统出版向现代出版传媒业的转变

发展新兴业态，全面拓展数字化网络出版传媒，实现书、报、刊、影视、电子音像媒体的多元化，积极发展网络传媒产业、网络教育和网络游戏业；

提高产业技术含量，发展现代数码印务；巩固发展以内容创意、加工、审查为中心的出版传媒服务业；引进和推行 ERP 系统，提升管理水平，共享信息资源。具体发展思路为：①继续巩固、提高现有的网上电子商务水平。充分利用现有网站，有效宣传自己，拓宽发行渠道，网上售书初显规模。②依托西安高新区软件园的技术优势，开展卡通动漫及网络游戏的创意研发。③积极开展以网络出版为主的数字出版业务，创建国家级数字出版基地。使现代出版传媒与传统出版达到同等规模，实现传统出版业向现代传媒业的战略转变，推进产业的多元化发展。

3. 做强做大陕西出版传媒产业

当前，以出版传媒产业为核心的文化产业在经济社会发展中的战略地位越来越突出。党中央、国务院也正式下发了《关于深化文化体制改革的若干意见》，对包括出版传媒产业在内的文化体制改革做出全面部署，进一步解放和发展出版传媒业的生产力。《国家"十一五"时期文化发展规划纲要》明确了未来五年要着力发展影视制作、出版、发行、印刷复制、广告、演艺、娱乐、文化会展、数字内容和动漫等九大重点产业门类。在这九个门类中，出版传媒产业几乎涉及了其中的所有内容。在具体经营上，出版传媒产业的省际区域竞争日趋激烈，最终将成为增强地区综合竞争力的战略制高点和核心要素。

陕西拥有丰厚的历史文化、灿烂的革命文化、特色鲜明的民俗文化和一定实力的现代文化。这些为陕西文化产业，特别是出版传媒产业又好又快地发展提供了扎实的资源依托。《陕西省文化发展纲要》指出："从现在到 2010 年，全省文化产业的产值、税收、从业人数明显提高，增长速度要高于全省 GDP 的增速。到 2020 年，实现我省文化产业增加值翻一番，使文化产业成为陕西国民经济新的增长点和重要支柱。"根据《纲要》精神，在实现陕西省第十一次党代会提出的"文化强"的宏伟目标过程中，做大做强陕西出版传媒产业便是首当其冲的重要战略任务。

4. 实现陕西出版集团整体改制、转企、上市

加快企业转制进程，通过转制，明晰产权、授权经营，建立现代企业

法人制度，优化资源配置（包括资本、书号、刊号、报号、版号、产品、人才），实施全员聘任、末位淘汰及员工持股计划，从体制和机制上保障产业发展。招商融资，吸引出版传媒企业资本、行业外国有资本和民营资本，按照业态各个环节的政策要求，分别推行公司制，初步形成多元经济。调动各方面的积极性，建立市场运作机制和利益驱动机制，组建从松散的联盟，到紧密结合；从项目合作到出资成立公司；从分媒体板块在创业板上市，到整个集团整体上市。

（三）发展目标

根据基地构架，以 2008 年为基准，经过五到八年的努力，陕西出版集团成员单位将由目前的七家发展为三十家；年销售收入由目前的 9 亿元达到 50 亿元；资产总额由目前的 10 亿元达到 50 亿元。

该项目的建成，将在陕西乃至全国出版传媒业界、文化界产生重大影响。以现代企业制度为保证，投资主体多元化为基础，集研发、设计（编辑）、生产、销售为一体的陕西出版传媒产业基地一旦取得成功，必然为全国文化产业的建设起到示范作用。

五、陕西出版传媒产业发展的制约因素及困难

（一）发展观念及增长模式的桎梏

虽然文化体制改革已推进了四五年，出版社也一直是企业化管理、自收自支、自负盈亏，但多数员工的思想观念还没有完全转变过来。没有建立现代企业制度，也没有完全按企业的运作模式经营，市场主体地位还没有确立。同时，由于企业单位员工退休后在养老保险、医疗保险等方面与事业单位员工存在很大差距，因此，相当多数人员对市场化经营和转企改制仍存有很大顾虑，改革积极性不高。整体上讲，广大职工的市场化意识和企业化观念还比较薄弱，还应不断加强改革和市场观念的宣传力度，努力推进思想观念的现代化转变。

多数出版传媒单位的收入、利润过度依赖教材、教辅，难以适应市场经济条件下生存、竞争和发展的要求；出版物市场过度依赖中心城市，农

村出版物市场没有得到足够的重视和有效开发；产业发展过度依赖规模、数量的扩张和品种、定价、广告等的增长，经营方式粗放，质量效益亟待提高；出版物产品过度依赖传统媒体，书报刊等传统出版增长乏力，出版内容资源得不到充分有效的开发和利用，对新兴业态重视不够；行业发展过度依赖行政保护，市场配置资源的基础性作用没有得到充分发挥，资源配置效率低下。

（二）体制、机制的障碍

出版传媒产业的管理体制、产权体制、国有资产管理等，与市场经济的要求还有不适应的地方。多数出版、发行单位还是事业单位，长期依赖行政保护和垄断利润。一些国有出版传媒企业的产权结构单一，法人治理结构不完善，管理机制比较落后，难以适应社会主义先进文化建设和社会主义市场经济发展的要求。

陕西图书出版业各组成单位无论具体业务有何不同，均实行"事业单位，企业管理"的运作模式，缺乏依业务内容进行的区别对待与分类管理。这种统一的事业单位性质及国有出版的身份，一方面使得出版单位即使经营不善也不会有倒闭的可能，远离市场，在具体运作中只知寻求政策保护，依靠行政计划产品运转，市场竞争力低下。另一方面由于事业单位均设有主管主办单位，内部的人员变迁及经营状况甚至具体的经营问题均须报主办单位审核备案，使得出版单位的发展自主权受到很大限制，出版单位的经营在一定程度上成为主办方意志的执行，政企不分，企事混合，严重影响出版市场的壮大与发展。

在运行机制上，由于事业性质的掣肘，真正的企业化机制并未建立，人事管理套用行政干部级别，人员能进不能出、能上不能下，行政管理者多，生产经营者少，人力负担沉重；在分配上则基本是大锅饭的方式，真正以绩效为标准的收入分配及激励机制并不完善，干多干少、干好干坏报酬待遇差别不大，职工积极性不高。在劳动保障上由于无失业之忧，医疗、养老、住房等福利待遇人人均等，职工缺乏危机意识，发展动力不足。出版企业还未成为真正意义上的市场主力，急需通过体制机制的转换改革，来推动产业的市场化进程。

（三）人才的匮乏

人才匮乏一直是制约我国出版传媒产业发展的关键因素。陕西图书出版业中本专科以上人才约占总人数的65%，拥有专业技术职称者约占70%以上，从数量上来看，人员素质并不低。但这些人才多为传统型人才，是计划经济体制下的人才，和市场经济具有很大差距。尤其是四类对陕西图书出版业的核心竞争力形成具有积极作用的专业人才严重缺失。一是策划编辑人才，二是版权贸易人才，三是营销人才，四是现代经营管理型人才。策划编辑是将出版单位资源转化为产品的核心人才，是出版单位竞争力的重要组成。版权贸易人才及营销人才则是将出版单位产品推向市场，转化为利润的一线专业人才。经营管理人才更是一种和市场化、社会化结合最紧密的现代出版人才。这四类人才的短缺，对陕西图书出版业品牌的形成、市场影响力的提升及产品的快速发展有着极大的影响。大力培养、引进紧缺专业人才，已成为陕西图书出版业快速发展的首要之举。要把吸引人才、培养人才、完善人才激励机制与引进国外高层次人才结合起来，培养和造就一支高素质的出版传媒人才队伍。

（四）资源整合的艰难

出版传媒产业形成于计划经济时代，受"小而全、大而全"和攀比思想的影响，各地产业同构化严重，造成企业规模偏小，布局分散，区域市场分割，资源无法合理流动和有效开发利用，难以形成规模经济效益和集约化经营效益，阻碍了出版传媒大市场的形成和出版传媒专业化分工。

我省出版资源分散，尤其是中小学教材布局和经营较为混乱，严重影响了我省出版业的发展。教材属公共产品，是出版行业发展的基础，但我省中小学教材布局分散，除集团所属出版社有一部分外，各高校出版社、中央驻陕出版社、地方出版社也占有很大一部分。集团内部也分散在三四家出版社。这些教材由于种种利益因素，有些在出版社手中，还有些由民营公司借壳经营，实际掌握在私人手中。由于分散经营、各自为政，所以一直处于无序竞争状态，无法奠定陕西出版业的经济基础，也使得陕西的财政、税收流失,严重影响了陕西出版业的发展。

(五)产业政策的缺乏,投资渠道的不畅

2005年,国务院颁发了《关于非公有资本进入文化产业的若干决定》,也只是鼓励和支持非公有资本进入书报刊分销、包装装潢印刷品印刷等领域,内容领域尚未放开。但已为非公有资本可以投资参股出版物印刷、发行及新闻出版单位广告、发行等领域创造了政策条件。然而,出版传媒产业的发展受意识形态的影响极大,按自身发展规律前进的余地较小。相关政策、法规一直受意识形态的影响,出台较慢、较少。内容版权保护的水平与国际还不接轨,还有待提高;盗版、盗印、非法出版等违法现象依然严重,对正版出版传媒产品造成很大冲击。部分生产经营者诚信缺失、行为失范,扰乱了出版物市场秩序,制约着出版传媒产业的健康发展。尤其是数字出版的发展,除了作为内容提供商外,还需大量引进互联网运营商、通讯运营商,走混合经济发展之路。当前,我们在观念上和政策鼓励方面都没有做好思想准备。

陕西出版传媒产业由于是依靠教材教辅的部分积累发展起来的,产品结构单一、规模较小,本身吸纳外部资金的能力较弱。因而,资金不足、投融资渠道不畅一直是制约陕西出版传媒产业发展的瓶颈问题之一。出版传媒业是真正意义上的朝阳产业,依然用数字出版举例,2005年产值约50亿元,2007年竟飙升至360亿元,哪个行业有如此发展速度?而且随着3G技术的普及,数字出版必将迎来巨大的发展机遇。然而,要实现将陕西雄厚的资源优势转化为强大的产业优势,产业的投入和培育必不可少。因此,利用政府、企业、社会的力量,拓宽和畅通投融资渠道,这是当前推进陕西出版传媒产业快速发展的当务之急。

编辑活动与质量

编辑活动的基本规律是对人类文明成果的选择、加工和传播[①]。其本质就是将个体化的精神劳动转化为社会化的文化活动,质量是编辑活动永恒的主题。进入信息时代,编辑活动承担起了愈发繁重的文化选择、文化积累和文化传播的重任,必须在尊重编辑活动的内在规律的基础上,顺应现代质量管理思想的深刻变革,在编辑活动中持之以恒地施行质量第一的原则,才能彻底解决媒介质量问题。

一、编辑对媒介质量的意义

任何产品都有质量问题,作为传承人类优秀文化成果的媒介产品更需要提高质量。无论是中华文化传统,还是新中国成立后党和政府的媒介导向,媒介质量都被摆在非常重要的位置。作为把关人的编辑,对媒介产品的质量起着决定性的作用。媒介产品质量既是编辑个人职业素养和责任感的体现,也是传媒企业社会责任的表征,还是媒体和媒介产品的生命。

(一)崇尚编辑质量是中华文化传承的优良传统

中国的编辑活动具有悠久的历史,至少在商代已经出现了文献典册。

---

① 刘杲. 我们的追求:编辑学[M]. 北京:机械工业出版社,2002.

在五千年的文明历程中，涌现了一大批编辑大家，如孔子、司马迁、刘向父子、萧统、毛晋、解缙、纪晓岚，等等。纵观古代编辑活动的历程，著编校合一是其显著的特点，崇尚编辑质量是其不懈追求。孔子编撰"六经"，坚持"毋意、毋固、毋我"的原则，不随便臆断，不武断下结论，不固执己见，不以我为是。他以严谨的编辑态度指导著史、编辑"六经"，从而保证了"六经"的科学性。由于孔子整理"六经"所依据的材料是故国文献，其中很多材料都属于历史事迹，在他的删节过程中，编辑态度是严肃认真的，"信而好古"（《论语·述而》），保持原有的文字、原来的史料内容和表述风格，所以经过孔子整理后的现存经书，被人们视为我国古代文化极其珍贵的精华。① 刘向父子在整理、编撰文献典籍的过程中，创立了"校雠"。章学诚在《校雠通义·自序》中说："校雠之义，盖自刘向父子部次条别，将以辨章学术，考镜源流，非深明于道术精微、群言得失之故者，不足与此。"可见，在我国古代编辑过程中，校雠力求与学术相结合，其目的便是辨章学术，考镜源流。② 无疑，校雠是古代编辑活动的一项重要内容，对提高文献古籍的校勘质量有着十分重要的意义。萧统明确提出了"事出于沉思，已归于翰藻"的编选原则。"事"指作品所反映的对象；"沉思"指作者的精心构思，"义"指作品的思想内容，"翰藻"指作品的文采。这就要求编选的作品对反映的事物要有精心的构思，在思想内容上要求语句优美……因此萧统所编选的《文选》大胆舍弃了大部分经史子类的文章，认为这些都不是文学作品，只对史书中具备"错比文华"的篇章才予以选编。这样选编出来的文集，后来成了文人辞章习作的教材和范本，不但有"《文选》烂，秀才半"的俗谚，就连大诗人杜甫也要求自己的儿子熟精《文选》。③

近代，许多出版前辈在提高出版物质量方面也为我们树立了典范。讲究出版物的质量，是邹韬奋编辑思想的精华，他强调出版物的内容要"力

---

① 阎现章. 中国古代编辑加评：上[M]. 开封：河南大学出版社，1996：14-15.
② 李俊勇，吴群. 中国古代编辑特征浅论[J]. 编辑之友，1995，(03).
③ 赵永建. 编辑通代文学作品选集的萧统[M]. 开封：河南大学出版社，1996：25.

求精警"。他对出版物的内容和文字有明确要求:"不但要选择精华,配合时代性,而且要能写得深入浅出,人人看得懂。"在讲到对读者"有益"的内容和文字的"趣味性"时,他说要与读者"促膝谈心",让他们感到"快乐",解脱"烦闷","进德修业"。为了不断提高办刊质量,他和全体同人,协力苦干,"日夜聚精会神于生活周刊社的业务"。这是《生活》所以能不断扩大的最主要的原因。[①]鲁迅对于书刊编写工作,真是呕心沥血,一丝不苟,不仅对文字,就连一个标点符号也不轻易放过。他在1936年逝世前,大病半年,体重仅有三十公斤,但反复校读瞿秋白的《海上述林》,不让差错出现,校完后三天,他就与世长辞了。[②]叶圣陶在开明书店主管编辑工作时,尽管资金不多,但从不随便出书,总是强调要提供好书、好教材。作家柯灵说过:"你休想在篇目浩繁的开明书店的目录中,找出一种随波逐流,阿世媚俗之作。"他曾经写过一首诗,其中有两句说:"选题定稿校雠三,唯审唯精为指南。"把精编精校作为自己行动的指南,这是叶圣陶的质量观和编辑观。[③]

20世纪60年代,老一辈编辑人曾提出"不唯上、不唯名、不唯亲、不唯利、不唯好恶"的"五不唯"原则,昭示了那个时代编辑人高尚的品格和坚持质量第一的不懈追求。

综上,我们可以这样理解,自文字记载活动产生以后,正是由于一代代编辑人高质量的编辑活动,以及编辑活动本身的文化传承功效,才使中华传统文化得以源远流长。

(二)党和政府一贯强调提高出版物质量

新中国成立六十年来,党和政府一直强调提高出版物质量。1983年6月,中共中央、国务院做出了《关于加强出版工作的决定》,这个《决定》在表述出版工作的性质和指导方针时,明确提出:"出版部门要坚持质量第一,

---

① 邵益文.一切为了读者[M].北京:首都师范大学出版社,2010:40.
② 邵益文.一切为了读者[M].北京:首都师范大学出版社,2010:25.
③ 邵益文.一切为了读者[M].北京:首都师范大学出版社,2010:40-41.

尽最大的努力，把最好的精神文化食粮供给人民。"经中央批准，新闻出版署1994年1月提出的以实现由规模数量增长为主要特征的阶段向以优质高效为主要特征的阶段转移的目标，简称"阶段性转移"的方针，其主旨就是以提高出版物质量，多出好书，达到促进出版的改革和发展的目的。1997年1月国务院发布的《出版管理条例》（后经2001年12月修订并于2002年2月公布实施）除第二十九条直接为"保证出版物的质量"的规定外，许多条款都是针对出版物质量而设定的。1997年3月和6月新闻出版署还根据《出版管理条例》制定了《图书质量管理规定》和《图书质量保障体系》，文件规定："坚持精神文明重在建设，繁荣出版重在质量的思想，把能否提高图书质量当作衡量出版工作是否健康发展，检验出版改革成功与否的重要标志。"这是明确地把出版物质量问题提高到检验出版工作的好坏，出版改革的成败标志来看待。这是社会主义出版工作者的质量观。这些文件不仅把出版物质量提高到极高的位置上，同时还对出版工作的各个环节应该达到和必须坚持的质量标准，做了具体的规定。也是在这个时期，中宣部提出精品战略，目的同样在于提高出版物的质量。[①]近年来，新闻出版署还连续开展了近十次出版物质量专项检查，既彰显了政府狠抓质量的决心，也有效地推动了出版物质量的提高。

（三）优化质量贯穿于编辑活动全过程

从微观环境对媒介产品的编辑过程进行静态考察，其基本环节是文化产品的策划设计—稿件的采集组织—稿件的选择加工—稿件的编排组合，即从策划选题、组织原稿开始，到形成可供复制的模板为止。编辑过程由一系列既互相独立，又密切联系、相互制约的环节组成，是编辑主体一系列有目的的活动，其目的是不断优化质量，为社会提供高质量的媒介产品。在这一过程中，前一阶段、前一环节的工作为后一阶段、后一环节的工作创造条件和基础；后一阶段、后一环节的工作检验前一阶段、前一环节工

---

① 邵益文. 一切为了读者[M]. 北京：首都师范大学出版社，2010：41.

作的效果，并继续解决其中的遗留问题。①

以图书编辑活动为例，选题策划是编辑主体对读者需求和以图书为载体传播和积累的内容进行主动的价值判断，以选题计划的形式提出稿件的质量标准。组稿是通过落实作者人选，与作者交流、讨论，检查选题计划是否可行，并将质量标准转化为切实可行的行动计划。审稿则是比对质量标准检查组稿的结果，确定书稿是否可采用及编辑加工的重点。编辑加工则继续发现解决原稿中的问题，凡属于结构、内容方面的重大质量问题，原则上提请作者解决，一般的技术性问题由责任编辑通过加工解决。我们可以这样来概括，选题策划通过正确的文化传播导向和价值取向，规划出满足社会和读者需求的产品设计蓝图；组稿通过深入细致的组织工作，从人力资源、原稿质量上为媒介产品质量优化提供基础保障；审稿则是在大的原则上对作者原稿的价值取向和文化传播导向的进一步修正；编辑加工是在微观层面上对原稿质量进一步优化，保证供复制的模板符合质量标准。不同媒介产品编辑活动各有特点，但基本规律是相同的，编辑主体对媒介产品的质量优化，贯穿于编辑活动的整个过程。

（四）提高质量是获取媒介效益的根本途径

社会主义的出版工作，首先要注意出版物影响精神世界和指导社会实践活动的社会效果，同时要注意出版物作为商品出售而产生的经济效果。②也就是要追求出版物社会效果和经济效果的统一。近年来随着市场经济的发展，一些出版单位受拜金主义影响，忽视质量，跟风盛行，推出了一些粗制滥造、质量低劣的出版物，其结果很难实现经济效益，甚至造成不良影响及负面社会效益。从根子上讲，这是没有摆正两个效益的关系，没有把握质量和效益内在联系所造成的恶果。

编辑活动的根本目的是提高媒介产品的质量，进而实现媒介产品的效益。而媒介产品的效益既是对编辑活动的最终检验，也是对媒介产品质量

---

① 阙道隆. 编辑学理论纲要：上[J]. 出版科学，2001，9（03）.
② 中共中央，国务院. 中共中央、国务院关于加强出版工作的决定[Z]. 1983-6-6.

的体现。提高质量和获取效益并不矛盾，高品位、高质量的出版物终究会获得高效益的回报。因此，在媒介生产传播过程中，编辑活动与媒介效益之间存在着客观的、本质的联系。

1987年，徐柏容先生提出了编辑活动的质效统一规律：质量第一原则与要求效益原则，反映了编辑工作发展过程中的本质联系和必然趋势。质量的优劣，决定社会效益、经济效益的大小；社会效益、经济效益的大小，又是检验质量优劣的标准之一。在编辑工作的全过程，贯穿质量与效益同步发展的规律。①

2001年，阙道隆先生又提出了保证文化产品质量与掌握最佳传播时机相统一规律：文化产品的质量和最佳传播时机与文化传播效果则是完全统一的。高质量的文化产品能够产生良好的传播效果。适时地推出读者急需、市场短缺的文化产品，能够获得较大的市场份额。②

上述规律清晰地描述了编辑活动与媒介效益之间的内在联系。它确立了质量第一的原则，明确地昭示了提高质量是获取媒介效益的根本途径，除此别无通途。在具体实践中，除了遵循质量统一规律外，还应区分和把握媒介产品不同于一般产品的特殊性，即精神产品属性。一般产品提高质量的目的就是为了获得最大的利润回报。而媒介产品除了追求经济效益外，更要追求媒介传播的社会效益，体现文化作品的积累和传承价值，引导和教化社会大众。而且当社会效益和经济效益发生矛盾时，要坚持社会效益第一的原则。

（五）质量是媒体和媒介产品的生命

作为编辑活动的对象的媒介产品，具有物质产品和精神产品的双重属性，精神产品属性是其本质属性。一般而言，物质产品的质量对消费者的影响是直接地显现，常常是暂时的，造成的负面影响可通过一定措施及时弥补。但是，媒介产品的精神产品属性，决定了其包含的智力创造性所体

---

① 徐柏容．编辑出版工作和质量与效益同步规律[J]．出版发行研究，2002（12）．
② 阙道隆．编辑学理论纲要：下[J]．出版科学，2001，9（4）．

现的内在价值只有通过受众接受后,才能以间接的形式表现出来,且对消费者的影响是间接的、长远的,造成的负面影响短时间内难以消除。不仅如此,媒介产品还是具有外部效应的公共物品,承担着传播知识、传承文明、资政育人等功能,其质量问题往往表现为社会问题,因此,保证媒介产品质量就成为编辑活动最重要的社会责任。

在传媒业由产品竞争、资本竞争逐步转化为品牌竞争之时,品牌作为一种战略资产已经成为现代传媒企业竞争的核心,是其在激烈的竞争中保持持续领先的关键。世界著名的品牌管理专家凯勒认为,品牌是消费者选择产品时的一种简单的标准和工具。在现代文化生产和文化传播活动中,品牌是质量的标准和制造者责任的象征,可以帮助读者和受众识别产品来源,减少购买风险,也是媒介产品生产者利润回报和竞争优势的源泉,是合法保护其独特性特征的方法。就媒介产品生产者而言,品牌就是媒体的技术、物质品质与感性条件相融合而形成的一个整体识别标志,是一个媒体区别于另一个媒体的重要标志,也是媒体本质的外在表征。只有持续生产合乎质量标准的媒介产品,不断为社会提供优质服务,才能建立产品和服务品牌,提升企业形象。从这个意义上说,没有高质量的媒介产品和服务就无法锻造优秀品牌,难以参与现代文化生产和文化传播。因此,质量是媒介产品的生命所在。

二、媒介产品质量的内涵

(一)媒介产品质量的概念

根据国际标准组织2000年颁布的《质量管理和质量保证》(简称ISO9000:2000标准),质量的定义是"一组固定特性满足要求的程度"。按照这一定义,质量是由一组满足顾客及其他相关方面的要求为特征的固有特性组成,并且这些特性由其满足要求的程度加以表征。《现代汉语词典》更是简洁地给出了质量的定义:质量是指产品或工作的优劣程度。这两种对质量定义的描述,其方式不同,内涵是一致的。

媒介是一种特殊的产品,媒介产品的生产传播,除了应遵循精神产品的生产规律，也应该满足包括质量在内的一般产品的特性。具体考察媒介产品的形成过程，编辑活动是媒介产品生产的主要环节，通过编辑主体对作品的选择、加工、优化、组合，最终形成向受众传播的有形或无形产品；而媒介产品的好坏，既由与一般产品一致的经济效益来界定，更由其传播产生的社会效益、精神价值来界定，只有那些同时具备广泛的传播价值和持久文化传承价值的作品才是优秀的媒介产品。所以，媒介产品的质量可以简单地定义为：形成媒介产品的编辑活动或媒介产品传播后所反馈的社会效益及经济效益的优劣程度。

（二）媒介产品质量的构成要素

产品质量与产品属性密切相关。由于媒介产品的二重性，物质产品和精神产品的质量表现纠缠在一起，使媒介产品的质量构成非常复杂，也往往造成对媒介质量的认识误区。例如：近年来，日趋严重的图书编校质量问题使出版管理部门将出版质量检查的重点放在了编校质量上，一些出版机构因此产生了编校质量就等同于图书质量的错觉，实际工作中忽视了更为重要的思想性、科学性等内容质量。因此，我们有必要沿着物质产品属性作为媒介产品的表征、精神产品属性为媒介产品本质的认识思路，认真分析媒介产品质量的构成，把握其质量要素。

根据这个思路，我们可以由外向内，将媒介产品构成要素分为三个层次：

媒介产品的复制质量，如图书的装订、印刷，音像制品的质材保真、外观包装，影视作品拷贝效果，网络作品的传播效应等，这些一般物质产品共有的质量要素，是外在的物质产品质量。

媒介审鉴及设计质量，如书报刊的编校质量、版面设计、封面设计、内文设计，影视作品的艺术表现方式，广播电视的音画组合，网络作品的软件通适性等，这些主要表达媒介产品呈现方式方面的质量，是浅层次的精神内容质量。

媒介内容质量，主要是媒介内容在文化选择和文化传播方面的质量，包括选题质量、学术质量和文化质量，是深层次的精神内容质量。

精神产品依靠内容影响人类生活，传诸后世。内容质量决定审鉴质量和设计质量，审鉴质量和设计质量又反过来优化和提升作品的内容质量。复制质量则是内容载体的外观质量。任何一个作品，其质量构成核心应当是深层精神内容质量，然后是审鉴及设计质量等浅层内容质量，最外层是复制质量。需要注意的是，这三个层次的质量构成相互交织、相互作用，构成了统一的质量实体，任何一个方面的质量出现问题，就表现为整个作品的质量问题。

（三）媒介产品质量标准

1. 媒介产品质量标准概述

标准是对复杂性事物和概念所做的统一规定，是经主管机构批准的，或是以科学、技术和实践经验的综合成果为基础，以特定形式发布作为共同遵守的准则和依据。它是衡量产品质量和各项管理工作质量的尺度，又是组织进行各项生产技术活动和管理活动的依据。考察编辑过程，我们会发现编辑活动其实就是通过一系列规范化的活动，形成符合质量标准的媒介产品复制传播的模板。媒介产品的质量标准分为内容质量标准、编辑规范和技术质量标准三个基本层面。内容质量标准，主要指媒介产品在文化选择和文化传承方面的质量，包括选题质量标准、学术质量标准和文化质量标准，是媒介产品核心质量标准；编辑规范则是编辑在媒介产品的编校过程中需要遵守的准则，主要是媒介产品在呈现方式方面的质量标准；技术质量标准，则包括装订、印制、视听效果、软件通适性等要求，是特定传媒行业的通行规则。当然，任何一个媒介产品，其质量构成核心应当既包括深层精神内容质量，也包括编校质量和装帧质量等浅层内容质量，而行业的技术标准则是媒介产品外在质量的保障。

长期以来，我国媒介产品质量管理一直以行政管理为主导，为建立、健全媒介产品质量管理机制，实现各类媒介产品从规模数量向质量效益的转变，全面促进传媒事业的繁荣和发展，中宣部、国家科委、新闻出版总署、国家广电总局等部门颁发了很多对图书、报刊、音像出版物、广播电视、电影、电子出版物以及网络出版物的质量进行管理的规章、标准和办法等，这些管理规定对保证媒介产品质量起到了积极作用。

媒介产品类型的多样性以及彼此的差异性，导致很难制定统一的质量标准。因此，媒介产品质量管理工作在坚持传媒工作的基本方针、原则、任务的前提下，还应根据不同媒介产品类型分别制定标准。从目前出版行政管理的情况来看，图书、报纸、音像电子出版物有专门的质量管理规定。国家广电总局也有相关的广播电视、电影管理规定。下面分别从内容质量标准、编辑质量标准和技术质量标准三个基本层面，对媒介产品质量标准进行阐述。

2. 政治标准

媒介产品作为国家意识形态进行舆论引导的重要阵地，必须高度重视政治标准。媒介产品必须坚持"以科学的理论武装人，以正确的舆论引导人，以高尚的精神塑造人，以优秀的作品鼓舞人"的要求，符合党和国家的方针、政策、法律、法规要求，必须有利于社会主义物质文明、政治文明、精神文明建设，必须能够促进中国先进生产力的发展、能代表中国先进文化的前进方向、能体现中国最广大人民的根本利益。总之，政治导向正确与否是衡量媒介产品质量好坏的前提条件。

媒介产品的政治标准大体一致，但在具体的执行规定方面略有不同。例如，根据图书出版物的特殊属性，1997年3月3日，新闻出版署依据《出版管理条例》以及相关的政策、法规和标准制定了《图书质量管理规定》。2004年12月24日，新闻出版总署公布了修订后的《图书质量管理规定》（以下简称"规定"），"规定"于2005年3月1日起施行。修订后的"规定"对内容、编校、设计、印制四项合格和不合格标准做了重新规定，在一定程度上简化了出版物质量标准。内容质量标准为：符合《出版管理条例》第二十六、二十七条规定的图书，其内容质量属合格；不符合《出版管理条例》第二十六、二十七条规定的图书，其内容质量属不合格。

我国还先后出台了《报纸质量管理标准》《电影管理条例》《广播电视管理条例》等媒介管理规定，其在内容质量方面的要求，与上述图书出版政治标准一致，在此不再赘述。

3. 科学（学术、知识、文化）标准

科学标准是指传媒产品的内容应当遵循事物的客观规律，能够对社会事物的本质做出正确的反映。无论是报刊、图书，还是广播影视、电子出版物，其都应该尊重知识原貌，真实反映学术本真，传承文化核心旨意。由于媒介产品的种类不同，科学标准也不尽相同。新闻类作品的科学标准主要体现在新闻的真实性上。作为把关人的编辑，需要认真审核文稿出处，确保内容的科学性和真实性。文学类作品允许采用虚构的夸张的笔法，因此科学性体现在符合生活逻辑、结构完整、表述清楚，遵循本门类艺术作品的创作特点和规律。传媒业是一种文化服务活动，最终还应确保媒介产品能够成为发展先进文化，支持健康有益文化，努力改造落后文化，坚决抵制腐朽文化，不断满足人民群众日益增长的精神文化需求的重要途径和手段。

4. 艺术或审美标准

视觉冲击和表现力成了媒体视觉表达的主要诉求。不同媒介产品审美标准不同，图书审美主要包括装帧设计和版式设计，图书版式的审美价值，即图书版面上的美感；报刊则讲求栏目设置合理，图文比例匹配，特色鲜明，丰富多彩；电子出版物要强调声画组合，内容和视频和谐；广播、影视的艺术价值除了内容本身的魅力外，主要体现在音、画、视频效果和独特的表达方式上。不管哪种媒介，艺术标准的基本要求都是能给人以美感，使人产生身心上的愉悦，从而体验美的享受。

5. 编辑规范

编辑质量标准是编辑在媒介产品的编校过程中各环节需要遵守的准则，如选题策划、组稿、审稿、编辑加工、内文及封面设计、校对等，主要是作品呈现方式方面的质量标准，一般以编辑规范的形式呈现。例如，国家对图书、报纸两大主要媒体有明确的编校质量规定，图书编校质量标准为：差错率不超过万分之一的图书，其编校质量属合格；差错率超过万分之一的图书，其编校质量属不合格。图书编校质量差错的判定以国家正式颁布的法律法规、国家标准和相关行业制定的行业标准为依据。图书编校质量差错率的计算按照《图书质量管理规定》的附件《图书编校质量差错率计算方法》执行。《报纸质量管理标准》实施细则（试行）规定：报纸文字校对要求严格准确,无明显差错。每期报纸文字差错率不得高于万分之三。

6. 技术标准

技术标准是对技术活动中需要统一协调的事物所制定的技术准则,是可直接用于衡量质量特性的尺度,是进行质量管理活动的重要依据。新闻出版总署发布的《图书质量管理规定》就属于技术标准。

图书设计质量标准为：图书整体设计和封面(包括封一、封二、封三、封底、勒口、护封、封套、书脊)、扉页、插图等设计均符合国家有关技术标准和规定,其设计质量属合格；图书的整体设计和封面(包括封一、封二、封三、封底、勒口、护封、封套、书脊)、扉页、插图等设计中有一项不符合国家有关技术标准和规定的,其设计质量属不合格。印刷质量标准为：符合中华人民共和国出版行业标准《印刷产品质量评价和分等导则》规定的图书,其印制质量属合格；不符合《印刷产品质量评价和分等导则》规定的图书,其印制质量属不合格。

《报纸质量管理标准》实施细则（试行）规定：报纸印刷质量要求字体清晰、墨色均匀、套色准确,无缺笔断划、模糊不清的现象。

对于电子出版物出版标准,国家颁布了《电子出版物管理规定》,对出版物的出版、复制、进口标准做了相关规定。印刷出版物质量标准评价体系尽管存在一定的不同,但主要可以从内容、编校、设计、印制以及分销等方面进行评定。非印刷出版物质量评介和考核体系则与传统印刷出版物有很大的不同。如电子出版物重点考察的指标应为：程序指标,即程序是否方便；出版技术指标,即界面是否友好、是否具有广泛的兼容性、操作是否方便、联机帮助是否丰富、安装及下载是否方便、传输速度是否快捷等；编排指标,即图文声像各种素材在编排上是否连贯、合理,检索手段是否方便丰富；内容表现指标,即播放画面、声音等是否清晰、流畅、无噪音等；原创性指标即内容和编排表达方式是否独具匠心等,在这里,原创性指标不同于传统出版物的原创性,传统出版物的原创性一般是由作者完成的,但对非印刷出版物而言,往往除作者外需要更多的编排人员共同完成。总之最终实现以下要求：从内容上说,确保准确性和权威性之外,必须要有一定的信息量；从技术上说，技术手段为了内容的综合应用恰到好处、恰如其分，而不是卖弄技巧；从界面上说，要求视觉效果和交互能力的完美统一，字体、图标、色彩、导航、检索都要考虑；从编导策划的角度看，各种多媒体的综合应用要融洽融合，而不是简单叠加，开头、结尾或片头、片尾，从风格到形式都要与内容保持一致。

总之，内容和形式都完美才是高质量的媒介产品。宏观质量要通过做好选题工作，包括宏观层面的选题策划以及选题创新等来实现；而微观质量主要是通过提高编校人员素质，建立质量保障体系，合理安排生产流程，强调全员、全过程管理来控制。科学严密的制度设计能使媒介产品生产在各个环节中有序进行，从而保证媒介产品的高质量，否则就会顾此失彼。

三、编辑活动与质量管理

媒介产品的质量管理是一个系统工程，编辑活动是保障媒介质量最重要的环节。正确的出版方向、完善的管理制度、高素质的出版队伍，是建设媒介产品质量保障机制的基本条件。

（一）质量理念与质量意识

质量意识是品牌意识或精品意识的一个重要方面。质量是企业的生命，缺乏质量的产品是不合格产品，没有质量意识的企业是没有生命力的企业。质量意识是一种对质量的概念、质量对组织的意义、质量责任和质量进步等内容内化为一种自觉行为的意识，直接指导日常的出版活动。加强媒介产品质量管理，有利于改善媒介产品设计，优化结构，提高产品质量，同时可以加速及优化生产流程，降低经营质量成本，减少经营亏损，改进产品售后服务，全面推进媒介融合，提高市场的接受程度，从而促进媒介竞争力的提升。

目前的媒介消费市场上，受众选择越来越精细、理性，传媒单位的品牌和作者品牌已成为许多消费者实施媒介消费行为的重要筹码。这是传媒市场稳健成熟的标志。而质量成就精品，在受众意识中，好的传媒品牌一定是优质传媒产品。现在的传媒市场竞争要求每一个市场参与主体都要有质量理念与质量意识：首先，要通过学习不断增强编辑的质量意识；其次，要把保证媒介产品的质量作为维系媒介品牌和声誉的重要问题来考虑；再次，质量意识要成为传媒业全程质量管理的重要理论支撑。

（二）编辑过程质量管理

编辑过程是编辑主体作用于编辑对象的实践过程，包括一系列互相联系、互相制约的工作环节，即从策划选题、采集原稿开始，到形成可供复制传播的定稿（包括音像制品的母带和电子出版物的样盘）为止。[①] 媒介质量体现在编辑活动的过程管理中，以图书编辑为例，主要包括：选题质量管理、组稿与审稿质量管理、编校装帧质量管理。

1. 选题质量管理

（1）选题与选题策划。什么是选题？《辞海》的解释是"出版社为准备出版的书稿预先拟定的题目和有关事项。提出选题是编辑工作的基础和首要环节，内容一般包括：书稿名称、内容设想、读者对象、估计字数、交稿时间等。可由编辑提出，亦可由著作者提出"。如果将"选题"一词看作动词，就有了对选题的第二种理解，即选题工作。选题工作是出版社的一项基础工作，是出书方向的具体化，整体上反映着出版社的面貌，制约、调控编辑工作的全过程。这个过程就是选题策划，即出版组织确立出版选题的过程，包括营销调研、选题创意、选题设计、选题论证优化和选题统筹等决策活动。

（2）选题质量管理。选题质量管理是为保证选题达到原先规定的各项质量要求而进行的组织活动（见图1），包括选题质量规划、选题质量设计和选题质量论证等质量活动。选题质量规划的任务是根据出版组织质量方针确定选题的质量目标，明确选题策划阶段的质量责任；选题质量设计就是在选题设计中提出质量要求，确定图书产品的质量水平（或质量等级），规定实现质量目标的条件；选题质量论证主要是从质量管理的角度，以选题质量目标为标准，从产品预期的社会效益和经济效益两个角度，逐一对

---

① 阙道隆. 编辑学理论纲要：上[J]. 出版科学，2001，9(3).

选题设计方案进行评审、验证和分析。实际上既是选题策划质量的保障，也是选题策划质量的持续改进措施。

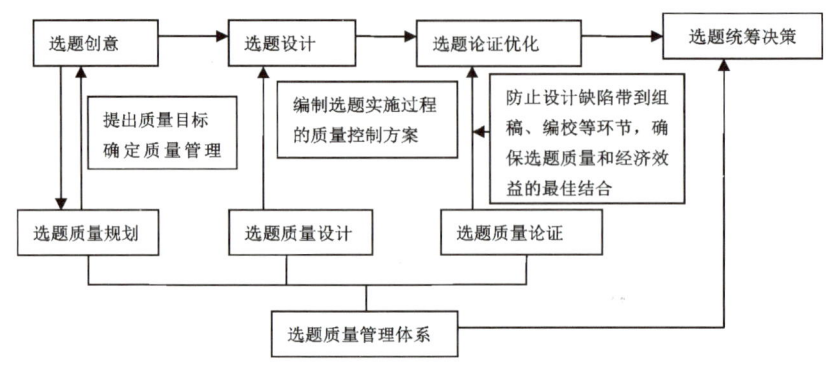

图 1 选题质量管理与选题策划的关系

选题管理的目的是提高产品的内容质量，这在很大程度上决定了图书产品的质量，正如出版界流行语所言"选题出错，一错再错"。如果我们将选题理解为具体的出版项目，选题实际上就是出版组织的一个基本产品单位，选题一旦制订出来并决定采用，出版组织就会围绕这个选题建立编校流程，合理配置资源。选题质量决定了出版组织的创新能力，是最核心的竞争力，唯有持之以恒地改进和提高质量，才能保障出版物的整体质量，也才能确保出版单位的可持续发展。

2. 组稿与审稿质量管理

（1）组稿与组稿质量管理。原稿是图书出版的"原材料"，原稿质量的高低，很大程度上决定了图书质量的高低。组稿是出版组织计划、组织、协调资源，即根据选题方案选择作者并组织作者写作书稿的过程，包括研究选题、明确编撰要求、选择作者、约稿决策、确定约稿关系等内容。其中，责任编辑对选题的研究程度、责编与作者对编撰要求的研究程度、作者对选题意图的领会程度、作者的写作能力和写作态度等决定了组稿质量。组稿的质量管理通过以下关键环节来实施：

第一，组稿准备，包括领会选题意图和研究作者两个方面。

第二，选择作者管理，就是根据书稿选题和编撰要求，从可供考虑的作者人选中选择最佳的和最合适的作者。

第三，约稿质量控制，约稿过程一般有这样几个质量关键点：说服作者写作，组稿编辑与作者共同研究编撰要求，讨论写作提纲和样稿，确定约稿关系。

第四，约稿后服务，确定约稿关系后，编辑人员要和作者保持密切联系，掌握作者写作进度，帮助作者解决写作中的困难和问题，督促作者按期交稿。帮助、督促作者写作是编辑与作者进一步沟通的过程，许多书稿就是在这种编辑与作者的磨合中一步步成熟的，因而也是提高组稿质量的关键因素。

（2）审稿与审稿质量管理。什么是"审稿"？《中国大百科全书·新闻出版卷》对"审稿"的解释是："编辑人员以作者创作的文字、图像等材料（原稿）为对象所进行的判断、鉴定和评价工作（对于译稿的审稿，主要是鉴定译文的质量），由审读和写审读报告两部分组成，又称审读。审稿是编辑出版的关键，是决定图书质量的重要步骤。它又是编辑人员的基本职责。"

我国所实施的编辑出版审读制度，通常采取责任编辑初审、再由编辑室主任（或委托相关责任人）复审、继而由总编（或相应一级的负责人或有关责任人）终审的三级审稿制度（见图2）。审稿是编辑出版工作中的

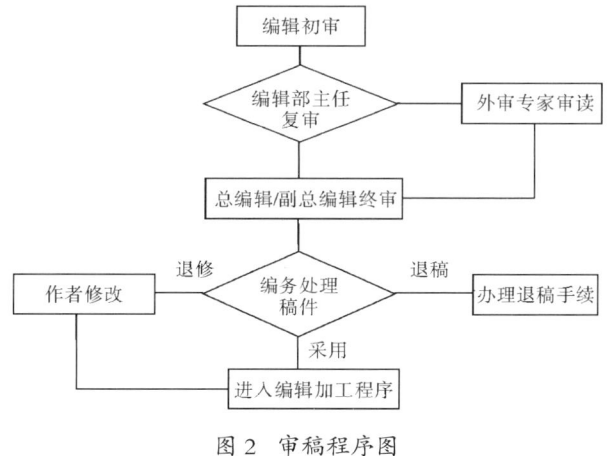

图 2　审稿程序图

决定性环节，是对选题、组稿的检验，又是考察作者完成编辑出版蓝图的成果鉴定，也为后续的稿件加工整理做铺垫。①

审稿的目的是审查稿件的社会价值和文化学术价值，把好政治关、知识关和文字关，同时提出取舍及修改意见。因此，无论初审、复审还是终审，其质量控制的关键因素都可归纳为政治思想性审查把关、知识内容审查把关、出版要求审查把关、知识产权审查把关。首先，是政治内容审查把关。政治内容的审查把关包括方针政策、立场观点、国土疆界、讲话引述、涉外关系、保密、宗教民族等六个方面。其次，是知识内容审查把关。尽管不同书稿的知识内容都有特定的具体要求，但知识内容正确是初审把关最起码的要求。归纳起来，知识内容审查的重点应包含科学性、时代性、独创性、可读性与实用性、超前性五个方面。再次，是出版要求审查把关。检查书稿正文、辅文、图稿是否齐全，审查书稿布局是否合理，检查书稿体例是否统一，检查书稿整体行文语言情况，从宏观上对书稿文笔是否通顺、文字表达是否符合汉语语法规范、文风如何、是否符合逻辑等方面进行鉴别评价，查图稿，检查标点符号使用是否规范，名词术语、公式、计量单位等是否符合国家标准。最后，是对知识产权审查把关，主要是审查书稿是否存在引用过度造成的抄袭和剽窃的现象。

对于专业性强、编辑对内容难以把握的书稿，出版组织一般要请社外专家进行审稿。外审的目的是借助专家力量解决书稿的定性问题，淘汰平庸书稿，让有价值的书稿不被贻误。因此，外审质量的关键点在于对外审专家的选择和专家对书稿审查的深入程度。

3. 编校装帧质量管理

（1）编校装帧的内涵。编校装帧活动是实现图书物化的关键步骤，是编辑出版人员向原稿施加编辑行为的具体表现。包括编辑加工、校对、装帧设计等环节（见图3）。这些编校活动突出表现为原稿和校样在出版组织多个部门之间来回穿梭，具有很强的流程特征。因此，编校装帧质量管

---

① 赵航. 审读论[M]. 西安：陕西人民教育出版社，2008：9.

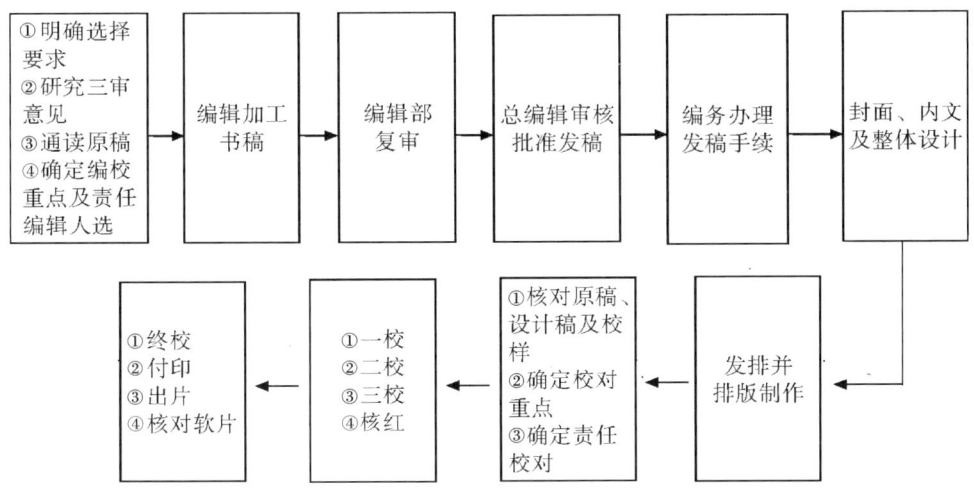

图 3 编校装帧流程图

理的重点,应当是在认识编校活动和编校质量特点的基础上,以编校装帧流程分析为主线,建立并实施编校质量管理体系。

(2)编校装帧的特点。编校装帧是出版组织对图书产品承载的信息进行过滤加工的流程,是典型的知识生产。与选题、组稿和审稿不同,编校活动具有如下特点:

第一,员工综合素质对编校质量起关键作用。编校工作主要依靠编辑校对人员的智力劳动完成,是高度智力密集和人力密集的工作。无论是编辑加工、校对还是装帧设计,都要靠具有一定知识水平,具备一定学科专业素质和出版专业能力的员工来完成。

第二,标准繁多、工作复杂。与一般物质产品生产不同,编校工作需要遵从的既有公开发布的法律、法规和标准,也有语言和生活习惯,还有涉及意识形态的政策,有形而上的、形而下的,林林总总,不一而足。

第三,以责任编辑为中心的生产流程。编校装帧流程是以责任编辑为中心展开的,在整个过程中,需严格按照责任编辑制度、责任设计编辑制度和设计方案三级审核制度、责任校对制度和三校一读制度组织编校活动。编校活动的实际组织者一般是责任编辑,编校质量的责任也主要由责任编辑承担。

（3）编校装帧质量管理。编校装帧的质量问题表现为编校差错，是发生在编辑、校对工作流程中的差错，属于工作差错。编校差错产生的原因是非常复杂的。作者、编辑、校对员和出版社决策者的人员因素，原稿的质量因素，编校流程的完善程度，或是出版企业的内外环境，都可能导致出现编校差错。因此，编校装帧质量的管理也必须从这几方面入手，在编校流程中控制和提升质量。主要涉及以下几个方面：

第一，改善编校装帧工作条件。管理部门要为编校装帧流程提供并保持合乎标准要求的条件，特别是编辑加工、装帧设计和校对使用的计算机硬件和软件系统，以工作质量去保证流程质量。

第二，确保编校装帧人员按工作规程操作。出版组织应以作业指导书的形式规定编校各项作业的具体内容。作业指导书应由流程涉及的各科室起草，经多次论证修改，保证每位编校人员都能严格按工作规程操作。例如加工前对书稿和审稿意见进行的阅读检查、书稿重大问题处理记录、书稿发排和校对接受校样等，还要明确规定接口各方的责任与权力，确保流程涉及的任何人员都能按照工作规程工作。

第三，对关键流程进行控制。出版组织有必要在发稿、发排、各校次、付印前等环节建立控制点，由专职检验员进行质量检验，检验合格者打上相应标记，并在工序流程卡上签字或盖印，一旦发现质量问题可进行追溯，查明原因并采取纠正措施，确保各环节工作处于严格的受控状态。

第四，对不合格品进行控制。对不合格品的控制不能由检验部门负责，而应由质量审读部门负责，要强化付印样审读和样书审读，以便进行预防性控制，组织质量改进活动。对不合格品的控制应有明确的制度和程序。

4. 质量管理制度与机制

现代管理是道德约束和制度约束的统一、科学管理和人性管理的统一。因此，制度建设非常重要，它是整个管理的基础性工作。各媒介单位应该根据编辑工作的基本特点和程序，结合本单位的实际情况，建立和完善更细化、更具操作性且更易于控制的质量管理制度，针对各环节制定具体明晰的工作标准，并确定完整严密的、步骤清晰的操作流程，严防违规，避免漏洞，用细节成就质量，规范各环节相关部门和人员的各自责任和相互关系，把质量管理职能和活动合理地组织起来，形成任务、职责、权限分明而又相互联系、制约和促进的良好运行机制。

（1）质量管理制度。第一，学习行业规章，规范质量标准。依据传媒单位的实际情况制定有针对性的规范条例。比如，对于出版单位来说，首先要遵循新闻出版总署《出版管理条例》《图书、期刊、音像制品、电子出版物重大选题备案办法》《报纸质量管理标准实施细则》《电子出版物管理规定》《图书质量保障体系》《图书质量管理规定》等规章制度，还要围绕出版流程，制定一些具体的工作指南。

第二，完善选题论证制度，严格实施流程控制制度。所有选题都要经过选题论证委员会反复论证，严把选题的"入口"；要探索制定选题调研、策划的评价标准，逐步形成选题策划、论证的科学评估体系；要注意按照传媒单位的实力和自身特色确定选题依据，专业分工，明确产品定位。

第三，坚持稿件的质量审查制度。编辑过程的质量审查制度主要包括：稿件的三审责任制度、责任编辑制度、责任设计编辑制度和设计方案三级审核制度、责任校对制度和三校一读制度，新闻出版总署1997年发布的《图书质量保障体系》已做了详尽的规定，在此不再赘述。

第四，建立业务培训制度。从新员工培训、岗位在职培训和继续教育培训三个层面建立相关业务培训制度。

（2）质量管理机制。第一，编辑注册制。目前，国家有关管理部门正在重点结合建立以法人准入、产品准入、职业准入和岗位准入为基础的行业管理体系，完善相关法律制度。包括完善各类传媒单位准入条件；颁布实施《出版专业技术人员职业资格管理规定》《广播电视编辑记者、播音员主持人资格管理暂行规定》，对责任编辑等重要岗位的准入条件和注册办法予以明确，探索建立传媒从业人员职业资格准入制度。严格落实责任编辑制，即只有注册的编辑才有资格担当媒介产品的责任编辑，媒介产品质量出了问题，主要由责任编辑负责，根据问题的严重性，采取从警告到吊销执业资格甚至不允许涉足传媒行业等措施。

第二，质量责任制。质量责任制是组织中形成文件的一种规章制度，规定了各职能部门和每个岗位的员工在质量工作中的职责和权限，是与考核奖惩相结合的一种质量管理制度和手段。质量责任制的核心在于明确职责、落实责任，使员工能更好地参与质量管理工作，确保产品质量。质量责任制的基本内容包括各级领导的质量责任、各职能部门的质量责任和各种岗位人员的质量责任；质量责任制的实施包括培训工作、考核上岗、与激励措施结合。建立健全质量责任，要与贯彻ISO9000标准相结合，使质量管理体系的运行和控制得到有力的保证。

第三，审读（视、听）机制和受众反馈机制。审读（视、听）是提升媒介产品质量的重要环节，具有引导示范、监督警示、沟通交流的作用。审读（视、听）的重要性在于保证作品取舍决策的正确性，而作品取舍决策的正确性是保证媒介产品质量的基本条件。审读（视、听）可以分为公开发行（播放）前、后两个阶段，公开发行（播放）前的审读（视、听）又可分为文稿审读（视、听）阶段、交叉审读（视、听）阶段和扫尾性审读（视、听）阶段。公开发行（播放）后的审读（视、听）可分为主编的总评性审读（视、听）和编辑同人的审读（视、听）。既要保证编辑人员全员质检的覆盖面，又要保证重点产品质检的覆盖面。建立完善的审读（视、听）体系，包括选择产品的登记、审读（视、听）评估、交流认定、汇总通气、通报公示、总结归档等一系列环节。同时可以"请进来，走出去"，通过兄弟单位的联合评议和分析研究，或请专家(如法律专家、新闻专家)审阅稿件，帮助处理疑难问题。所以要将本单位内外审读（视、听）人员的培训工作作为一项长期工作做下去。

同时，要建立受众反馈机制。受众是社会监督的重要力量。对受众的反馈意见要及时调查回复，维护受众的审读（视、听）热情，对于建立受众忠诚度，提高媒介产品质量也是一条重要途径。

5. 运用新技术提升质量管理

目前，在传媒界用于质量管理的技术除了进行质量标准体系认证外，微观上主要使用一些新开发的校对软件保证文本质量。尽管计算机软件校对技术能够精确校对各种中文、英文拼写、重句、异形词、领导人姓名职务、领导人排序、政治性问题等各种类型的错误，能够通过正向查错、反向查错来提高报错率，但其非完全人工智能化的操作使得媒体单位依然要耗费大量的人力来监控产品质量。因此，建构以自适应学习系统为基本框架和依托，实现校对软件的技术升级及全面智能，是提升媒介产品质量的技术保证。

ERP（企业资源计划）在媒介组织中的推广应用，在计算机网络的支持下，实现内部各部门间以及企业集团间质量信息的自动传递，及时地向各层次人员提供正确的产品及过程质量信息，以便及时做出响应，为实施全面质量管理提供有效的支持。

另外，信息技术普遍运用于数字化媒介产业中，包括电子出版、网络出版及移动媒体出版等，目前已初步形成了"一论二测三审"的质量审定工作流程。"一论"就是在数字化环境下开展选题策划及论证工作，以高新技术分析市场，自觉抵御不健康内容和信息垃圾的数字化传播。"二测"是病毒检测和运行检测。病毒检测不仅是技术检测的第一步，也是质量保证的第一关。必须采用至少两种以上国内最新版本的查病毒软件来交叉查毒。运行测试应按照软件工程的要求进行，针对每种产品制订测试计划，安装过程测试应该评估产品在不同系统配置下安装过程的兼容性，确保安装过程符合简洁、理解性强的要求，并遵循一般的业界标准等等。"三审"就是对新媒介的内容审查也一定要坚持"三审制"等相关编辑制度，主动把关，认真评测，确保传播内容的科学性、准确性和生动性。

（三）媒介质量管理的方向——全面质量管理

1. 传统质量管理体系需进一步完善

虽然党和政府历来十分重视媒介质量工作，出台了一系列质量管理的标准和规章，各媒介组织经过长期的实践，基本建立起了符合本行业特点的质量管理体系，这些对保障媒介质量起到了至关重要的作用。但是，也要清醒地意识到，这一质量保障体系，是在计划经济的大背景下，为了适应事业单位的发展而逐步形成的。随着媒介转企改制的全面推开，其缺陷也日益显现。

当前各类媒介生产对编辑活动质量的控制管理，均停留在关注其具体结果和事后管理上：编辑主体对媒介产品质量的关注胜过对编辑活动质量管理的关注；对媒介浅层外在质量的关注胜过对深层内容质量的关注；对媒介产品复制传播后质量问题的检查胜过对其选题质量、组稿质量、编校质量的监控；审稿、编辑加工、校对有标准，选题调研、策划质量难以客观评价；选题、组稿、审稿、编辑加工等编辑活动各环节的质量管理也往往各行其是，互不联系等等。另外，政府监管弱化，读者监督缺位，这些都直接导致了媒介生产质量意识不强，粗制滥造严重，编校质量低下的现状。实践证明，这种只关注局部、不关心整体，只重视外在、不重视内容，只关心后果、不关心编辑过程的现状，难以彻底解决媒介质量问题。媒介发行或传播后的编校质量检查，也只能作为一种引起出版企业重视的权宜之计。只有顺应现代质量管理思想的深刻变革，学习借鉴发达国家和国内其他行业经验，在尊重出版活动的内在规律的基础上进行全面质量管理，将质量管理关注的重点从具体的出版物逐步转移到出版组织自身的生存与发展能力上，将提高质量由政府监管转变为市场主导，从而成为媒介组织内在的主观行为，才能彻底解决出版物的质量问题。

2. 引入全面质量管理是媒介质量管理的方向

（1）全面质量管理的概念。全面质量管理理论（total quality management）是美国通用电器公司质量管理部部长菲根堡姆于20世纪60年代初提出的，是一种由顾客的需要和期望驱动的管理哲学。全面质量管理是以质量为中心，建立在全员参与基础上的一种管理方法，其目的在于长期获得顾客满意、组织成员和社会的利益。

全面质量管理理论的主要内容，归纳起来有八个方面。第一，以顾客为中心。第二，强调领导作用。一个企业从决策层到员工层，都必须参与到质量管理的活动中来，其中企业的决策层必须对质量管理给予足够的重视。第三，全员参与。第四，全过程的质量管理，即必须将全面质量管理所涉及的相关资源和活动作为一个过程来进行管理。第五，系统管理。当我们进行一项质量管理改进活动的时候，首先需要制订、识别和确定目标，理解并统一管理一个有相互关联的过程所责成的体系。第六，持续改进。持续改进是全面管理理论的核心思想。第七，以事实为基础的决策方法。有效的决策是建立在对数据和信息进行合乎逻辑和直观分析的基础上的，全面质量管理也必须以事实为依据，背离事实基础就没有任何意义。第八，与供方互利的关系。企业和供方之间保持互利关系，可增进双方创造价值的能力，从而为双方的进一步合作提供基础，谋取更大的共同利益。

（2）如何在出版业中实施全面质量管理？在图书出版行业中实施全面质量管理，就是要按照全面质量管理理论的要求，对图书出版工作进行全员、全方面和全过程的质量管理。出版单位需要做好以下几项重要工作：通过编辑工作模式的改革和创新，实现策划编辑和加工编辑工作分工的专业化，以提升选题质量和书稿审稿质量；通过加强制度建设，确保新的工作模式的建立和完善；通过加强质量标准建设和质量控制，对图书质量进行事前、事中和事后监督；通过加强市场营销工作，实现产品效益的最大化；通过加强专业人才队伍建设和培训来为实施全面质量管理奠定坚实基础。[①]

具体来说，就是在编辑活动中，应当树立不断改进的思想，遵循媒介产品质量运动的客观规律，在程序上严格按照 PDCA 循环，坚持持续不断的质量改进。PDCA 循环由计划（plan）、执行（do）、检查（check）、行动（action）几个英文单词的第一个字母组成，反映了质量管理必须遵循的四个阶段。

第一阶段为 P 阶段，即计划阶段。编辑活动的各个环节，都要进行质量计划，以读者和受众要求及媒介产品欲取得的社会效益和经济效益为目标，通过调查、设计、试行，制订编辑活动的各项质量目标，以质量计划的形式，明确达到这些目标的具体措施和方法。

第二阶段为 D 阶段，即执行阶段。就是在编辑活动的各个环节，具体

---

① 李金莉，宋秀全. 实施全面质量管理推动出版社品牌建设 [J]. 中国编辑，2007（5）.

到图书出版就是选题策划、稿件的采集组织、稿件的选择加工、稿件的编排组合等环节，按照所制订的计划和措施监控编辑活动的质量，解决各类质量问题。

第三阶段为 C 阶段，即检查阶段。就是对照计划，检查执行情况和效果，及时发现和总结计划实施过程中的经验和问题。需要强调的是，对照计划检查，贯穿于媒介产品编辑活动的全过程，就是说编辑活动的各个环节都要进行这样的检查工作，即从策划选题、组织原稿开始，到形成可供复制的模板为止。

第四阶段为 A 阶段，即总结处理阶段。就是根据检查的结果采取措施，巩固成绩，汲取教训，引以为戒。A 阶段的工作同样贯穿于媒介产品编辑活动的全过程，对媒介产品编辑活动的各个环节，都要及时进行总结处理，汲取经验教训，进行改进。例如对于审稿工作，参与三审的责任编辑、编辑部主任和主管总编辑，必须在对原稿质量做出评价的同时，还要对前一审稿者的工作质量，即审稿质量做出中肯评价，并对今后的工作提出改进意见。

在 PDCA 循环中，A 阶段是编辑活动中全面质量管理的关键，是编辑活动质量管理从实践到认识、从认识到实践的两个飞跃的重要条件。A 阶段主要内容是总结，就是肯定成绩，纠正错误，提出新的问题以利改进工作。这是 PDCA 循环能够上升、前进的关键。如果只有前三个阶段，没有将成功经验和失败教训纳入有关标准、制度和规定中，就不能巩固成绩，汲取教训，也就不能防止同类问题的再度发生。因此，推动 PDCA 循环，一定要始终抓好总结这个阶段。

需要指出的是，经常性的出版物质量检查评比活动及出版物审读制度的建立是非常必要的，但这仅仅是图书质量管理的一个方面，不能代替全面的质量管理，因为审读、评比对出版物质量提高的作用多是一时性的，且往往呈现起伏性，造成质量的大起大落，稳定性差，不能治本。而全面质量管理则标本兼治，变事后检查处理为事前控制，确保书刊质量沿着计划目标循环稳定上升。随着市场经济的发展，为了满足读者对出版物日益提高的质量诉求，全面质量管理必然会越来越多地被出版单位接受，且在质量改进的过程中发挥出越来越重要的作用。

总之，尽管不同媒介的传播载体各异，其质量标准及其内涵也不尽相同，但质量工作都是编辑活动的核心内容，而且也都是按照设定质量标准、制定管理制度、实施全程质量管理这一路径来优化媒介产品质量。所以，在媒介生产过程中，我们应深刻把握这一普遍性，紧紧抓住媒介质量这一中心环节开展工作，这样媒介编辑活动才有实际意义，媒介产品通过传播才有可能达到预期的社会效益和经济效益目标。

MPR 复合数字出版的盈利模式

一、什么是 ISDL 和 MPR 项目

简单地说，ISDL（international standard document link）中文意思是国际标准文档关联码标准，它是一套严密、科学的标志符，通过这套标识符，可以在相同或相关的、不同表现形态和不同载体承载的内容之间，建立一种关联关系，最终达到共同呈现的目的。ISDL 的这种功能属性与目前已有的标识符的根本差异在于，现有的标识符是为了找到一个被标志的对象，而 ISDL 不仅仅是要"找到它"，还可以"拿来用"，这种功能属性直接与产业应用结合起来。MPR（multimedia print reader）中文意思是"多媒体印刷读物"，它是"MPR 复合数字出版整体解决方案"的简称，是通过数码关联技术，实现纸质媒体与电子媒介的跨载体关联，来满足读者的听看需求。

二、MPR 复合数字出版的意义

MPR 复合数字出版就是以 MPR 关联密码，把纸质出版、音像出版、电子出版和网络出版相结合，成为可使读者同步进行听读看的一种全新的全媒体数字出版方式。

MPR 复合数字出版有两个创新点：一是盘活传统出版内容资源。MPR

从出版者的利益角度出发，通过内容资源的多形态整合，实现跨呈现形式、跨传播渠道、跨载体形式的无障碍传播，使传统出版企业可以用存量内容资源创造新的经济价值，提高了纸质出版物的附加值，降低了转型成本。二是要求内容提供商和技术提供商必须联手发展。MPR 码的这种关联关系找到了传统出版与数字出版的契合点，使传统业态与新型业态之间不再互相排斥，而是同生存、共发展。

MPR 复合数字出版有效地解决了出版企业在数字出版中普遍面临的五个难题：一是出版者在出版内容中自主选择置入 MPR 码标志，实现出版内容的前置自定义，解决了出版者对内容管理的权利和责任因数字化而缺失的问题。也就是说，在 MPR 产品开发过程中，传统出版单位是主动的，而在其他形式的数字出版中，传统出版单位是被动的。二是 MPR 关联播放技术系统解决了出版者只有内容而无数字抓手的问题。三是 MPR 产品离开母版无法复制，有效地解决了数字出版版权保护的世界性难题，实现"谁的内容谁做主"。四是 MPR 图书在普通印刷条件下即可实现，既不增加印刷成本，也不影响作为普通图书的正常使用。五是满足对内容一次制作多元发布的需要，让出版内容通过更多渠道、更多载体得到更广泛的传播，从而实现出版内容社会效益与经济效益的最大化。总而言之，MPR 复合数字出版为传统出版行业向数字出版转型升级提供了一项十分有效的选择方案。

三、陕西出版集团在 MPR 复合数字出版方面的实践

近年来，国家对 MPR 复合数字出版给予了高度重视，孙寿山副署长做过多次重要讲话和指示。为了响应这一号召，2009 年 7 月，陕西出版集团成立陕西 MPR 出版事务中心，着力发展 MPR 在陕西和西北地区的推广应用。2011 年 5 月，陕西出版集团与 MPR 复合数字出版技术提供方深圳天朗科技有限责任公司签订 MPR 战略合作协议，将双方的合作推向一个新的高度。三年来，陕西出版集团在 MPR 方面投入了大量的人力、物力、财力，在产品研发、市场推广方面下了很大功夫，并取得了一定成绩。

四、宣传推广

MPR 出版物是一种新的出版形态，为了让广大读者了解 MPR、喜欢 MPR，愿意购买 MPR 产品，我们在陕西对 MPR 做了大规模的宣传推广。

一是多次组织力量，参加了全国书市、深圳文博会等全国性展会以及西部文博会、杨凌农高会等在西部地区影响大、作用广的展会。MPR 在多个展会上大放异彩，不仅吸引了众多参会群众，陕西省领导也多次莅临 MPR 展区观摩指导。如在第一次西部文博会期间，陕西省主管文化工作的副省长郑小明莅临 MPR 展区，听取了员工的介绍和演示，对我们的产品给予了很高的评价，并对 MPR 的发展提出了殷切希望。

二是组织陕西电视台、《西安晚报》等多家在陕西有重要影响的媒体对 MPR 进行宣传报道。陕西电视台收视率很高的新闻栏目《都市快报》对 MPR 的功能和特点作了全面介绍，《西安晚报》对 MPR 相关内容的报道被多家网络媒体转载。借助地方媒体平台，MPR 在陕西地区的宣传达到了一个新的高度。

三是在策划引进开发 MPR 版"瑞格叔叔英语自然拼读法"丛书的同时，为了进一步开展业务，我们专门邀请英语教学专家瑞格先生来西安讲课。"瑞格叔叔"在西安太阳花儿童语言指导培训中心和西北政法大学幼儿园教授了两堂示范课。在教学过程中他利用 MPR 点读笔，结合他诙谐生动的、寓教于乐的英语教学方法，取得了良好效果，受到老师、孩子和家长的热烈欢迎。

四是 MPR 产品进入农家书屋体系，获得了较好的经济效益。

领导对 MPR 项目的高度重视、新闻媒体对 MPR 项目的热切关注，以及老师、家长、孩子等用户对 MPR 产品的充分肯定，增强了我们在陕西做好 MPR 项目的信心。

五、产品开发

我们目前主要做了两套产品：

一是 MPR 版《渗透式小主题领域课程》。这是集团旗下未来出版社畅销多年的一套幼儿园教材，通过我们的 MPR 版升级，不仅增强了这套书的趣味性，而且通过有声技术，更增强了课程的教学效果，使得本套丛书受到幼儿园小朋友和家长的欢迎，更具市场竞争力，每一季的销量较普通版都有很大增长。

二是 MPR 版《瑞格叔叔英语自然拼读法》。这是集团引进开发的幼儿英语培训类图书，运用了最先进的 MPR 铺码技术，使传统的 CD 试听模式进化为 MPR 点读模式，更加充分地发挥了自然拼读法的教学特点，让学生产生了更为浓厚的阅读兴趣。这套图书面市后，社会反响良好，取得了一定的经济效益。

经过近三年的实践，我们对开发 MPR 复合数字出版产品有了一定的认识，积累了一定的经验，这对于今后拓展产品范围、强化研发力度，有很大的帮助。

六、对 MPR 复合数字出版盈利模式的几点思考

1. 明确发展方向

结合陕西的实际情况，笔者认为，MPR 复合数字出版应重点开拓以下板块：

一是幼儿启蒙教育类图书。MPR 产品的绘声绘色，既能有效地吸引小读者，又可以把家长从重复的讲述中解脱出来。从我们前期的实践经验来看，这一类产品小朋友很喜欢，家长也非常愿意在这方面投资。

二是语言学习类图书。MPR 产品非常方便读者学习外语、方言，甚至戏曲，可满足读者无阅读障碍看书学习的梦想，非常有利于中外文化交流，特别是我们现在大力推行中华文化走出去，MPR 产品对于学习汉语、传播中华文化具有极大的突破性意义。

三是教材教辅类图书。通过应用 MPR 技术出版的教材，不但能使教材内容多元呈现，而且能够共享优质教育资源，让名师优教随着课本走进每一个学生的学习生活，有效降低教育资源富集地区的优质教育资源向教

资源匮乏地区转移和输送的成本。

四是文艺类图书。这一类 MPR 图书通过听书，不但可以把文艺作品的精彩之处充分凸现出来，而且更容易满足读者在时间、休闲等方面的多样化需求。对于中国 1300 万的盲人读者来说，这也是一大福音。

五是历史文化类图书。特别是一些非物质文化遗产的图书，具有鲜明地域特色、民族特色的图书，借助 MPR 技术，可以把抽象的描述借助声像生动地展现出来，更有利于这些优秀文化遗产的传播和传承。陕西有丰富的历史文化资源和优质的旅游资源，下一步，我们集团将依托陕西的这些文化优势，开发有针对性的 MPR 读物，把 MPR 复合数字出版与集团的"走出去"战略结合起来，实现历史文化类出版物的多元化呈现。

2. 构建完整的产业链，探索 MPR 复合数字出版的盈利模式

一是适销对路，内容为王。出版属内容产业范畴，内容资源是出版产业赖以生存和发展的基本要素，传统出版业如此，数字出版也不例外。根据 MPR 出版物的特点，在内容资源方面，不仅要像传统出版一样，找准选题和项目，还要扩展文字、音频、视频等多元化内容资源。只有夯实内容基础，生产出以 MPR 技术为支撑，满足读者需求的 MPR 出版物，形成一定规模，才能为读者关注，最终形成自己的品牌。

二是一元内容，多元开发。当前，出版行业正面临着前所未有的转型阵痛期，出版内容的生产必须积极融入时代背景，以多元开发来满足读者的多种需求。我们完全可以借鉴影视产品流行的"一鸡多吃"模式，就是说，一个好的剧本，可以被改编成电视剧、电影、舞台剧，同时出版书籍、原声带、周边产品等。我们的 MPR 出版物也可以探索一个题材多角度开发，把既有的文字、音频、视频资源多形式整合成具有独特价值的其他文化衍生产品，如图书、电子书、有声读物、电影电视、动漫游戏等，最大限度地满足特定目标受众的需求。以笔者策划的《中国蜀道》一书为例：在第一个层次，我们可以开发大型人文地理学术著作《中国蜀道》和通俗读物《蜀道游》；在第二个层次，可以进行多媒体开发，创作专题电视片《蜀道》、民族动漫《穿越蜀道》，搭建"蜀道文化网"；第三个层次就是文化创意产业，可以开

发蜀道文化旅游专线，设立并举办"蜀道文化艺术节"等等。

三是搭建平台，全景辐射。搭建 MPR 出版物云平台，使出版单位、渠道商、读者这三个产业链上的主要环节的关系变得更加紧密，实现产业链上下游的高度融合，解决 MPR 出版物产销双方的多对多的交流与选择问题，使这个云平台成为 MPR 复合数字出版快速发展的引擎。

四是畅通渠道，确保盈利。渠道是决定产业走向的重要力量之一，笔者认为应该做好四个方面的工作：（1）利用政府资源，扩大 MPR 复合出版的应用范围。MPR 复合数字出版是新兴产业，也是重大产业升级项目，意义非常重大，需要政府部门利用行政力量，通过政策引导，推荐、鼓励出版物应用 MPR 技术，特别是教材教辅的试用，非常有利于推广 MPR 技术和产品。（2）与通讯运营商合作，利用其既有的平台进行推广使用。这里有成功的先例可资参考。如陕西出版集团控股的数字出版基地公司，在数字出版方面，积极同三大通讯运营商开展战略合作，在手机出版方面，营业收入位居各出版集团前列，而且探索出了一条比较清晰的盈利模式。MPR 复合数字出版也可以采用"借船出海"的方式谋求盈利。（3）与各大门户网站合作，利用其稳定的访问人数，扩大 MPR 出版物的影响。MPR 是文化与科技融合的产物，是出版业转型升级的一种有效途径，通过网站的宣传，可以让人们了解 MPR，会用 MPR，以此促进 MPR 的推广使用。（4）充分发挥 MPR 云平台的辐射作用，巩固固有读者，培育新的读者群。

一方面要源源不断推出新的 MPR 出版物，使固有的读者群有产品可买可用，避免产品断层导致受众离场，收益中断；另一方面，通过宣传推广，培育新的读者群，使 MPR 出版成为一种可选择的常态出版。

3. 探索 MPR 复合数字出版的合作发展机制，推动可持续发展

MPR 复合数字出版不是孤立的，它是跨媒体、跨行业的出版，任何行业不可能单独实现 MPR 复合数字出版的利润产出。它需要传统出版产业发挥自身优势，不断丰富、创新文本内容；需要影视制作等行业为文本内容添加音频和视频，完善 MPR 出版物的内容资源，构建强大的 MPR 全媒体数据库；需要技术供应商持续开发和更新技术，使产品更方便好用；需要互联网、通讯商等不同的渠道之间优势互补，使 MPR 出版物能更快捷地推向读者。因此，只有积极探索建立一个广泛的合作机制，联合相关行业，实现全产业链的 MPR 复合数字出版运营模式，才能最终实现优势互补，合作共赢，寻找到一条 MPR 复合数字出版的盈利模式。

当然，MPR 复合数字出版是一个新兴出版业态，投入大、牵扯范围广，稳定的读者群还没有培养起来，成熟的盈利模式还需要探索，对于传统出版企业来说，还需要根据自己的实际情况，建立科学的投入机制，规避产业发展风险。或者引入战略投资者、风险投资者等，来降低运营风险。只有大家共同努力，探索建立一个广泛的合作机制，优势互补、互利共赢，方可形成全产业链的 MPR 复合数字出版完善的运营模式。总体来看，MPR 复合数字出版的盈利模式如图 1 所示：

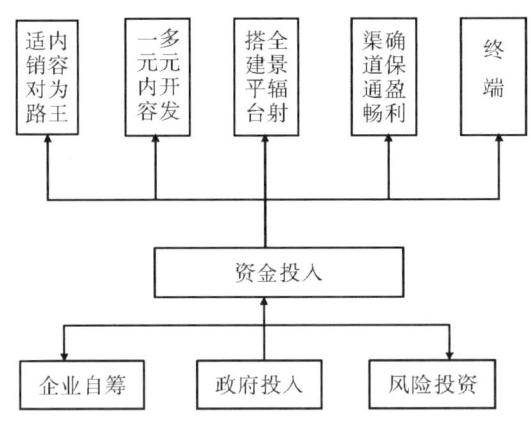

图 1 MPR 复合数字出版盈利模式图

笔者把它总结为：内容有基础，开发有动力，技术有支撑，投入有保障，游戏有规则，销售有渠道，产业有希望。

践行"工匠精神" 不负时代使命

何谓"工匠精神"？其实就是一种追求极致的做事态度，一种对职业敬畏、对工作执着、对产品负责的优秀习惯，一种不断追求完美直至极致的人文情怀。近现代以来，有不少出版工作者，正是以这种工匠精神，精益求精地追求着出版产品的完美，推出了一批又一批精品力作。

然而，在市场经济条件下，出版业和出版人的工匠精神正面临严峻的挑战。特别是近十年来，许多出版单位转企改制后，更多关注利润增长，盲目追求经济效益，忽视了出版人本应肩负的责任和使命，从而降低了出版物的内容质量水准和编校质量标准，造成出版物同质化情况严重，跟风现象、重复出版时有发生，出版物质量明显下滑，市场供需严重失衡。

中共中央办公厅、国务院办公厅《关于推动国有文化企业把社会效益放在首位、实现社会效益和经济效益相统一的指导意见》，为当前和今后一个时期深化文化体制改革、促进文化产业持续健康发展提供了重要遵循，强调文化企业提供精神产品，传播思想信息，担负文化传承使命，必须始终坚持把社会效益放在首位，实现社会效益和经济效益相统一。陕西新华出版传媒集团自成立以来，就确立了"产品结构优化、精品项目带动、做强出版主业、打造陕版品牌"的发展思路，把追求社会效益与经济效益相统一作为矢志不移的目标，按照立足陕西、借鉴省外、挖掘历史、把握当代、关怀当下、面向未来的理念，通过实施重大项目带动战略、精品战略，狠抓精品生产，强化质量管理，不断优化产品结构，为社会奉献了许多满足广大读者需要的优秀产品，如耗时近十年精心打造的《全唐五代诗》《元稹全集》《延安文艺档案》《中国蜀道》等精品图书，为传承中华优秀文化做出了应有的贡献，更体现了出版人传统的工匠精神。当然，不可否认的是，当前出版业普遍存在的一些急功近利、片面追求利润指标的问题，在集团也不同程度地存在。

2016年3月"两会"期间，国务院总理李克强在政府工作报告中指出："鼓励企业开展个性化定制、柔性化生产，培育精益求精的工匠精神，增品种、提品质、创品牌"，"工匠精神"首次被写进政府工作报告。3月29日，在第二届中国质量奖颁奖大会上，李克强总理再次指出，要弘扬工匠精神，勇攀质量高峰，让追求卓越、崇尚质量成为全社会、全民族的价值导向和时代精神。至此，培育"工匠精神"的诉求已上升为国家意志和全民共识，成为这个时代的主旋律，被赋予了新的时代内涵。一时间，"工匠精神"成为热词，在全国各行各业引起强大反响，也在出版行业引起了震动和共鸣。

如何保障"工匠精神"在出版企业成为一种风尚，并在出版物生产过程中贯穿始终？怎样在实践中培育本企业的"工匠精神"？笔者围绕这一主题，谈谈自己的思考。

一、践行工匠精神要传承文明，传播正能量

赢利是企业的终极目标，但是作为一个承担着特殊使命和重要职责的文化企业，必须把社会效益摆在首位，始终坚持社会效益和经济效益相统一。陕西新华出版传媒集团以"弘扬时代精神、传承历史文明、传播优秀文化"为使命，以"满足人民群众日益增长的精神文化需求"为职责，以打造精品为己任，将工匠精神融入具体工作实践中，始终坚持正确的出版导向，不断强化责任意识、忧患意识、阵地意识，在追求经济效益的同时保证优质的文化与思想被传承和发扬。

1. 设立集团编辑委员会，强化出版管理指导职能

编辑委员会在集团党委、董事会的领导下，履行编辑出版工作指导和管理职能，对图书、音像、报纸、期刊以及数字出版等业务进行规划、监督、协调与指导，把好集团内容生产导向关，指导下属出版单位品牌建设和版权管理，培育出版编辑专业人才。集团编辑委员会自今年4月设立以来，已经召开了五次工作会议，每次会议都有明确的议题，使编辑业务管理工作有了明显提升。

2. 高度重视主题出版，旗帜鲜明地唱响主旋律

根据中、省关于做好主题出版工作的有关要求，在主题出版方面，集团近三年在重点关注"全面依法治国""弘扬社会主义核心价值观""实现中国梦""一带一路""纪念中国人民抗日战争暨世界反法西斯战争胜利七十周年""庆祝建党九十五周年""纪念红军长征胜利八十周年"等国家战略和主题的同时，凭借陕西特有的文化资源和优势，用新的视角开掘历史，认真谋划，积极引导各出版单位策划一大批具有陕西特色的历史文化、红色文化、传统文化、生态文化类选题，重点策划、精心打造了一批弘扬中华优秀传统文化、践行社会主义核心价值观的具有新时期艺术特色的精品力作，充分展示了中华民族丰厚的历史文化和红色文化的独特魅力。

3. 整合红色文化资源，打造红色基因文化出版重镇

陕西作为红色文化的发源地之一，具有得天独厚的区位优势和内容资源优势，尤其是以延安为代表的革命根据地及延安精神，更是一座亟待开发的文化富矿。陕西新华出版传媒集团深度开发优秀红色文化资源，多角度、全方位呈现陕西红色文化的特点和要素，使陕西红色文化的研究和出版步入全国领先行列。

集团所属各出版社已经出版和预计将于2016年底前出版的"红色文化类"图书近四十种，既有弘扬延安精神的《红色档案——延安时期文献档案汇编（六十卷）》《魂——延安精神的时代价值》等图书，也有《西北革命根据地史料档案》《西北革命根据地史》《陕甘宁边区史纲》等针对西北革命根据地历史的研究性专著，还有《伟大的长征》《永远的长征》《长

征的故事》《长征：从瑞金·延安走向胜利》等纪念红军长征胜利八十周年的主题图书；更有《根据地》《延安文艺档案（六十卷）》《延安文艺座谈会纪实》《中共中央在陕北十三年图集》等文学艺术类作品。

4. 推行项目带动战略，促进精品生产和文化积累

"十二五"以来，国家和省上设立了国家出版基金、国家古籍整理出版专项资金、陕西省重大文化精品项目、陕西出版资金等扶持政策，以重大项目为抓手，对精品出版和国家文化传承工作予以大力支持。集团紧紧抓住这一历史机遇，高度重视并大力推行重大项目带动战略，以积极申报国家出版基金等中、省重点项目为抓手，实现出版理想，为国家的文化积累和传承尽职尽责，共有四十五种图书选题入选国家出版基金项目，获得资助资金3800多万元，入选数连续多年位居全国出版集团前列。截至目前，已有三十一个国家出版基金项目顺利结项，其中《延安文艺档案》《延安缔造》经国家出版基金规划管理办公室考核验收后被评为"优秀项目"。除此之外，还有九十八种出版项目先后入选国家"十二五""十三五"重点出版规划；二十三种图书项目入选国家古籍整理出版资助项目；十九种图书入选经典中国国际出版工程。

"十三五"期间，集团将继续利用好这些政策和基金，重点按照社科理论、文学艺术、历史文化遗产、科技普及、少儿、地域特色文化、教育、旅游文化等八大板块进行布局，到2020年"十三五"规划完成时，逐步推出一大批质量上乘、特色鲜明，具有一定市场影响力和号召力，社会效益和经济效益兼具的品牌书系，形成产品核心竞争力。

二、弘扬工匠精神要继承传统，坚守质量

工匠精神的内涵是"工匠"对自己的物质或精神产品精雕细琢、精益求精。提高质量、多出好书也是党和国家一直以来对出版工作的基本要求。近现代历史上，我国出版界曾经有过很多颇有建树的编辑家、出版家，如邹韬奋、叶圣陶、夏丏尊、胡愈之、范用等人，不仅对造物精益求精、专注极致，而且始终保有对文化的礼敬与尊崇，对传统的坚持与守望，对思

想的建设与创新，对变革的承担与分享。

在当今时代背景下，要弘扬工匠精神，就是要传承好出版传统，在出版物质量提升方面体现坚守和担当。为此，陕西新华出版传媒集团从制度入手来提升编辑素质，管控产品质量，在体制机制上为出版更多优质精品图书营造良好环境，提供坚实保障。

1. 完善出版物质量保障体系

集团进一步修订完善了《陕西新华出版传媒集团图书质量管理办法》；规范和加强出版物质量的全流程管理，重点加强对外合作出版的流程管理；督促各出版单位严格执行出版物"三审""三校"制度、编校质量检查制度、出版物审读制度等；要求各出版社总编辑要作为第一责任人把好选题质量、编校质量、装帧设计和印制质量关，做到符合出版程序，遵循出版规律。从而在制度上保证了出版物质量，使质量管理形成良性长效机制。

2. 开展出版物质量年度检查工作

为加强对图书编校质量的监督检查，集团一方面邀请国家新闻出版广电总局出版产品质量监督检测中心有关领导和专家举办专门讲座，努力提升出版单位有关人员的编校水平，另一方面组织实施了全集团图书质量审读、抽检活动。其中，2016年质量抽检活动经过专家初检、责编自检申辩、第三方专家结果认定三个阶段，历时四个多月，检查了集团所属八家出版社有编辑资格证的中级职称编辑近三年编辑出版的四十种图书。集团还将检查结果纳入出版社年度目标任务考核，提升了质量意识，达到了预期管理目标。

3. 举办优秀审读报告评比活动

集团近期拟定了《陕西新华出版传媒集团优秀审读报告评比实施方案（试行）》，并经编辑委员会审议通过。

2016年的评比活动已经展开，参评审读报告为2014年、2015年两年出版的图书的审读报告。以后每年评比一次，评选出的优秀作品参加全国优秀审读报告评比。此活动的开展旨在促进精品创作生产，加大编辑人才培养力度，提升责任编辑的政策把控能力和稿件审读能力，在编辑中形成提高业务能力、加强编辑修养的良好风气和氛围。

4. 全面推行编辑导师制

工匠精神讲求的严谨专注、注重细节、精益求精，以往出版行业"师傅带徒弟"的传统，非常有利于出版行业人才的成长。随着事业的发展，集团新入职的年轻编辑越来越多。为了从政策、经营、业务三个维度加强对编辑的综合培训，全面提升编辑人员的政策水平、思想文化素质及业务能力，努力使编辑人员切实做到坚持导向、守土有责、守土尽责、守土负责，集团于 2016 年 7 月 1 日制定下发了《陕西新华出版传媒集团编辑导师制指导意见（试行）》，所属各出版社据此指导意见制定了相应实施方案，由有能力担任编辑导师的相关人员，从党和国家关于出版工作的相关政策、法规以及指导思想、方针原则，履行岗位职责所必备的出版专业理论基础知识和相关学科专业知识，出版专业技能与编辑规范能力以及独立策划选题能力和组稿能力等方面，对需要辅导的编辑人员进行一对一辅导，将"传、帮、带"贯穿始终。

集团每年年末将对各出版单位编辑导师制推行实施情况进行集中检查评价，检查评价结果将作为有关年度经营目标任务考核指标的重要评价依据。

三、培育工匠精神要注重创新，满足需求

有调查显示，中国消费者正在向现代化升级，为了应对和推动消费升级，政府积极推行了供给侧改革。与此相对应的是，国家全面建成小康社会的目标的提出以及"书香社会""全民阅读"活动的倡导，为文化产业发展提供了广阔的市场前景，人民群众精神文化消费需求将日益增长，这既为出版业发展提供了重要的发展契机，又向出版企业提出了新的要求。"苟日新，日日新，又日新"，工匠精神＋不断创新，将成为出版业应对消费升级的制胜法宝。其凝结在产品上，就是让每一本新书都呈现出新意。为此，陕西新华出版传媒集团着力推进产业结构优化、产业转型升级和创新驱动发展，并取得初步成效。

1. 从调整和优化产品结构入手，推动供给侧改革

新常态下，"供需不配"已成为阻碍中国经济持续增长的瓶颈，出版

业也因多种因素影响而导致供需失衡。因此必须要从调整产品结构、加强渠道建设、提高服务质量等三个方面进行供给侧改革，处理好供给侧改革和需求侧提升的关系，使供给能力、供给质量和供给结构更好地满足广大人民群众日益增长、不断升级和个性化的文化阅读需要。

陕西新华出版传媒集团从实现出版主业规模化、集约化、专业化生产，优化产品结构，培育优势产品线角度出发，于2016年8月初，根据集团各出版社专业方向、特色以及资源优势，提出了集团市场化产品线布局的指导意见，确定了各出版社主打产品线基础框架，拟在"十三五"期间完成集团产品链布局，培育优势产品品牌。

2. 以内容创新和项目带动为主，推动精品出版工程

集团以制度保障内容质量提升，激励市场化常销书、畅销书研发，推动品牌出版和标志性出版工程，彰显区域文化和集团集约优势，几年来已取得显著成效。比如，为鼓励和扶持更多优秀精品图书出版，专门设立重大出版项目发展资金，修订完善《陕西新华出版传媒集团重大出版项目论证、资助管理办法》，每年组织一次重大出版项目论证会，评选出具有重要创新价值、思想价值、科学价值、文学艺术价值、历史文化价值、学术研究价值，具有鲜明地方特色，对传承和弘扬中华民族优秀文化、传播当代中国价值观念、体现中华文化精神具有积极意义以及对继承、宣传和发扬陕西悠久历史文化和地域特色文化具有重要作用的优秀出版项目，对这些项目予以资助，并对项目团队或项目人予以奖励。

3. 以培育复合型编辑为方向，探索"首席编辑制"

编辑工匠精神的核心是认真把一本书做好，坚持不懈地追求更高的品质。反过来说，出版产品的品质是靠优秀的编辑人才来保障的。在传统出版业中，编辑只要能策划出一批"两个效益"市场反应俱佳的重大图书选题且组织实施出版，即可被称为领军人才。但时代发展到传统出版与新兴出版融合的今天，对编辑的编辑能力和知识结构等提出了更高的要求：编辑还应同时具备熟练运用数字技术、多媒体融合科技手段，熟悉市场营销、书籍装帧、印刷知识、成本核算，成功运作重大出版工程与畅销图书的能力。

这就是当下出版界推崇的具备综合编辑能力的复合型全媒体编辑高端人才。"首席编辑制"则有利于让这样的复合型全媒体高端人才脱颖而出。

"首席编辑制"的核心是探索建立科学的符合出版工作特点的人才考核、评价、激励、流动等机制，建立高效灵活的选人用人机制，积极探索现代编辑的绩效管理制度，不断优化激励机制，调动人才积极性，建立健全领军人才培养体系。近年来，国家新闻出版广电总局坚持将领军人才选拔与培养共同推进，已遴选出三批共七百九十九名行业领军人才，造就了一批具有国际影响力的编辑出版名家。

陕西新华出版传媒集团站在战略的高度，在总结实施编辑导师制经验的基础上，学习借鉴国内一些出版社的先进理念和经验，为弘扬"工匠精神"，探索在全集团推行"首席编辑制"，以此营造尊重人才的浓厚氛围，使优秀人才脱颖而出，使内容创新、技术创新、流程创新等在人才保障方面制度化、机制化，通过建立相应的制度和竞争激励机制，在选题策划、编辑加工、装帧设计、印刷装订等各个环节上，进一步提升编辑策划能力和实际操作能力，打造读者满意、社会需要、市场欢迎的文化产品。

四、坚守工匠精神要提升能力，与时俱进

工匠精神是民族精神、中国文化、中国创造力的具体体现，是时代软实力的传承与发扬。在当今"互联网+"时代，工匠精神在出版业的回归，意味着既要夯实传统出版发展基础，还要适应和满足新的时代对出版行业更高的要求，怀着"内容为王""传播为纽"的情怀，培养一大批既懂传统编辑出版，又能适应互联网、物联网、智能化时代的复合型全媒体编辑人才，实现由单一的传统出版业向全媒体产业发展的转型。

1. 借传统出版和新兴媒体融合之机，促进出版产业转型升级

按照国家新闻出版广电总局《关于推动传统出版和新兴出版融合发展的指导意见》要求，集团积极促进产业转型升级，实施创新驱动战略，遵循出版传播规律和新兴媒体发展规律，在强化互联网思维、坚持统筹协调、坚持创新发展方面取得了不俗的业绩：集团成功入选国家第二批数字出版

转型示范单位、国家首批 MPR 应用试点单位、国家首批 MPR 应用示范单位；集团所属陕西人民教育出版社、陕西科学技术出版社、太白文艺出版社、陕西旅游出版社成功入选陕西省数字出版转型示范单位；陕西人民教育出版社、太白文艺出版社还成功入选国家复合出版工程试点单位。

2. 优化传统出版模式，在内容管理上提升能力

将有价值的内容结构化，提高内容对象的利用率，形成相互关联的网状内容对象资源库，同时以内容素材资源为核心，形成满足数字化时代对个性化内容服务需求的创新型服务，是数字化转型升级的意义所在。集团通过整合、集约优质内容资源，逐步建立起覆盖广泛、服务便捷、交易规范的平台及出版资源数据库，持续推进内容推送平台建设。各出版社结合自身实际，积极完成数字化转型升级，策划、开发了多种产品及项目，并入选国家出版基金及新闻出版改革发展项目库，如陕西人民出版社"'i'延安精神资源库与数字复合出版平台"项目、陕西人民教育出版社"教育出版数字资源库与电子书包平台"项目、陕西科学技术出版社"秦腔动漫"项目、三秦出版社"中国蜀道文化资源数字平台"项目、太白文艺出版社"西部文学数据资源库"项目及出版平台以及陕西人民美术出版社正在筹建的 MPR 音乐考级平台与 MPR 资源教育平台、陕西工艺美术传承数字化项目与陕西工艺美术传承平台等。

3. 拓展新兴出版业态，在生产方式上提升能力

数字化转型升级的目的在于通过产业与科技深度融合，使传统出版企业从出版理念、出版管理、流程再造、生产方式、营销模式等方面进行本质上的变革。几年来，集团以转型升级示范单位及 MPR 应用推广试点为契机，积极通过多种方式吸收借鉴、善加利用先进的传播技术和渠道，借力推动出版融合发展。目前，已累计出版 MPR 数字复合出版物七十余种，涵盖教材教辅、少儿、生活、农业科技、旅游、历史文化、双语教学、少数民族等多方面内容；成功组织了陕西 MPR 教材、教辅教学试验，为国家MPR 应用推广以及优化基础教育教学模式提供了重要实践基础。

目前，集团各出版社积极推动纸质图书数字转化，累计向中国移动、

中国电信、中国联通、各电商平台上线电子图书超过 10500 本 / 次，实现利润 330 余万元。

同时，集团不断加大对数字动漫及游戏作品开发的投入，取得了较大的社会反响和良好的市场口碑。比如：畅销书"《举一反三》动漫课件"项目；入选新闻出版改革发展项目库的"秦腔动漫""快乐宝贝语音故事""少儿安全与求生"等项目；数字出版基地开发的红色经典手机游戏"延安英雄传""地道尖兵"等，被中共陕西省委宣传部评为陕西省重大文化精品项目，并获得宣传思想文化工作一等奖及第九批中国民族网络游戏出版工程金奖；大型编年体史诗动画纪录片《帝陵》目前已完成第一部《西汉帝陵》，荣获第二届中国西部（国际）电影节最佳动画奖，并于 2015 年 11 月在中央电视台 10 套《探索与发现》栏目首播，同时与中国国际电影电视总公司签约全球代理发行。

4. 再造出版业务流程，在生产管理上提升能力

对出版业务流程进行改造升级，规范编辑综合业务管理，实现从编辑团队管理到加工资源管理、生产过程管理、业务考核管理等整个生产环节和过程的规范化、标准化、数字化，是集团当前和未来几年正在做和将要做的事情。同时，集团对现有 ERP 系统进行二次开发，使其与升级后的资源管理系统、编辑加工系统、版权管理系统、集团资源交易服务平台进行集成和衔接，实现数据互通共享，实现真正意义上的跨媒体出版。出版流程再造后，内容编辑将成为真正的出版主体，各出版单位将形成以内容为核心的业务管理模式。

德国和日本的精工质量为全世界所称道和赞誉，与其说他们坚守了"工匠精神"，倒不如说他们有保障"工匠精神"代代传承的一整套科学的、行之有效的管理制度。如今，时代赋予工匠精神新的内涵和生机，新时代出版行业的"工匠"们，将以实际行动践行和弘扬"工匠精神"，系统构建保障出版品质的制度，不断推出无愧于伟大时代的精品力作。

关于金融支持文化产业的思考

2009年8月,在陕西省委宣传部的大力推动下,陕西在全国率先出台了《金融支持陕西文化产业做大做强的意见》;2010年3月,中宣部、中国人民银行、财政部等中央九部委联合发布了《关于金融支持文化产业振兴和繁荣的意见》。这说明中央、省对文化产业发展的高度重视,有助于优化产业结构,推动文化产业做大做强,预示着文化产业将迎来难得的发展机遇。

自这些文件发布以来,金融业对文化产业给予了极大的热情和兴趣,陕西成功举办了全省文化产业银企合作座谈会及成果发布和签约仪式。截至目前,全省共达成各类合作项目103个,涉及文化企业79家,合作总金额达303.1亿元,银企合作取得了前所未有的丰硕成果。但是,我们也应该清醒地看到:银企合作的范围较狭窄,无论从全国,还是陕西的情况看,主要是市场化程度较高的电影领域,其他类文化企业参与甚少;银企合作的通道、机制还未建立起来,文化产业融资难、投资渠道不畅的问题没有从根本上解决。

为什么国家和省委省政府出台了一系列金融支持文化产业发展的政策,却没有达到预期的效果呢?主要原因有三:①传统文化机构大多是事业单位,运用金融业发展文化产业的主观愿望不强,能力不足。文化项目运作习惯于依靠财政补贴，导致社会资本介入难；②即使文化产业走向市场，也同样会因没有足够的抵押物，导致商业银行贷款难；③文化产业崇尚创意、创新，而目前市场缺少符合此特点的评估体系，导致风险融资难。换句话说，金融业市场化建设比较成熟，文化产业市场化程度比较低，再加之文化行业的特殊性，金融业支持文化产业必然面临"老虎吃天，无处下爪"的困局。正是由于这种差距和不匹配，当前金融支持文化产业发展难以取得预期效果也就不足为奇了。

明确了金融支持文化产业发展的主要障碍，那么要推动金融支持文化产业的政策落到实处，取得实效也就有了主攻方向和针对性。

一、搭建文化产权交易平台，畅通文化企业融资渠道

通过市场推动文化与资本、内资与外资、虚拟文化与实体产业、版权与资产的对接，促进各类文化产权跨行业、跨区域、跨所有制、跨时界的流动。加强知识产权保护，充分利用资本市场，孵化陕西特色文化产品，搭建文化产权交易平台，培育交易活跃、功能健全、运作规范、服务完善、特色鲜明的立足陕西、引领西部、辐射全国的综合文化产权市场。具体分三步走：第一，以文化物权和内容版权为切入点，用两年左右的时间，构建从项目登记、评估、交易、鉴定，到投资的完善文化产权交易产业链；第二，从重大文化项目、旅游文化开发等入手，以文化产业的股权、债权交易为核心，引入"主体投入，权益拆分"理念，与金融及保险行业密切合作，推出文化债券和文化保险业务，建立全社会和大众投资文化产业的通畅渠道；第三，推进交易平台的企业化进程，打造包括文化产权服务、文化产权评估、文化产权交易、文化项目开发、文化产业投融资五大平台。

二、科研攻关，逐步建立文化产业风险评估体系，形成陕西文化产权交易市场的特色与品牌

金融支持文化产业发展的最大难点在于对文化无形资产进行风险评估，当前在文化产权交易方面走在全国前列的上海、深圳、成都等地区，也没

有形成一套科学体系，对文化产权的风险评估处于"摸着石头过河"的状况。为此，我们应该抓住机遇，组织文化、财务、金融等方面的专家，尽快拿出《陕西文化资源评估体系》《陕西文化产业（项目）综合评估体系》《陕西文化产权风险质押体系》等科研成果，由此形成陕西文化产业项目评估及风险抵押的规范标准及办法。这样既为金融支持文化产业扫清障碍，畅通渠道，也努力促进陕西文化产权交易形成特色和品牌，后来居上，辐射其他区域，走在全国的前列。

三、建立文化产权交易的新模式，培育成熟完善的文化产权市场

一是政府引导推动与市场化运作相结合。既要充分发挥政府在培育、引导、规范、扶持文化产权市场方面的积极作用，如在重大文化项目的导入方面发挥宏观调控作用，在文化产业融资及文化保险方面开通绿色通道等，又要坚持以市场化运作为主体，发挥市场机制在提高效率、改进服务水平等方面的优势，促进形成政府引导、市场化运作、企业化管理的有效机制。

二是突出西部特色与服务全国相结合。着眼于文化资源大省转向文化产业强省，突出具有西部特色及比较优势的文化产业项目，构建文化产业项目评估体系，搭建引领西部文化产业发展，形成具有西部文化产权交易品牌特色、服务全国的高层次投融资交易平台。

三是统一市场与专业化运作相结合。文化产权交易既要适应陕西产权交易市场发展要求，作为全省产权交易市场的一个专业交易板块，相对独立运作，又要根据文化产权所具有的特殊属性，做好文化产权内容审查、评估和知识产权保护工作，建立政府监管与行业自律相结合的有效的市场监管机制。

四是自主建设与多元投入相结合。既要抓住国务院出台《文化产业振兴规划》带来的机遇，积极争取中央各有关部委的支持，争取国家资源，又要坚持以西部为主，引进社会资本，走混合经济的发展模式，加快文化产权交易市场的建设步伐，促进我省文化产业快速发展。

陕西拥有雄厚的文化资源优势，文化强是国民经济发展的战略目标之一，把古都西安建设成为国际文化大都市是未来的努力方向。然而拥有资源并不等于具备产业优势，要实现这些目标，培育完善成熟的文化产权市场，推动文化资源优势向产业优势的转型，是陕西未来文化产业发展的根本和关键。因此，只有建立起畅通的文化产业投融资渠道，金融支持文化产业的发展才会成效显著，整个社会和广大群众都来关注甚至投资文化产业才会成为可能，文化产业发展的春天也才会真正来临。